KB106269

소수점 투자

만 원으로 시작해서
1,000만 원 모으는 가장 빠른 방법

소수점 투자

노정동·이미경·김수현 지음

책들의정원

벼락부자는 아니라도
벼락거지는 되지 않으려면

2008년 미국 발 금융위기 이후 촉발된 세계 금융시장의 위기가 잦아들기 무섭게 팬데믹은 또 다른 의미의 '뉴 노멀'을 탄생시켰다. 각국 중앙은행들은 팬데믹 이후로 엄청난 양의 돈을 시중에 풀기 시작했다. 바이러스로 바짝 얼어붙은 경기, 부정적 경제 전망에 따른 위축된 투자, 연이어 찾아올 고용 불안, 기업과 개인들의 신용 하락 등 '돈맥경화'를 막기 위한 각국 정부의 동시다발적 조치였다.

돈값이 떨어지자 자산시장은 반대로 치솟았다. 금, 부동산, 원자재, 주식 등 대부분이 신고가를 훌쩍 뛰어넘었다. 자산시장이 현실을 전혀 반영하지 못했다. 각국 중앙은행을 비롯해 골드만삭스 같은 대형 투자은행조차 자산시장의 '거품'을 우려했다. 돈이 하염없이 풀리자 자산시장에서의 가격이 최소 2~3년, 아니면 향후 5년간 천천히 올라야 할 가격을 미리 '앞당겨' 실현시켰다. 쉽게 말해, 정상적이라면 5년 뒤에나

봐야 할 가격표를 미리 보고 있다는 얘기다.

'벼락거지'라는 말은 이렇게 등장했다. 하루아침에 부자가 되는 '벼락부자'의 반대격 표현인데 최근 자산시장이 급등하면서 누군가는 '운좋게' 들고 있던 자산가격이 크게 오르자, 반대로 부동산 같은 자산을 보유하지 못한 사람들의 자산이 상대적으로 크게 떨어져 보이는 현실을 나타내주는 표현이다. 이는 가난에 대한 '혐오', 그리고 같은 세대 안에서 나만 뒤처지지 않을까에 대한, 더 나아가 이미 몇 배나 뛰어버린 자산을 영원히 소유하지 못해 사다리 밑에서 구경만 하지 않을까에 대한 불안심리를 자극하는 단어다. 맨 위에 올라서겠다는 것도 아니고 그저 사다리 첫 번째 칸만이라도 다리를 걸쳐보겠다는 것인데 그것마저도 허용되지 않는 현실이 이 같은 표현을 만들어냈다.

한편에서 MZ세대는 기존 투자방식에 균열을 내고 있다. 집단적 불안 현상이 완전히 새로운 투자방법을 탄생시키며 이들이 재테크 시장의 신주류로 급부상하고 있는 것이다. 이들은 '기술'에 강하고, '학습'에 능해 거대 자본이 아닌 적은 금액으로 체계적인 투자를 하는 게 특징이다. 비트코인 투자가 대표직이다. 가상자산의 개념을 알아야 하고, 어려운 기술을 이해해야 하며, 게임처럼 24시간 돌아가는 시장이 바로 가상화폐 투자 시장이다. 한국은행 자료에 따르면 우리나라에서 가상화폐에 투자하는 60%가 MZ세대다. 개당 수천만 원에 달하는 비트코인은 1개가 아닌 소수점 단위로 쪼개, 소액투자가 가능하다는 점도 이들이 적극적으로 참여할 수 있게 만드는 원인이 된다.

투자시장에서 MZ세대의 부상은 기존에 없던 완전히 새로운 투자상품들을 만들어내고 있다. 테슬라, 아마존 같은 값비싼 주식을 소수점 단위로 투자할 수 있는 상품으로 시작해 수백억 원에 달하는 강남 빌딩에 일부 지분을 사서 거래할 수 있는 상품도 등장했다. 미술품의 소유권을 나눠가진 뒤 대여, 매매 등으로 수익을 내는 P2P개인간 거래 거래도 MZ세대에겐 큰 관심사다. 자신이 좋아하는 가수의 노래 저작권을 일부만 사는 것도 이제는 가능하다. 우량 한우와 골드바를 실물이 아닌 지분으로 사는 것도 MZ세대에겐 기꺼이 해볼 만한 투자로 받아들여지고 있다.

《소수점 투자》는 전통적인 자본시장에서 사회적 자본과 인프라를 갖추지 못한 '돈 없는' MZ세대가 어떠한 발상의 전환으로 투자에 참여하는지 최근의 실전 사례를 보여주는 책이다. 주식을 1주가 아닌 0.1주 단위로 사는 것 같은 방식의 '소수점 투자'와 지분을 쪼개서 여러 사람이 구매할 수 있도록 하는 '조각 투자'가 그것이다. 소수점 투자나 조각 투자 역시 주식과 마찬가지로 금융 상품의 일종인 만큼 손실을 보지 않기 위해선 조각 투자가 무엇인지, 소수점 투자가 어떤 원리로 이루어지고 있는지 잘 알아둬야 한다. 만약 소수점 투자나 조각 투자에 대해 잘 알지도 못한 채 남들이 하니까 나도 한 번 해보자는 식으로 투자를 하게 되면 "매달 200만 원을 버는 월급쟁이도 금방 1억 원을 만들 수 있다"는 식의 사기꾼들한테 속게 된다.

손실만 보면 그나마 다행이다. 우리나라에선 아직 소수점 투자가 규제 샌드박스아이들이 자유롭게 뛰어노는 모래놀이터처럼 기업들이 창의적인 아이디어를 펼쳐 새로운 제품과 서비스 시도를 할 수 있도록 일정한 조건 아래서 기존의 규제를 일부 면제하거나 유예해주는 제도로 임시 허가를 받은 상태로 일부 증권사에서만 일시적으로 운영되는 주식 거래 방식이다. 우리나라 금융 당국은 2021년 9월에야 소수점 투자 거래 허용 방침을 밝혔다. 이에 따라 내년부터 본격적으로 국내외 주식에 대한 온주 이하 단위 거래 시장이 생길 것으로 보인다. 조각 투자는 어떤가. 미술품을 일부만 사는 조각 투자는 미술품을 소유한 것일까, 금융 상품을 소유한 것일까? 한우 일부에 대한 권리를 사는 한우 조각 투자는 한우를 산 것일까 한우 증권을 산 것일까? 기술 발전으로 경제활동과 금융상품에 대한 복잡성이 나날이 커지고 전문화되고 있는데 조각 투자 시장은 여전히 법적 해석이 분분한 영역이다. 만약 우리가 투자하는 조각 투자 상품이 자본시장법상 보호 받는 상품이 아니라면 투자자들은 최근의 '머지포인트 사태^{할인 결제 플랫폼인 머지포인트의 환불 중단 사태}'처럼 앉아서 당할 수 있다.

그럼에도 이제 '저금리' 더 나아가 '제로금리' 시대를 사는 우리들에게는 무언가에 투자하는 것이 필수적인 상황이 됐다. '위드^{With} 코로나 바이러스'는 저금리 환경이 더 오랫동안 이어질 것임을 예고하고 있기 때문이다. '투기'나 '도박'이 아니라 소액으로도 얼마든지 높은 수익률을 기대해 볼 수 있는 소수점 투자 시장이 이제 막 열리고 있다. 어느 시장이든 이제 막 개화한 곳에 진입하는 것은 축복에 가깝다. 적은 돈으로 남들보다 더 큰 이익을 누릴 수 있는 기회를 더 많이 가질 수 있기 때문이다. 조각투자 시장은 부동산, 주식을 비롯해 미술품, 음원, 원자재, 시계, 한우까지 등장할 정도로 투자 대상이 급속도로 늘어나고 있다. 가상화폐 시장이 빠르게 커지면서 여러 기술적 함의가 있는 코인들이 함께 각광 받는 것처럼 조각투자 시장에도 새로운 경쟁력을 갖춘 매력적인 상품이 물밀 듯이 탄생할 것이다. 미리 공부하고 훈련하는 것만이 시간이 지나 이 시장이 커졌을 때 달콤한 열매를 수확할 수 있는 유일한 길이다.

《소수점 투자》를 위해 우리나라 자본시장 일선에서 발로 뛰며 취재하는 경제 매체 기자들이 직접 투자해보고 경험한 것을 글로 썼다. 앞부분은 왜 젊은 세대들이 이러한 새로운 투자 상품에 관심을 갖게 되었는지, 소액으로 투자할 수밖에 없는 MZ세대에게 왜 소수점투자와 조각투자가 효용이 있는 지 이러한 감상들을 기자들의 시각에서 담았다. 뒷부분은 지금의 젊은 세대와 비슷한 나이의 2030세대 기자들이 다양한 조각투자 상품에 직접 투자해보고 위험을 줄이면서 수익률을 높일 수 있는 여러 가지 투자 조언들을 엮었다. 믿을 건 고작 월급뿐인, 또는 이제 막 투자 공부를 시작한 사람들에게 이 책이 길라잡이 같은 역할을 할 수 있었으면 한다. 대한민국 가계 자산의 70~80%가 부동산에 쏠려있다는 우려 섞인 전망들을 자주 들을 수 있지만 2030를은 그마지도

부러움의 대상일 뿐이다. 이 책이 그런 세대들에게 '알면 이길 수 있다'
는 희망을 줄 수 있었으면 좋겠다.

2021년 10월 노정동

목 차

들어가며 벼락부자는 아니라도 벼락거지는 되지 않으려면 **004**

1장 나는 N분의 1을 투자합니다
소수점 투자가 뭔데? **014**
6% 수익률에 복리 마법을 더하면? **019**
덕질을 돈으로 환산해보자 **023**
알면서도 못 들어가던 알짜주 **026**
소액 투자로 개미가 세력이 되었다? **029**
복세편살을 꿈꾸는 세대 **034**

2장 왕초보 따라 하기: 상품 투자
샤넬과 나이키로 돈을 번다? **042**
한정판을 조각 조각 나눠 갖다 **044**
함께 소유하고 되파는 명품의 세계 **049**
한정판·명품 리셀 시장 이해하기 **054**
신발에서 시계까지 취향별로 투자한다 **057**
성공한 선배 투자자들의 꿀팁 **072**

3장 왕초보 따라 하기: 음악 투자
역주행에 수익률이 5,000% **080**
옥션: 나의 '최애' 곡을 입찰하다 **086**
마켓: 옥션 마감된 음원을 거래하는 시장 **095**
나도 '벚꽃연금' 받아볼까? **106**
투자 전에 알아야 할 포인트 **111**
성공한 선배 투자자들의 꿀팁 **117**

4장 왕초보 따라 하기: 미술 투자
부자만 하는 줄 알았던 미술품 투자 **126**
어디서 어떻게 거래를 할까? **129**
이드앤기이드로 구매하기 **135**
어떤 작품을 고르는지가 '실력'이다 **140**
투자가로서 안목 기르기 **143**
성공한 선배 투자자들의 꿀팁 **154**

—— 5장 왕초보 따라 하기: 한우 투자

마트에서 파는 그 한우에 '투자'를 한다? **162**

뱅카우로 보는 한우 소수점 투자 **164**

뱅카우로 한우에 투자하기 **167**

내가 키우는 소에 문제가 생겼다면? **173**

소의 등급과 유통 과정 **177**

성공한 선배 투자자들의 꿀팁 **184**

—— 6장 왕초보 따라 하기: 부동산 투자

자고 일어나면 오르는 집값, 구경만 할 거야? **190**

부동산만의 특징을 이해하라 **192**

부동산 조각투자 실제 사례 둘러보기 **199**

부동산 펀드 '리츠'와의 차이점 **205**

세입자가 아니라 투자가의 눈으로 보는 세상 **211**

성공한 선배 투자자들의 꿀팁 **218**

—— 7장 왕초보 따라 하기: 코인 투자

현시점 가장 뜨거운 재테크는 '코인' **226**

거래소 200% 활용하기 **235**

사는 것보다 중요한 '파는 것' **249**

10분이면 끝나는 차트 벼락치기 **257**

내 논이 한순간 사라질 수 있다? **277**

성공한 선배 투자자들의 꿀팁 **282**

—— 8장 왕초보 따라 하기: 주식 투자

1,000원으로 애플 주주가 되어보자 **292**

국내는 좁다, 해외 시장으로 **295**

간편하게 시작하고 싶다면: 미니스탁 **301**

비슷한 듯 다르다: 신한알파 **341**

해외에 투자할 때는 환율이 기본 **364**

성공한 선배 투자자들의 꿀팁 **366**

1,35379 - 00:00:00 14 giu (EEST)
icks, # 300 / 300

23:40   23:46

0 - 23:00:00 13 giu (C
159 / 300, Logarithmic, F

20 21:30 21:40 21:50 22:00 22:10 22:20 22:30 22:40 22:50 23:00 23:10 23:20

□ ☐ X
Quote List [2]
World Markets
Name
Dow Jo

1장

나는
N분의 1을
투자합니다

소수점 투자가
뭔데?

운동화에서 주식까지 '조각'으로 쪼개고 소유하다

조각투자란 하나의 투자 대상을 여러 명의 구매자가 공동소유하고 소유권을 조각처럼 분배해 물건을 점유하는 것을 말한다. 투자 가치가 높지만 가격이 비싸 엄두를 내지 못했던 자산을 잘게 쪼개 투자하는 방식이다. 매각 시에는 지분율만큼 수익을 나눠 갖는다. 빌딩이 대표적이다. 한 채에 수백억 원에서 수천억 원에 달하는 강남빌딩을 월급쟁이가 소유하기란 불가능하다. 고가의 미술품도 마찬가지다. 유명 화가의 미술품 가격은 빌딩 한 채를 호가한다.

조각투자는 대부분 플랫폼을 통해 이뤄진다. 급증하는 투자 수요에 맞춰 다양한 상품에 투자하는 플랫폼들이 속속 등장하고 있는 추세다.

이들은 빌딩이든, 미술품이든, 나이키 운동화든 개인 투자자들이 이들 상품에 직접적으로 조각 투자할 수 있게 하거나 관련 상품을 묶어 증권식으로 간접 투자를 할 수 있게 한다. 최근에는 롤렉스 시계와 같은 현물을 증권화한 후 투자자들로부터 자금을 모아 이를 자산화하고 현물이 매각되면 그 투자 수익을 되돌려 주는 상품이 출시 후 45초 만에 마감되기도 했다. 음원 저작물에 대한 저작권 내지 저작인접권을 다시 지분화하여 소액으로 투자할 수 있는 서비스도 나오고 있다.

이와 비슷한 상품으로 주식시장에서는 소수점 주식거래가 있다. 소수점 주식거래는 주식 온주[1주]를 쪼개어서 소수점 단위로 거래하는 것을 말한다. 예를 들어 테슬라 1주를 사려면 약 700달러[2021년 8월 초 기준, 한화 약 82만 원]가 있어야 하는데 이를 소수점 단위인 0.1주로 기래하면 70달러[약 8만 2천 원]만 있어도 살 수 있게 된다. 미국 아마존 같이 1주에 300만 원이 넘어가는 주식도 소수점 주식거래를 통하면 투자 접근성을 높일 수 있다. 국내에서는 신한금융투자가 최초로 해외주식 소수점 거래 상품을 내놓은 후 크게 인기를 끌었고, 이후 한국투자증권 등이 규제 샌드박스를 통해 관련 시장에 뛰어들었다. 국내에서 젊은 층을 시작으로 소수점 투자에 대한 관심이 늘자 우리나라 금융위원회는 내년부터 본격적으로 국내외 주식에 대한 소수점 단위의 투자가 가능하도록 하겠다고 밝혔다.

1억 모으려면 월 100만 원씩 저축해도 8년

직장생활을 시작한지 얼마 되지 않은 A와 B가 있다. 둘은 모두 재테크에 관심이 많은 사회초년생이지만 아직 주식이나 비트코인에 능숙하게 투자할 만큼 전문성이 있는 것은 아니다. A는 부모님의 조언에 따라 흔히 '정석'으로 불리는 재테크 방식을 지향하는 사람이다. 반면 A의 입사동기인 B는 경제뉴스도 많이 보면서 소액이지만 여기저기 투자해보는 것을 선호하는 편이다. 둘은 같은 중소기업에 다니며 약 200만 원의 월급을 수령하고 있다. 지금은 소득과 자산규모가 비슷한 두 사람의 10년 후 모습은 어떻게 달라져 있을까?

내역	금액
월급	200만 원
통신비	7만 원
교통비	13만 원
점심값	20만 원
친구들과 모임	5만 원
⋮	⋮
적금	50만 원
종합보험	16만 원
청약저축	8만 원

먼저 A를 보자. 서울 출신인 A는 부모님과 함께 거주하며 생활하기 때문에 매달 집값이나 전기요금, 수도요금 같은 지출이 없다. 핸드폰 요금

과 교통비 등 용돈은 한 달에 약 50만 원을 지출한다. 부모님과 함께 거주하면서 주거비를 아끼고 있는 A는 용돈을 쓰는 데 여유가 있는 편이다. 그래도 A는 한 달에 약 100만 원 정도는 저축과 재테크에 쓰려고 한다.

그는 직장과 연계된 시중은행에 매달 50만 원씩 연 1.21%짜리 적금을 넣고 있다. 1년 만기 상품이다. 적금 만기가 끝나면 또 다른 적금 상품을 찾을 생각이다. 실비를 탈 수 있는 종합보험에도 16만 원을 넣는다. 이중 상당부분이 소멸되는 소멸성 보험상품 구조로 설계되어 있다. 부모님의 권유로 청약저축에도 매달 8만 원씩을 넣고 있다. 최근에는 주식에도 관심이 생겨 소액이지만 삼성전자와 현대차, 카카오 같은 주식도 몇 주 가지고 있다. 계속 주식을 해볼지는 아직 모르겠다는 게 A의 생각이다.

평범한 사회초년생 재테크와 별다를 게 없는 A가 부모님의 증여나 상속 없이 현재의 투자방식으로 1억 원을 모으려면 얼마나 걸릴까. 연봉상승률은 최근 30년 물가상승률을 따라 오른다고 가정하고, 연 2% 고정금리에 매달 100만 원씩의 적금을 차곡차곡 쌓아올린다고 해도 산술적으로 8년이다. A가 매달 적금에 들어가는 돈의 비중을 줄이고 주식이나 가상화폐에 뛰어들어 운 좋게 매일 급등하는 주식이나 코인을 찾아내지 않는 이상 대부분의 사회초년생들의 목돈 만들기는 얼마나 절약하고 이 든을 얼마나 소박소박 저축하는지에 달려 있다.

한국경제연구원이 2021년 상반기 발표한 자료에 따르면 최근 5년

^{2015~2020년}간 1인 이상 사업체에서 일하는 상용직 · 일용직 임금총액은 299만 1,000원에서 352만 7,000원으로 연평균 3.4% 올랐다. 반면 이 기간 서울 아파트 중위가격_{아파트 값에 따라 줄을 세웠을 때 가운데 있는 집 가격}은 같은 기간 5억 282만 원에서 9억 2,365만 원으로 연평균 12.9% 올랐다. 직장인이 월급 전액을 꼬박꼬박 모아도 서울에 중간 정도 되는 아파트를 한 채를 장만하려면 21.8년이 걸린다는 얘기다. 전국 아파트 중위가격_{3억 8,676만 원}도 연 평균 7.4%이 올라 월급 오르는 속도를 크게 뛰어넘었다.

현실에선 월급을 한 푼도 쓰지 않고 전액을 모은다는 것은 '금수저_{부모가 이루어 놓은 부를 자녀가 향유하면서 그 혜택을 누리는 사람들}'가 아닌 이상 사실상 불가능하기 때문에 A의 경우처럼 보통의 재테크 패턴으로는 서울 중위가격의 아파트를 구입하는 것은 현실에서 쉽지 않다. A가 만약 별다른 재테크 노력 없이 재테크의 '정석'을 따른다면 10년 후, 아니 20년 후가 되어도 A는 집 장만이 쉽지 않을 수 있다.

6% 수익률에
복리 마법을 더하면?

적금 말고 새로운 재테크가 필요하다

B의 경우를 보자. B는 지방에서 올라와 수도권에서 직장을 다니는 사람이다. 매달 원룸 월세로 48만 원을 지불한다. 회사 근처에 거주하기 때문에 다행히 교통비는 많이 쓰지 않지만 핸드폰 요금 등을 포함해 매달 용돈으로 25만 원을 쓴다. B는 청약저축에 매달 10만 원을 붓고 있지만 당장에 청약을 통해 아파트를 분양 받을 수 있으리라고는 기대하지 않는다. B는 대신 다양한 금융상품에 관심이 많다. 최근 뉴스를 통해 일반인도 유명가수의 음원 저작권을 구매해 매달 이자처럼 저작권료를 받을 수 있다는 소식을 듣고 관심을 갖기 시작했다. 곧바로 소액으로 음원 저작권 투자를 시작한 B는 매달 배당처럼 들어오는 저작

권료를 확인하고는 조금더 투자액을 늘려볼 생각이다. 아래는 B가 실제 최근 몇 달 간 저작권을 구매해 받은 수익률이다.

약 300만 원의 시드머니로 총 4곡의 포트폴리오 짠 B는 한 달 평균 1만 6,500원가량의 저작권료를 받았다. 1년으로 치면 19만 8천원의 저작권료를 받았기 때문에 6.6%의 수익률을 거머쥔 셈이다. 최근 3년 만기 국고채 금리가 1.1~1.2% 사이라는 점을 감안하면 아주 높은 수익률이다. B처럼 사회초년생이 가입할 수 있는 적금 상품도 이율이 높지가 않다. B는 본격적으로 저작권 투자에 관심을 갖고 미래에 발생할 투자 수익률을 계산해봤다.

B가 만약 매달 50만 원씩을 꾸준히 음원 저작권에 분산 투자하기로 했다고 하자. 연 6.6% 수익률 기준으로 산출한 첫 달의 저작권료는 2750원쯤이 될 것이다. 원금이 커지면서 불어나는 1년간의 저작권료는 21만 4,500원이다. B가 매달 같은 금액으로 음원을 사들인다면, 5년 만에 저작권료로만 벌어들이는 수익은 503만 2,500원에 이를 것으로 계산됐다. 물론 6.6%의 저작권 수익률이 꾸준히 나와야 한다는 가정이다.

그렇다면 매달 50만 원씩 10년간 꾸준히 음원을 구매한다면 어떨까. 이 경우 B가 벌어들이는 저작권료는 1996만 5,000원으로 예상되며, 투자한 음원의 가격이 투자 시점의 시장가만 유지되면 총 수령액은 8,000만 원에 달한다. 원금과 별개로 매달 발생하는 저작권료를 재투자한다고 가정한다면 복리효과도 기대해볼 수 있다. 예를 들어, 원금 50만 원을 투자한 첫 달 발생한 월 저작권료 2750원을 다음 달 시드머니로 계획한 50만 원에 더해 음원 투자금으로 활용하는 방안을 세우는 것이다. B가 복리효과까지 감안한 음원 저작권 투자에 나선다면 10년 뒤 거두는 저작권료는 2,500만 원을 훌쩍 넘긴다. 원금까지 합하면 10년 새 총 8,500만 원 이상의 금액을 손에 쥐는 셈이다_{음원을 구입한 가격은 주식처럼 오르거나 내릴 수 있다}.

B가 음원 저작권 투자로 얻는 수익은 여기에 그치지 않는다. 시세차익이 남아있어서다. B가 보유한 4개 음원의 전월 대비 평균 가격 상승률이 22.1%를 기록했다는 점을 감안하면, 10년간 발생한 연간 시세차익이 저작권료 관련 수익을 뛰어넘을 가능성도 배제할 수 없다. 물론 시세가 떨어질 수도 있다. B가 보유한 음원 가격 상승률이 상대적으로 높은 이유는 시장이 조성된 지 얼마 되지 않은 영향이 크다. 그만큼 초기 시장에 투자하는 것은 수익을 내는 데 훨씬 유리하다. 음원 저작권에는 연간 총 기타소득이 300만 원을 초과할 경우 지방세 포함 22%의 과세가 발생한다. 음원 저작권 투자로 벌어들인 수익이 300만 원을 넘기지 않고, 월 기준 저작권료 수익이 1곡당 5만 원 이하이면서 건당 판매 수익이 5만 원을 밑돌 경우 모든 소득은 투자자의 몫이다.

코로나19 이후 대한민국 증시는 그야말로 불타올랐다. 주식으로 10억 원 이상을 벌었다는 사람이 속출했다. 코로나로 금융시장이 붕괴될 것 같았던 위기감도 잠시 한국은행을 비롯해 각국 중앙은행이 시중에

돈을 쏟아내기 시작하면서 돈값은 그야말로 사상 최대치로 저렴해졌다. 그 돈은 어김없이 주식시장으로 흘러들어왔고 코스피뿐만 아니라 전 세계 주가지수는 가보지 않은 길을 가고 있다.

한국거래소에 따르면 2020년 3월 2,000선이 무너졌던 코스피지수는 1년 만인 2021년 3월 3,000선을 넘어섰다. 종목이 아니라 지수 상승률이 100%를 넘는 현상이 나타났다. 주식시장이 올해 말에도 이 같은 상승세를 유지할지, 내년에는 또 어떨지 아무도 예견하기 어렵다. 코로나 국면이 시작될 때 금융 전문가들이 "지금은 주식을 던지고 현금을 확보해야 할 때"라는 조언을 들었던 사람이라면 지금쯤 땅을 치고 있을 것이다. 반대로 '위기'와 '변동성'이 돈 벌 기회라고 생각했던 사람이라면 지금쯤 큰돈을 벌었을 수 있다. 그러나 주식시장은 고정 수익률을 주는 시장이 아니다. 우리는 한 살이라도 더 이른 나이에 더 예측 가능한 시장을 찾아야 한다.

덕질을
돈으로 환산해보자

취향은 돈이 된다

일반 주식과 달리 조각투자는 시드머니가 몇 천원 단위부터 10만 원 단위로 투자할 수 있는 상품이 대부분이며 이 같은 금액으로도 수익을 낼 수 있는 구조로 설계되어 있는 것이 특징이다. 예를 들어 롤렉스 시계를 증권화해 이를 자산화한 조각투자 상품의 경우 최소 투자 단위가 10만 원이지만 명품시장의 경우 주식시장처럼 변동성이 크지 않고 꾸준히 우상향 하는 경향이 있어 소액투자에 최적화된 투자시장이라고 할 수 있다.

'샤넬백은 오늘이 기깅 싸나'라는 말이 이 같은 럭셔리 시장의 특성을 가장 잘 나타내주는 말이다. 명품업계에 따르면 국내 명품 리셀되파

는 것 시장의 규모는 2012년 1조원에서 플랫폼의 발달과 명품에 대한 수요 증가로 2019년 7조원까지 수직상승했다. 오르는 시장에서는 오늘 사는 물건이 가장 싼 물건이다.

조각투자의 또 다른 장점은 주식과 달리 자신이 관심 있는 분야에 투자할 수 있다는 점이다. '덕질'의 투자화다. 영어공부에 취미를 붙이는 데 가장 좋은 방법은 자신이 좋아하는 '미드^{미국 드라마}'를 시청하는 것이라는 말도 있지 않은가. 자신이 관심 있는 곳에 투자를 하는 것은 꾸준히 관련 상품을 들여다보고 모니터링할 수 있는 가장 좋은 방법이다.

'덕질'의 투자화로 성공한 A씨가 대표적인 사례다. 그는 2018년 군 복무 당시 부대 내에서 장병들에게 가장 인기가 많았던 여성 그룹 브레이브 걸스에 관심이 많았는데, 전역 이후 우연히 음원 저작권 투자 플랫폼을 통해 이들이 불렀던 '롤린'이라는 노래를 1주당 평균 3만 원대에 구매했다. 2021년 8월 말 이 노래는 같은 플랫폼에서 약 90만 원대에 거래되고 있다. 만약 A씨가 이를 수익으로 실현시킨다면 불과 1년도 안 되어 3,000%가 넘는 수익률을 거두는 셈이다.

또 자신이 건물주가 되는데 관심이 있다면 빌딩 조각투자 플랫폼을 통해 건물에 투자해 볼 수도 있으며, 미술에 관심이 많은 사람은 평소 선망했던 아티스트의 작품에 조각투자를 하는 것도 가능하다. 국내 대표 부동산 조각 거래 플랫폼에서 강남에 있는 시가 100억 원 건물을

200만 개의 소유권으로 쪼갰으며 최소 투자금은 5,000원에 불과했다. 스타벅스 커피 한 잔 값이면 강남빌딩에 투자해 볼 수 있다.

국내 한 미술품 조각투자 플랫폼에서 2021년 3월 마감된 제프 쿤스의 '게이징 볼'이라는 작품은 소유권 14만 개로 쪼개져 1억 4,000만 원에 판매됐다. 소유권 1주당 가격은 고작 1,000원으로 802명이 나눠가졌다. 회사 측에 따르면 이 플랫폼을 통해 투자한 조각 투자자의 평균 수익률은 18%가량이다.

알면서도 못 들어가던
알짜주

수익을 내는 소액 투자자는 많지 않다

한국은행 자료에 따르면 2020년 하반기 현재 우리나라의 소액투자자 규모는 인원만 1,000만 명 이상이며, 이들이 투자한 곳의 운용자산은 약 38조 원으로 추산된다. 소액투자의 특성상 투자하는 것도 빨리 결정을 내리지만, 결과를 빨리 실현시키려고 하는 특성도 작용해 이들의 70%가 6개월 이내 원금 손실을 겪는 것으로 분석되고 있다. 이는 소액투자자를 대상으로 하는 금융상품이 기본적으로 1,000만 원 이하의 소액투자에 적합하지 않기 때문이다. 만기가 최소 1년 이상인 상품들은 대부분 1,000만 원 이상의 설정액이 요구되고 있다.

NH투자증권이 2020년 1월부터 11월까지 세대별, 성별 투자자들의 평균 수익률을 분석한 결과 여성 투자자들의 평균 수익률은 24.2%로 남성 투자자[18.3%]를 압도했는데, 이는 여성들이 남성들에 비해 주식을 오래 보유하는 비율이 높기 때문이다. 주식을 가장 자주 사고파는 20대 남성들은 2020년 3.8%의 수익률로 세대 간 비교에서 꼴찌를 나타냈는데, 이들은 주식을 자주 사고파는 행위를 수치화한 '회전율'에서 가장 높은[68.3%] 수준을 기록한 것으로 나타났다.

목돈이 없어도 지금 바로 투자한다

이러한 투자 성향을 가졌다면 기존 재테크보다는 소수점 투자에 관심을 가지는 것도 좋다. 분당에 사는 권모씨는 해외주식 소수점 투자 서비스로 2년 만에 135.76%의 수익률을 거뒀다. 권씨의 투자 포트폴리오에 별다른 비법이 있는 게 아니었다. 2019년 당시 구글이 유튜브를 통해 이용자의 관심사에 대한 정보를 수집하고 인공지능[AI]·클라우드 등의 신기술 사업을 적극 육성한다는 점에 성장 가능성이 크다고 판단한 권씨는 구글의 모회사 '알파벳A[CLASS A]'에 투자를 올인하겠다고 마음먹었다.

문제는 자금이었다. 당시 1주에 140만 원대를 기록하던 '알파벳A'를 덜컥 매수할 여유자금이 없었던 권씨는 소액을 꾸준히 적립식으로 투자할 수 있는 서비스가 있다는 소식에 눈이 번쩍 뜨였다. 권씨는 바로 그해 9월부터 2021년 8월까지 '알파벳A' 한 종목만 매월 14만 원씩 매수했다. 동생에게 주는 용돈 수준의 금액이기에 크게 생활비를 줄이거나 소비 생활에 타격을 받을 것도 없었다.

수월한 투자 과정에 수익률에 대한 기대감이 크지 않았는데 결과는 놀라웠다. 1주에 140만 원대에 머물던 알파벳A는 2021년 8월 310만 원대로 올라서면서 가파른 상승세를 보였다. 총 납입 원금 421만 원으로 권씨가 2년간 사모은 구글 주식의 현재 평가금액은 993만 원을 기록한 상태. 원금을 제하고도 572만 원의 이익을 거둔 권씨는 내일이면 또다시 상승할 구글 주식에 흐뭇한 미소를 감출 수 없었다.

주식시장의 격언 중 하나로 '싸게 사서 비싸게 팔아라'라는 말이 있다. 당연한 이야기이지만 우리 모두가 여윳돈으로 투자하는 자산가들이 아니기 때문에 가장 지키기 어려운 말 중 하나다. 싸게 사서 비싸게만 팔 수 있다면 우리가 오직 고민해야 할 문제는 '몇 프로의 수익률에 만족할 것인가'이지만, 현실은 정반대다. 수익을 낼 수 있을지조차 불투명하다. 투자한 돈을 다시 회수할 시점을 스스로가 결정할 수 있는 사람은 대부분 넉넉한 자금을 들고 있는 사람일 가능성이 크다. 수익률은 대부분 리스크가 크지 않은 안정적인 상품에 오래 투자한 사람일수록 높을 가능성이 크기 때문이다. 그런 측면에서 조각투자는 자금이 많지 않은 사람들에게 최적화 되어 있다. 현재 각광받고 있는 조각투자 상품은 대부분 빌딩, 명품, 음악, 미술품, 금 등 수요가 꾸준한 현물에 투자하고 있기 때문이다.

소액 투자로
개미가 세력이 되었다?

게임스톱 주가 롤러코스터 사태

1980년대 미국에서 크게 유행했던 게임 소매점 '게임스톱'의 주가가 크게 튀어 오른 건 2021년 1월의 일이다. 게임스톱은 이미 한 물 간 회사로 평가받고 있었다. 쇠락해가는 오프라인 게임 유통 업체였던 이 회사는 소비자들이 게임을 온라인으로 즐기기 시작하면서 '아버지 시대의 추억'으로 치부되고 있었다. 비디오 게임의 활황으로 한 창 잘 나가던 1990년대와 2000년대에 비해 사업이 잘 풀리지 않으면서 2020년 하반기 회사 부채는 이미 2억 달러^{한화 약 2,200억 원}에 달하고 있었다. 미국의 인론들은 소비사들이 게임을 거실 소파에 앉아 온라인이나 클라우드를 통해 다운로드 할 수 있는 시대에 게임스톱 사업 모델은 실패할 수밖에 없다고 단언했다. 디지털 시대에 가장 동떨어진 회사라는 우울한 전망도 나왔다.

반전은 올해 1월 찾아왔다. 미국의 유명 반려동물용품 기업 '츄이'의 공동 설립자 라이언 코헨이 게임스톱 경영진에 합류하면서 상황은 급변하기 시작했다. 츄이는 미국에서 반려동물계의 '아마존'이라고 불릴 정도로 온라인 비즈니스 모델로 소비자들을 사로잡은 회사였다. 코헨이 게임스톱 경영에 참여해 '온라인 마법'으로 외면 받던 이 게임 체인점을 바꾸는 것 아니냐는 기대감이 감돌기 시작했다. 여기에 신종 코로나바이러스 감염증코로나19 팬데믹 시대에 비디오 게임 업체인 게임스톱의 가치가 지금보다 더 상승할 것이란 생각이 더해지면서 주식시장에서 게임스톱의 인기는 치솟기 시작했다. 코헨 영입을 발표한 첫날 주가가 13% 뛴 이후 다음날 57%, 그 다음날 27% 뛰면서 그야말로 게임스톱 주가는 날아가기 시작했다. 어떤 날은 하루 110%를 넘기기도 했다. 게임스톱 주식은 한 달 사이에 1,700%나 뛰었다. 2019년 엄마가 게임스톱 주식을 사줬던 10세 소년 제이딘 카는 무려 5,000%의 수익을 내고 주식을 팔아치웠다.

그러나 여기에는 이해가 되지 않는 점이 있었다. 게임스톱 매출이 눈에 띄게 오른 것이 아니었다. 이 기간 게임스톱 주식을 사는 사람 중에 이 회사의 회계장부를 뒤져보는 사람은 없었다. 주식시장에서 수익이 크게 발생한 것이 아닌 데도 다른 요인으로 주가가 급상승하는 경우는 더러 있지만, 실적 뒷받침 없이 주가가 폭등하는 것은 대개 터무니없는 일이다. 솔직히 말해 게임스톱 주가가 폭등하기 전만 해도 미국 이외의 나라에서 이 회사를 아는 사람은 많지 않았다.

투자를 놀이처럼, 놀이를 투자처럼

어떻게 이런 일이 가능했을까? 게임스톱의 주가 급등 랠리가 어떻게 시작되었는지 간에 이 같은 일을 주도한 것은 미국 소셜미디어^{SNS} 사용자들이다. 이런 일은 자연스럽게 발생하지 않는다. 미국 최대 온라인 커뮤니티인 '레딧'이 게임스톱 사태를 주도했던 베이스 캠프였다. 레딧을 중심으로 한 개미^{개인} 투자자들은 회사의 전망을 어둡게 보며 '공매도^{주식을 빌려서 판 뒤 일정 기간 뒤에 사서 갚는 투자 기법}'를 쳐 주가를 떨어뜨리는 헤지펀드 세력을 최대의 적으로 삼았다. 실적에 비해 주가가 너무 많이 오른 게임스톱은 헤지펀드에 공매도 1순위 존재였다. 이런 반감은 개미들이 게임스톱 주식을 더 많이 사모으는 원동력이 됐나. 여기엔 '우리의 어린 시절 추억이 깃들어 있는 게임스톱이 망가지는 모습을 지켜만 볼 수 없다'는 동심도 일부 작용했을 것이다. 헤지펀드가 팔아치우면 개미늘은 이 수식을 신나게 담아 주가를 밀어 올렸다. 게임스톱 주가가 오르기 시작하면서 '주가 하락'에 베팅한 헤지펀드들의 손실은 한 달반 만에 80조 원에 달했다. 적어도 이 순간만큼 게임스톱은 헤지펀드라는 거대 세력에 맞서는 개미들의 아이콘 같았다.

레딧의 사용자들은 주로 MZ세대^{1980~2000년대 출생}로 2008년 글로벌 금융위기를 초래했던 월스트리트 자본가들이 여전히 대중들이 이해하기 어려운 복잡한 금융상품을 설계해 돈을 벌고 있다고 생각하는 사람들이다. 이들은 현재 월가의 사람들을 '옛 세대의 부패한 금융 세력'으로 받아들이고, 개인들의 집단지성으로 이들에 맞설 준비를 물밑에서 해왔다. 이들의 에너지가 '게임스톱'과 우연히 만난 셈이다. 실제 게임스톱 사태 촉발의 근거지가 되었던 레딧의 '월스트리트베츠_{WallStreetBets}' 게시판에는 헤지펀드들의 공격 대상이 되고 있는 공매도 기업 리스트가 돌아다녔고, 게임스톱은 그중 하나였다. 과거와는 다른 개미들의 반격 때문에 일부 헤지펀드는 수 십 조원의 손실을 보고 빠져나갔다. 미국의 언론은 "똑똑한 개미들이 거대 헤지펀드를 이겼다"며 흥분했다. 미국 언론은 이를 일종의 소셜미디어 세대들의 '밈^{meme} 주식' 놀이 현상으로 해석하기도 했다. 밈은 온라인 상에서 모방을 통해 유행처럼 번지는 문화적 현상이나 콘텐츠를 말하는데 게임스톱이 SNS 상에서 밈 주식으로 꼽히면서 개인들이 이 종목을 앞 다퉈 사는 일종의 놀이로 번졌다.

개미도 모이면 큰힘을 낼 수 있다

게임스톱 주가는 천천히 제자리를 찾아가고 있지만 아직 이 이야기는 끝나지 않았다. 자본시장에서는 게임스톱 현상을 '개미들이 헤지펀드 같은 공매도 세력에 맞서 싸운 사례'로 이해하지만 이건 이 현상을 이해할 수 있는 진짜 본질이 아니다. 게임스톱 현상은 기술을 무기로 자본시장에 적극 뛰어든 신주류가 새로운 투자 현상을 만들어내고 있다는 것을 의미한다. 개미들이 더 이상 앉아서 당하지 않는데 만족하는 것이 아니라 그들이 하나의 깃발 아래 모일 수도 있음을 증명해냈다. MZ세대는 자본시장에서 생각보다 많은 것을 바꾸고 있다. 게임스톱 사태에 뛰어들었던 한 젊은 투자자는 미 언론과의 인터뷰에서 "게임스톱 사태에서 일시적으로 개미들이 거대 헤지펀드를 내쫓을 수 있었던 것은 개미들이 스마트폰으로 쉽게 주식 매수 경쟁에 참여할 수 있었기 때문"이라고 했다. 어떤 때는 기술에 대한 친숙함이 투자라는 전장에서 승리를 부르기도 한다. 가진 돈은 헤지펀드에 비해 적어도 그들이 하나의 깃발 아래 모이면 이기는 것이 불가능하지만은 않다는 것을 게임스톱 사태가 보여줬다.

재테크 연령대가 낮아지고 있다

'복세편살복잡한 세상 편하게 살자'은 시대를 지배하는 단어다. MZ세대에게 투자는 일종의 게임이다. 신종 코로나바이러스가 촉발한 이 같은 투자 열풍에 대해 우리나라 금융감독원은 2021년 내부 보고서에서 "디지털 기기에 익숙한 MZ세대들이 가상화폐 같은 고위험 자산에 공격적인 투자 성향을 보이고 있다"고 우려했다. 기존 중앙화폐 시장에 위협으로 평가받고 있는 가상화폐를 어떻게 관리, 감독할지에 대한 분석을 위해 만들어진 이 자료는 MZ세대가 투자를 '게임'처럼 대하기 때문에 투기적 성향을 억제하는 대책을 마련해야 한다는 결론을 내렸다. 가상화폐 거래소 등 관련 업계에 따르면 2021년 상반기를 기준으로 MZ세대가 보유한 가상화폐 계좌가 전체의 50%에 육박한다.

　미국에서도 MZ세대의 이 같은 성향을 이용해 크게 성장한 회사가 있다. 주식거래 플랫폼 '로빈후드'다. 2013년 미국 스탠포드대학교 출신인 바이주 바트와 블라디미르 테네브가 창업한 이 회사는 누구나 손쉽게 주식을 접할 수 있도록 하는 애플리케이션을 개발했다. 증권사들의 주요 수익원이었던 증권 거래 수수료를 없애고 게임처럼 손쉬운 유저 인터페이스를 구축했다. 오로지 이메일 주소만 있으면 이 게임에 참여할 수 있도록 했다. 사는 곳과 은행 계좌를 입력할 수 있으면 스마트폰으로 바로 주식 거래를 할 수 있게 만들었다. 특히 주목할 만한 것은 주식을 소수점 단위로 거래할 수 있는 주식 분할거래 기법을 도입했다는 것이다. 예를 들어 테슬라 주식이 비싸다면 1주가 아닌 0.1주를 살 수 있는 식이다.

　만약 이용자가 주식을 샀다면 '리니지'에서처럼 캐릭터^{바잉파워} 레벨이 올라간다. 레벨을 올리고 싶으면 무엇이라도 사면된다. 이들은 초보 주식 매매자를 위해 어린이 교육 프로그램처럼 주식이 무엇이고, 올바른 투자가 무엇인지 앱을 통해 자세히 설명해줬다. 어린아이가 게임을 통해 곱하기와 나누기를 배우 듯 '주린이^{주식+어린이}'들에게 주식시장이 어떻게 돌아가고 투자자는 어떤 포지션에 위치해야 하는지 설명해줬다.

　주식으로 출발한 로빈후드의 서비스는 현재 펀드, 옵션, 가상화폐까지 아우른다. 2020년 하반기 기준 로빈후드 사용자의 평균 연령이 31.8 세로 낮고, 이곳을 통해 거래를 하는 중위 계층의 잔고는 200달러대에 불과할 정도로 소액이다. 2021년 7월 미국 나스닥시장에 상장한 로빈 후드는 미국 증권거래위원회SEC에 제출한 자료에서 2020년 연간 매출 이 9억 5,900만 달러약 1조 900억 원이라고 밝혀 투자자들을 놀라게 했다. 앱이 만들어진지 불과 7년 만에 이룬 성과다. 창업자인 바트와 테네브 는 상장을 통해 조 단위 부자인 '억만장자' 반열에 올랐다.

2022년에 열리는 새로운 재테크 시장

재테크에 관심을 가지는 연령대가 낮아지고 있는 상황에서 주린이주 식 초보와 부린이부동산 초보는 투자에 어려움을 겪기도 한다. 기존에 진입 한 투자자들에 비해 자금, 정보, 경험에서 우위를 점하기 어렵기 때문 이다. 이런 상황에서 2022년 국내에서도 소수점 투자가 국내에서 본격 적으로 시작된다는 것은 주목할 만한 소식이다. 다른 재테크에 비해 마 치 게임을 즐기듯이 시작할 수 있어서 젊은 세대에게 친숙할 뿐만 아니 라 새로운 시장인 만큼 누가 시작하든 같은 출발선에 서 있다는 것이 큰 매력이다.

2장

왕초보
따라 하기:
상품 투자

투자난이도	★★★☆☆
자본금	★☆☆☆☆
재미	★★★★☆

추천 대상
명품, 스니커즈 등 한정판 제품 및 패션 아이템에 관심이 많은 투자자

최소 자금
1,000원부터 투자 가능

성공사례 ──────────────

매년 명품 가격이 오른다는 기사를 접한 A씨는 '명품은 오늘이 제일 싸다'라는 말을 새기며 틈날 때마다 명품관을 돌아다녔다. A씨의 첫 목표는 롤렉스 시계. 혹시나 리셀하지 못하더라도 예비 신랑에게 선물하면 되겠다는 생각에 롤렉스를 투자 대상으로 정한 것. 하지만 A씨의 계획은 철저하게 빗나갔다. 주말마다 롤렉스 매장을 찾아도 A씨가 찾는 모델은 항상 없었기 때문이다. A씨는 결국 본인이 구매하기보다는 롤렉스 제품을 포트폴리오로 제공하는 명품 소수점투자 플랫폼을 통해

투자하기로 했다.

평소 운동화에 관심이 많은 B씨는 본인이 소장하고 싶은 마음에 한 정판 운동화를 구매했다. 본인이 좋아하는 만큼 다른 사람 역시 이 아이템을 탐낼 것이란 생각이 들어 제품의 리셀가가 오를 것이라 생각했다. 하지만 140만 원에 구매한 이 운동화는 현재 리셀 플랫폼에서 80만 원대에 거래가 진행되고 있다. 이후 B씨는 한 운동화에 '몰빵'하기보다는 여러 운동화에 소수점 투자하기로 결심했다.

샤넬과 나이키로 돈을 번다?

명품 소수점 투자 뭐길래

명품에 소수점 투자하는 2030 세대가 많아지고 있다. 주식, 코인 등과 다르게 '현물'이 눈에 보이는데다 훨씬 익숙한 상품들이 많기 때문이다. 또 개인이 명품 시계나 가방 등을 사기에는 금액이 다소 부담스러울 수 있지만 여러명의 투자자가 제품을 '공동구매'하듯 구매하면 비용 부담도 줄어들기 때문에 이 투자 방식의 인기가 높아지고 있다.

2021년 1월 말 시범 서비스를 출시한 소투SOTWO의 일이용자수DAU는 최근 1.5배로 늘었고 재방문율은 48.6%를 보였다. 호기심 삼아 한번 접속한 인원의 절반이 다시 한번 해당 플랫폼을 찾는다는 얘기다. 정확한 수치는 나오지 않았지만 다시 한번 플랫폼을 찾았다는 것은 투자에

참여할 의지가 있다거나, 이미 참여한 공동구매의 수익률을 확인하기 위함이 아닐까.

명품이나 한정판 제품을 이용해 재테크를 한다는 것에는 해당 물건을 본인이 직접 사용하는 것이 아니라 '리셀웃돈을 얹어 비싸게 되파는 행위'하겠다는 전제가 깔려있다. 특히 본인이 명품이나 한정판 제품에 관심이 많다면 다른 소수점 투자처보다 이 분야를 눈여겨보자.

한정판을 조각 조각 나눠 갖다

소투SOTWO의 사례

소투는 미술품 경매회사인 서울옥션블루가 운영하는 한정판 상품 및 미술품을 판매하는 플랫폼이다. 소투 앱을 설치하면 휴대폰 본인인 증을 통해 쉽게 가입할 수 있다. 최초 1회 비밀번호를 설정하면 생체 인식 등 자동 로그인 서비스를 이용할 수 있어 편리하게 앱을 이용할 수 있다.

이곳에서는 고가의 한정판 스니커즈나 미술품, 아트토이에 1,000원 단위로 투자할 수 있다. 운동화가 해봐야 얼마나 비싸길래 사람들이 함께 모여 투자하냐고? 천만의 말씀이다. 일부 나이키 에어포스 스니커즈는 한 켤레에 100만 원을 웃돌기도 한다. 이곳의 평균 수익률은 15%를 기록했다.

일반적으로 조각투자 플랫폼이 저작권, 미술품 등 한 종류만을 거래 대상으로 삼는다면 소투는 스니커즈와 미술품 두 종류의 상품을 다룬다. 소투의 평균 수익률은 18.13%이며, 평균 판매기간은 26일로 다른 플랫폼에 비해 매우 짧은 편이다. 빠른 시간 안에 수익을 실현하고 싶다면 소투를 통해 소수점투자하는 것도 방법이다.

**소액부터,
티끌모아 컬렉팅**

1조각 · 1,000원

2조각 · 2,000원

3조각 · 3,000원

휴대폰 번호로 시작하기

만약 공동구매 진행 중 업체가 모집하는 금액이 전부 모이지 않는다면 해당 공동구매 거래는 아예 '실패' 처리된다. 예를들어 총 500만 원의 금액을 모으는 공동구매 거래였는데 450만 원만 모였다면 해당 공동구매는 아예 성사되지 않는 것이다. 업체 측은 수수료를 포함한 결제 금액 100%를 환불처리해 투자자들에게 돌려준다.

소투를 통해 공동구매에 참여하려면 예치금을 사용해야 한다. 조각은 예치금 한도 내에서만 구매할 수 있으므로 공동구매 전에 미리 충전해놓는 것이 좋다. 그래야 구매 시점에 정보 입력, 예치금 충전 등의 절차를 밟지 않아도 돼 시간을 줄일 수 있다. 이미 몇몇 조각 투자 플랫폼을 통해 공동구매를 시도해본 투자자라면 알겠지만 공동구매는 생각보다 순식간에 마감된다. 그렇기에 관심있는 투자 상품의 공동구매 일정이 올라왔다면 예치금 충전 등 사전작업은 미리 완료해두는 것이 현명하다. 2021년 6월 기준 소투는 예치금을 통한 결제 외에 다른 결제 수단은 허용하고 있지 않다. 즉, 신용카드를 통한 결제는 불가능한 상태라는 의미다.

소투의 공동구매는 매주 화요일과 금요일 오전 10시에 시작된다. 공동구매가 시작되는 날짜와 시각 및 투자 의사가 있는 상품을 잘 확인해뒀다가 늦지 않게 공동구매에 참여하자. 오전 10시에 공동구매가 시작되면 1,000원부터 원하는 금액만큼 투자할 수 있다. 다만 상품에 따라 구매 가능 조각 수가 다를 수 있으니 이 점을 염두하자.

공동구매에 참여할 때는 수수료가 발생한다. 조각당 55원[VAT 포함]의 수수료가 발생하며 공동구매 참여시 이 수수료가 함께 결제된다. 수수료 정책은 소투가 정하는 것이므로 언제든지 변경될 수 있다.

공동구매가 완료되면 소투는 구매자에게 제품 소유권을 증명할 수 있는 보유카드를 발행한다. 이후 해당 제품이 재판매 완료돼 수익이 발생하면 수익금을 배분한다. 수익금이 다시 투자자에게 돌아오기까지의 기간은 제품 리셀 이후 통상 7일 이내의 시간이 소요된다. 하지만 어디에 팔렸느냐에 따라 2~3주까지 일정이 소요될 수도 있다.

소투는 공동구매가 완료되면 즉시 제품 재판매를 시도한다. 다만 기존 상세페이지에서 제공했던 예상 보유기간과 달리 재판매가 늦춰질 수도 있다. 이 경우 소투는 투자자들에게 판매 일정 연기를 공지한다.

투자자는 본인이 공동구매에 참여한 현황을 앱에서 일괄적으로 확인할 수 있다. 앱에서 우측 상단의 사람 모양의 아이콘을 눌러 마이페이지로 들어가면 본인

이 가지고 있는 조각 보유카드, 주문 내역 등을 볼 수 있다.

'보유카드'를 누르면 본인이 구매한 금액과 예상 수익률과 수익금이 세전으로 뜬다. 또 판매 완료된 카드는 '판매완료'에서 확인할 수 있다. 다만 이 수익률은 모집 시점의 시세에 따라 책정된 예상 수익률로, 실제 발생하는 수익률과는 다를 수 있다. 누적수익금은 공동구매 참여 상품 판매를 통해 상환받은 금액 중 원금을 제외한 실수익금의 총합이다. 실수익률은 공동구매에 참여한 원금 내비 발생한 수익금의 비율을 뜻한다.

이미 구매한 상품을 취소하고싶다면 어떻게 해야 할까. 공동구매 상품은 전자상거래법에 의해 구매 후 7일 이내^{영업일 기준} 구매를 취소할 수 있다. 단 부분 취소는 불가능하니 처음 구매시 몇 조각을 구매할지, 즉 얼마를 투자할지 신중히 고려하자. 또 공동구매가 완료된 후 해당 제품이 다른 곳에 리셀되는 과정이 진행되고 있다면 공동구매를 취소할 수 없다. 공동구매를 취소할 때 별도의 수수료는 발생하지 않으며, 구매 취소 시 공동구매 참여금액과 수수료는 즉시 환불 처리된다.

함께 소유하고 되파는
명품의 세계

피스^{PIECE}의 사례

피스는 스타트업 업체 바이셀스탠다드가 선보인 서비스다. 2021년 6월 14일 기준 피스를 통해 거래된 물건의 총 자산가치는 1억 1,800만 원, 포트폴리오 건수는 3건, 평균 수익률은 25.00%, 평균 회수기간은 184일이다. 평균 회수기간은 조각 소유자들에게 원금 및 수익금이 상환된 평균 기간을 의미한다. 소투와 달리 조각 하나당 가격이 10만 원으로 다소 높은 편이다. 2021년 6월 기준 진행된 공동구매 건은 롤렉스 시계 11건이 유일한데, 해당 공동구매는 펀딩 시작 30분 만에 완판됐다.

피스 포트폴리오는 현재 거래를 진행하고 있는 상품을 의미한다. 이

PIECE 포트폴리오

조각모집성공

PIECE 롤렉스 집합1호
2021.04.01 ~ 2021.04.14

25% ~ 27%	6개월	만기수시
예상수익률	회수기간	상환방식

1억 1,800만원 / 1억 1,800만원   100%

미 모집이 완료된 롤렉스 시계 포트폴리오를 예시로 보자. 모집금액은 1억 1,800만 원이다. 플랫폼이 해당 제품을 구매할 때 1억 1,800만 원을 지출했다는 의미다. 해당 포트폴리오를 클릭해 상세 페이지로 들어가면 예상수익률, 회수기간 등이 뜬다.

예상수익률은 25~27%로 되어 있다. 또 제시하는 수익률에 따라 해당 상품에 얼마 투자했을 때 얼마의 수익이 날 수 있는지도 계산해준다. 다만 최대 예상 수익금 계산기인만큼, 실제 투자자가 가져갈 수 있는 수익은 이 계산과는 다를 수 있음을 주의하자. 해당 포트폴리오상 회수기간은 6개월로, 만약 이 포트폴리오가 그대로 지켜진다면 일반 예적금 상품에 비해 짧은 시간에 큰 수익을 올릴 수 있는 셈이다.

수익금은 플랫폼이 자산을 리셀한 뒤 공동소유모집금액과 실물판매처분금액에서 20%의 서비스 이용 수수료를 제외한 금액이다. 서비스 이용 수수료에는 플랫폼 운영 외 자산 관리 및 유지비, 홍보 마케팅비 등이 포함되어 있다. 예를 들어 롤렉스 시계 공동구매를 1억 원 규모로 진행했다고 가정하자. 한 조각당 10만 원씩, 총 1,000조각으로 배분했으며 투자자 A씨가 10조각을 구매해 100만 원을 투자했다고 치자.

PIECE 롤렉스 집합1호

모집기간 2021.04.01 - 2021.04.14

1억 1,800만원
모집금액

25% ~ 27%
예상수익률

6개월
회수기간

만기수시
상환방식

100%

기본정보   상세정보   리스크분석

PIECE 포인트

POINT 1   가장 인기 있는 프리미엄 롤렉스 11점   ▼

POINT 2   구매 경쟁이 치열한 컬러 오이스터 퍼페츄얼   ▼

POINT 3   희소성 최고 코스모그래프 데이토나   ▼

POINT 4   인기 절정 서브마리너 헐크와 신형…   ▼

POINT 5   롤렉스의 상징 그린다이얼의 데이트저스트   ▼

이후 이 상품이 25%의 수익률을 내고 1억 2,500만 원에 되팔렸다고 하면, 2,500만 원의 수익이 발생한다. 하지만 조각 당 수익은 2,500만 원을 1,000조각으로 나눈 2만 5,000원이 되는 것이 아니라 2,500만 원에서 플랫폼 수수료 20%를 제외한 2,000만 원에서 1,000조각으로 나눈 2만 원이 되는 것이다. A씨는 총 10조각을 구매했기 때문에 20만 원의 수익을 올리게 되는 셈이다.

본인이 투자하는 대상에 대한 정보를 미리 알아보는 것은 필수다. 이 포트폴리오는 제품의 장점을 다섯 가지로 정리해놨다. 우선 첫 번째로 가장 인기있는 롤렉스 시계 11점이라는 점을 강조했다. 또 구매 경쟁이

현재 상품 가치변화

118,000,000원
현재 가치

약 25%~27%
예상 수익

약 150,000,000원
12개월 후 실현 가치

포트폴리오 상세정보

△▽ ── **포트폴리오 구성**
       인기 롤렉스 11점

△▽ ── **실 구매가**
       118,000,000원

△▽ ── **평균 판매가**

△▽ ── **판매등급**
       S 등급

치열한 컬러 위주로 제품을 준비했다는 점도 이점으로 내세우고 있다. 생산 수량이 제한돼 희소성이 정점에 달한 제품이 포함돼 있다는 점도 투자자에게 알리고 있다. 시중에서 높은 프리미엄이 형성되어 있는 시계도 포트폴리오에 포함돼 있다는 점도 언급한다.

　해당 제품과 브랜드에 대한 소개도 한다. 사이트에서는 롤렉스의 본사가 스위스 제네바에 있다는 아주 기본적인 정보부터 해당 제품의 품귀현상이 전세계에서 심각해지며 투자대상으로서 가치가 높아지고 있다는 점을 강조하고 있다. 다만 이 정보들은 결국 플랫폼이 투자자를 모으기 위해 대부분 장점만을 골라 열거하고 있는 만큼, 투자자는 추가 정보를 찾아보고 소신있는 판단을 하는 것이 중요하다.

포트폴리오 상세페이지에서는 리스크분석란을 통해 상품 가치를 수치로 표현하고 있다. 또 등급을 S등급, A등급, B등급, C등급, D등급 등으로 나누고 있는데 이 제품은 S등급에 속한다. 이어 각 상품별로 정품 케이스와 보증서, 워런티 카드, 구매영수증 등을 보유하고 있다는 점도 명시해뒀다.

피스 회원가입은 이메일 주소를 이용해 할 수 있다. 이후 휴대폰 인증을 통해 본인인증을 거친 뒤 주소를 입력하고 출금계좌를 등록하면 된다.

회원가입을 완료하면 로그인 후 '마이페이지'를 통해 본인의 조각 구매 및 소유 현황을 확인하고 수익을 관리할 수 있다. '종합정보'에서는 투자지의 수익과 구매현황, 상환율, 누적 상환금 등을 한눈에 볼 수 있다.

피스에서 공동구매에 참여하려면 예치금을 선충전해야 한다. 공동구매 모집기간이 종료되기 전까지 취소 신청이 가능하며 취소 시 수수료는 발생하지 않는다. 하지만 공동구매 참여기간이 끝난 이후에는 취소 및 환불이 불가능하며 자산이 리셀된 이후에만 원금 및 이익금을 회수할 수 있으니 신중을 기하자.

한정판·명품 리셀 시장 이해하기

커지는 한정판·명품 리셀 시장

우리는 이 책에서 한정판·명품에 여럿이 함께 투자하는 '소수점 투자' 방법을 알아보고 있다. 여럿이 함께 투자해 1인당 투자하는 금액은 적어지지만, 근본적으로는 한정판·명품리셀 시장이 어떻게 형성되어 있는지 알아야 한다.

한정판 제품에 관심이 없는 사람에게는 다소 어색할 수 있지만 관련 상품들을 여러 번 사본 사람에게는 '한정판 테크', '명품 테크', '리셀 테크'는 굉장히 익숙한 재테크 방법이다. 명품에 관심을 갖는 사람들이 얼마나 많이 이 방법으로 재테크를 하는지 알리기 위해 유명 연예인이 한 말을 전한다.

걸그룹 소녀시대 출신 제시카는 자신의 유튜브 채널 'Jessica Jung'에서 '13년 동안 모은 샤넬백'이라는 제목의 영상을 공개하며 "샤넬 가방은 가격대가 좀 나가긴 하는데 저는 충분한 투자가치가 있다고 생각한다. 샤넬은 정말 재테크다. '샤테크샤넬+재테크'라 부르겠다. 10년 전에 샀을 때랑 지금이랑 가격 차이가 너무 많이 난다"고 말했다. 제시카의 말처럼 샤넬 가방의 가격은 가벼운 마음으로 살 수 있는 정도의 수준은 아니다. 하지만 걱정하지 말자. 우리에게는 '소수점 투자'가 있으니까.

리셀테크 시장의 규모는 얼마나 클까. 미국 중고의류 유통업체인 '스레드업thredUp'은 새 제품에 이윤을 붙여 되파는 리셀 시장 규모가 2019년 70억 달러약 7조 9,000억 원에서 2024년 360억 달러약 40조 6,000억 원 규모로 급증할 것으로 예상했다. 향후 3년간은 더 많은 사람이 더욱 활발하게 한정판·명품 제품을 되파는 행위를 할 것으로 기대된다는 것이다. 주식 열풍 코인 열풍에 편승해 한 번쯤 주식과 코인에 투자해봤다면, 이제는 리셀테크에 관심을 가져도 될 법한 시기가 아닐까.

커지는 리셀 시장을 견인하는 계층은 단연 MZ세대다. 우선 MZ세대는 명품이나 한정판 제품의 브랜드 자체에 관심이 많고, 또 희소가치가 있는 제품에 크게 흥미를 갖는 경향이 있기 때문이다. MZ세대가 애플리케이션앱 이용에 능해 리셀 시장에 쉽게 접근할 수 있다는 점도 영향을 미쳤다.

제시카가 언급한 '샤테크' 외에도 활발하게 리셀 거래가 이뤄지는 상품은 신발이다. 한정판 신발을 되팔아 수익을 남기는 행위를 이른바 '슈테크신발+재테크'라 부른다. 특히 신발의 가격은 샤넬백 보다도 저렴해 투자 부담이 작다. 그래봤자 운동화의 가격이 얼마나 오르겠냐고? 일례로 스포츠브랜드 나이키가 2020년 그룹 빅뱅의 멤버 GD와 협업해 출시했던 '에어포스1 파라-노이즈'가 대표적이다. 이 신발은 21만 9,000원에 판매됐지만 리셀 시장에서는 최고 1,300만 원까지 가격이 치솟았다. 무려 약 60배로 가격이 뛴 셈이다.

신발에서 시계까지 취향별로 투자한다

샤테크 샤넬+재테크

이제부터는 리셀테크의 대상이되는 것들을 각 브랜드 및 물품별로 살펴보자. 누구나 한 번쯤 이름을 들어봤을 법한 유명 브랜드 상품이고, 현물에 투자한다는 관점에서 투자 대상이 눈에 보이기도 하지만, 어쨌든 내가 무언가에 투자한다면 해당 투자처가 왜 가치가 있는지 알아야 한다.

샤테크란 명품 브랜드 샤넬 제품을 되팔아 수익을 남기는 것을 뜻한다. 품목 중에서는 주로 가방을 되파는 경우가 가장 많다.

샤넬은 1909년 설립된 회사다. 한국식 나이보지닌 113세. 가히 깅수 브랜드라 할만하다. 설립자는 코코샤넬이며 엠블럼은 코코샤넬의 이름

Coco Chanel에서 'C'를 따와 서로 반대로 마주보도록 배치한 것이다. 회사 본사는 프랑스에 있다. 루이비통, 에르메스와 함께 세계 3대 명품 브랜드 중 하나로 꼽힌다. 여성들에게 유난히 특별한 브랜드로 느껴지는 것이, 샤넬에는 남성 패션 라인이 없기 때문이다.

샤넬 제품 중에서는 특히나 핸드백과 지갑이 인기가 높다. 일부 제품은 재고가 없어 돈이 있어도 구하기 힘들다. 그래서 '리셀 테크'의 대상이 된 것. 명품 소비를 얘기하다 보면 떼놓을 수 없는 단어인 '오픈런 Open Run'이라는 단어를 탄생시킨 브랜드이기도 하다. 백화점이 문을 열기 전부터 사람들이 긴 줄로 늘어서 있고, 문을 열면 매장을 향해 뛰어간다는 의미다. 이는 모두 재고는 적고 인기는 많은 제품을 구하기 위한 행동이다.

오픈런에 참여하는 사람 중에는 제품을 리셀하려는 업자들도 많다. 백화점이 개점하기도 전에 이미 출근해야하는 일반 직장인들에게 오픈런은 사실상 불가능할 터. 업자들은 일찍이 인기가 높은 핸드백이나 지갑들을 사 웃돈을 받고 리셀해 수익을 남긴다. 새 제품을 사기가 힘든 만큼 새 제품에 가까운 중고품의 가격 역시 쉽사리 내려가지 않아 가격방어가 잘된다는 평가가 나온다.

돈이 있어도 샤넬 물건을 사기 어려워 '오픈런' 현상이 나타나는 데서 느낌이 오겠지만, 샤넬은 매장을 찾는 것부터 쉽지 않다. 브랜드 이미지를 생각해 여기저기 매장을 내지 않는 탓에 국내 백화점 중에서도 일부 점포에만 입점해있기 때문이다. 가방과 지갑을 판매하는 샤넬 부티크는 대표적으로 신세계백화점 강남점 및 본점, 롯데백화점 본점 및 잠실점, 현대백화점 압구정본점, 갤러리아백화점 명품관 등에 입점해있다. 2019년에는 서울 강남구 청담동에 단독 플래그십 스토어를 열었다.

2021년 샤넬의 한국 매출이 처음 공개됐는데 2020년 매출은 무려 9,296억 원으로 집계됐다. 전년 대비 13% 감소한 수치기는 하지만 2020년은 코로나19로 면세점이 개점휴업 상태였다는 점을 고려하면 의미있는 수치라고 할 수 있다. 같은 기간 영업이익과 당기 순이익은 각각 34%, 32%씩 증가해 1,491억 원, 1,069억 원을 기록했다.

앞서 얘기했듯 샤넬은 지갑과 가방이 특히 인기가 많다. 특히 가방은 가로 길이 10cm 중후반대의 미니 사이즈도 400만 원대를 넘긴다. 샤넬 가방에 관심이 있다고 하면 이 정도는 알아야 하는 스테디 상품을 살펴보자.

첫번째는 클래식백이다. '샤넬백'하면 대부분 사람들이 단연 첫번째로 떠올릴 만큼 인기 있는 가방이다. 지금은 시간이 흘러 그저 샤넬백의 대표 상품처럼 보이겠지만, 1955년 2월 코코샤넬이 이 가방을 출시하던 당시에는 매우 혁신적이었다. 이유는 이 가방이 최초로 어깨에 메는 가방이었기 때문이다. 심지어 당시에는 손잡이에 금속 재질을 쓰는 것도 일반적이지 않았다. 지금은 가방을 어깨에 메고 금속재질의 끈이 달린 가방이 일반적이라는 점을 생각하면 이 제품이 패션업계에 얼마나 큰 영향력을 미쳤는지 예상이 될 것이라 생각한다.

이 가방은 출시 시기를 본따 '샤넬 2.55'라고도 불린다. 이와 비슷한 제품으로는 클래식 플랩 classic flap이 있는데 두 제품의 차이는 가방을 잠그는 부분에 있다. 2.55백 보다 뒤늦게 출시된 클래식플랩의 잠금 부분은 'CC'로고로 되어 있다. 사이즈 중에서 가장 일반적인 미디움 사이즈는 결혼 예물 가방으로도 많이 구매하며, 가격은 한국에서 2021년 6월 기준 864만 원에 판매되고 있다. 2000년대 후반에는 280만 원 수준이었던 것과 비교하면 20년 사이에 약 3배로 가격이 오른 것이다. 이외에도 스몰 사이즈는 785만 원, 라지 사이즈는 942만 원, 맥시 사이즈는 1,014만 원에 판매되고 있다.

두번째로 소개할 가방은 보이백이다. 샤넬은 매 시즌마다 시즌백을 출시한다. 특정 기간에만 판매하고 시즌이 끝나면 더이상 생산하지 않

는 가방들을 의미한다. 그중에서도 일부 시즌백은 항상 판매되는 스테디백으로 전환되는 경우도 있는데, 보이백이 바로 이러한 경우다.

보이백은 2011년 시즌백으로 출시됐다가 반응이 좋아 스테디백으로 전환됐다. 클래식백이 예물 가방 느낌이 나 다소 올드하다는 느낌을 줄 수 있다면, 보이백은 출시된 지 얼마 안 된 만큼 더욱 젊은 느낌을 준다. 2020년 11월 기준 스몰 사이즈가 614만 원, 미디엄 사이즈가 671만 원에 판매됐다.

트렌디 CC백 역시 시즌백으로 출시됐다가 스테디백이 된 상품이다. 이 가방은 2014년 출시됐으며 2020년 기준 스몰 사이즈가 668만 원에 판매됐다.

롤렉스Rolex는 스위스의 명품 시계 브랜드로, 시계의 정확성과 내구성을 제품의 최우선 가치로 삼는다. 그런데 지금은 '명품 시계'의 대명사가 된 롤렉스 시계의 처음 출발은 실용성을 중시하는 툴워치였다.

브랜드의 역사는 1905년에 시작된다. 한스 빌도르프와 알프레드 데이비스는 1905년 영국 런던에서 '빌도르프&데이비스 시계 공급 회사'를 설립했다. 이후 1908년 롤렉스라는 브랜드명을 등록하고 1919년 회사를 스위스 제네바로 옮겼다. 국내에는 롯데백화점 본점, 잠실점, 부산본점, 현대백화점 압구정본점, 무역센터점, 신세계백화점 본점, 센텀시티점, 대구신세계, 광주신세계, 타임스퀘어점 등에 매장이 입점해있다.

롤렉스 시계의 큰 특징 중 하나는 방수기능이다. 롤렉스는 오이스터 케이스라고 불리는 방수 케이스를 시계에 적용했는데, 이 케이스를 적용한 시계를 차고 잠수를 하거나 수영을 해도 시계의 내구성에 문제가 없다는 특징이 있다. 사실상 방수 시계라는 개념을 롤렉스가 만든 셈이다. 이후 첼리니 라인을 제외한 모든 롤렉스 제품에는 '오이스터 퍼페츄얼Oyster Perpetual'이라는 닉네임이 시계에 표기된다. 이는 오이스터 케이스에 퍼페츄얼 자동 무브먼트시계의 동력 장치가 장착된 시계라는 의미다.

롤렉스는 오토매틱 무브먼트를 최초로 상용화한 브랜드이기도 하다.

오토매틱 무브먼트는 1770년대부터 유럽의 시계 제작자들 사이에서 연구됐지만 비싼 제작비 등의 문제로 상용화되지 못했다. 그러다 1931년 롤렉스가 양산 손목시계 최초로 퍼페츄얼 로터시스템을 개발하고 특허 등록을 했다. 이 시스템은 영구 회전자를 장착해 오토매틱 와인딩 시스템을 갖춘 시스템인데, 회전자가 중심축을 기준으로 양방향으로 자유롭게 회전해 손목 움직임만으로도 지속적으로 태엽이 감겨 무브먼트에 동력을 공급할 수 있었다. 페퍼츄얼 로터가 등장함으로써 시계 사용자는 태엽을 매일 감아야 하는 불편함에서 벗어날 수 있었다. 이처럼 오토매틱 무브먼트가 롤렉스 브랜드와 깊은 인연이 있기 때문에 롤렉스는 초기 몇몇 모델 외에 수동 모델을 일절 제작하지 않는다.

롤렉스가 명품시계이며, 유명한 시계라는 점은 대부분이 동의할 것이다. 하지만 롤렉스가 전 세계 시계 브랜드 중 제일 비싼 브랜드는 아니다. 실제로 시계 브랜드 중에서 파텍 필립, 바쉐론콘스탄틴, 브레게, 피아제 등 롤렉스보다 상위급 브랜드는 많다. 그럼에도 불구하고 세계 시계 시장 전체 매출의 20% 이상을 롤렉스가 차지하고 있는 것으로 알려져 있다. 특히 2016년에는 포브스 100대 글로벌 기업 중 64위에 이름을 올렸는데, 100위권에 속하는 기업 중 유일하게 시계 단일 품목만을 판매하는 기업이었다.

긴 전통만큼이나 이 브랜드는 매우 보수적이다. 롤렉스는 매년 1분기 신제품을 출시하는데 디자인이 크게 바뀌는 경우는 거의 없으며, 소재나 색깔이 바뀌는 정도의 변화를 선보인다. 한편으로는 이 덕분에 오래된 모델도 낡아 보이지 않아 중고품의 가격 방어도 잘된다는 특징이 있다.

다소 배신감이 들만한 소식도 있다. 명품인 데다 가격이 비싼 만큼 당연히 장인의 수작업으로 시계가 만들어질 것 같지만 그렇지 않다는 점이다. 주로 금속 주조가 필요한 케이스나 브레이스릿, 다이얼 프린팅 등은 수작업이 아닌 공장에서 기계가 생산한다. 심지어 회사 측이 생산 공정을 공개하지는 않기 때문에 공장 생산 비중이 어느 정도인지 정확히 알 수도 없다. 다만 롤렉스뿐만 아니라 다른 하이엔드급 시계 브랜드도 100% 수작업을 진행하지 않는 경우가 대부분이다.

롤렉스 제품 스틸 모델 중 가장 인기가 높은 데이토나는 몇 년을 기다려야 겨우 받을 수 있다. 인기가 하늘을 찌름에도 공급량이 적어 제품이 매장으로 들어오기도 전에 예약고객에게 팔리는 경우가 대부분이라 매장에서 실물을 보고 구매하는 것은 사실상 불가능하다고 알려져 있다. 다만 이 스틸 모델의 물량조절 방식을 롤렉스가 공개하지 않는다는 이유로 일각에서는 비판도 받는다. 또 다른 인기 모델은 서브마

리너 스틸도 최소 8개월은 기다려야 하는 것으로 알려져 있다.

무엇보다 롤렉스 시계의 희소가치가 더욱 높아진 것은 롤렉스가 2018년 전 세계 모든 매장에서 웨이팅 제도를 폐지했다는 점이다. 즉, 시계를 사고 싶으면 매일 아침 매장에 직접 전화를 걸어 '물건이 들어왔나요?'하고 물어야 하는 상황이 된 것이다. 하지만 안타깝게도 인기 모델은 이미 롤렉스에서 제품을 여러개 구매하는 등 수억 원을 지출한 VIP 고객에게 돌아간다는 것. 특히 매장에 제품 입고 시기를 물어봐도 "알 수 없다"는 답이 돌아오는 경우가 부지기수라서 롤렉스 시계는 리셀 시장에서 더욱 몸값이 높아지고 있다.

롤렉스의 대표 제품인 서브마리너 가격은 2019년 3월 1,000만 원에서 1,037만 원으로 3.7%올랐고, 서브마리너 콤비 가격은 1,580만 원에서 1,638만 원으로 역시 3.7% 올랐다. 이 외에도 익스플로러2의 가격은 950만 원에서 986만 원으로 3.8% 올랐고, 데이저스트는 1,580

만 원에서 1,638만 원으로 3.7% 올랐다.

일반적으로 명품시계 가격은 3~4월쯤 인상되는 경향이 있다. 스위스에 본사를 둔 시계 브랜드들이 매년 1분기에 열리는 시계·주얼리 박람회에서 신제품을 선보인 뒤, 이 제품들을 매장에서 판매하기 시작하는 2분기 즈음 전 세계 가격을 조정하기 때문이다.

슈테크슈+재테크와 스니테크스니커즈+재테크

슈테크 대상의 대표적인 제품 브랜드로는 나이키를 살펴보자. 브랜드 이미지에서부터 느껴지겠지만 앞서 언급한 샤넬, 롤렉스에 비해 매우 캐주얼한 느낌이 들 것이다. 하지만 몇몇 한정판 제품의 경우 가방, 시계 못지않은 가격에 거래된다는 점을 알 수 있게 될 것이다.

나이키는 미국에 본사를 둔 의류, 스포츠 용품 브랜드 기업으로 1964년에 설립됐다. 대표 상품인 운동화를 비롯해 모자, 의류 등 다양한 제품을 판매한다. 전 세계 스포츠 용품 시장에서 녹보석인 1위를 차

지하고 있는 기업이기도 하다.

나이키의 역사는 이렇다. 운동선수 필 나이트는 1957년 미국 오리건 대학교에서 코치 빌 바우어만을 만났다. 이 둘은 운동화에 모두 관심이 있었고 당시 독일이 미국의 운동화 시장을 독점하고 있다고 생각한 이들은 1964년 블루 리본 스포츠Blue Ribbon Sports를 설립했다.

1971년 블루 리본 스포츠는 자사의 신발 생산 라인을 구축하면서 널리 알려져 있는 브랜드명인 '나이키'로 이름을 바꾼다. 이후 1980년에 기업공개를 통해 뉴욕증권거래소에 상장했다.

나이키의 성공에서는 마이클 조던을 빼놓을 수가 없다. 나이키의 매출은 마이클 조던과의 협업으로 제작한 에어조던 시리즈의 성공으로 급상승했다. 이후로도 나이키는 조던 브랜드를 독자적으로 론칭해 운영 중이다.

조던 시리즈 외에도 나이키는 여러 제품군을 선보이고 있다. 코르테즈는 나이키 최초의 운동화이며, 에어포스1은 현재는 패션화처럼 인식되고 있지만 출시 초기에는 기능성 농구화였다.

덩크 시리즈는 조던 시리즈의 신기술을 생략해 생산비를 절감해 저렴하게 판매하는 보급형 운동화라 할 수 있으며, 미국 대학 농구리그인 NCAA를 겨냥해 만든 농구화다. 2010년대 중반부터 후반까지는 발목 위까지 올라오는 하이 제품이 인기가 더 많았지만 최근에는 로우 제품의 인기가 더 많은 편이다.

어댑트 시리즈는 자동으로 끈이 조여지는 기능이 있는 미래형 운동화다. 2015년 미래사회 모습을 그린 영화인 '백 투더 퓨처[1989]'에는 가상의 신발이 등장하는데, 이 운동화는 버튼을 누르면 발에 맞게 신발이 조여지거나 느슨해진다. 나이키는 2011년 영화 속 운동화와 똑같은 디자인으로 신발을 만들어 '에어맥'이라는 이름으로 출시했지만 당시에는 신발끈을 자동으로 조이는 기술력은 없었다. 이후 2016년 자동 조절

기능을 추가해 89족을 한정판으로 발매했는데 당시 이 제품의 시세는 1,000만 원이 넘어가기도 했다.

운동화 리셀 거래는 초기 온라인 플랫폼을 중심으로 이뤄졌지만 최근에는 국내 대형 유통채널에서도 진행되고 있다. 롯데백화점은 2020년 말 영등포점에 한정판 스니커즈 거래소인 '아웃 오브 스탁' 플래그십 스토어를 선보였다. 갤러리아백화점도 2021년 4월 서울 강남구 압구정동 본점에 프리미엄 리셀링 슈즈 편집샵 '스태디엄 굿즈'를 열었다.

현대백화점은 2021년 2월 오픈한 '더현대서울'에 중고거래 플랫폼 '번개장터'와 손잡고 스니커즈 리셀 전문 매장 '브그즈트랩'을 선보이기

도 했다. 특히 QR코드를 찍으면 가격이 뜨며, 제품 가격은 매주 일요일 저녁마다 일주일 단위로 갱신된다.

이곳에서는 2005년 출시된 '나이키 피죤덩크 NYC'가 약 7,000만 원에, '나이키 톰 삭스 마스야드 2.0'이 약 800만 원에 시세가 형성되기도 했다. 나이키 피죤덩크 NYC는 2005년 발매 당시 뉴욕경찰이 구매자들을 안전하게 집으로 에스코트까지 해줬다는 사례도 전해진다. 이 제품은 뉴욕의 디자이너 제프 스테이플과 나이키가 150족만 협업해 제작했으며 초기 판매가는 200달러였다. 나이키 톰 삭스 마스야드 2.0 역시 전세계에서 8,000켤레 한정 판매됐던 제품이다. 이외에도 나이키와 스트릿 패션 브랜드 슈프림이 협업해 선보였던 '나이키 덩크로우 슈프림 시멘트 시리즈도 300만~900만 원대에 시세가 형성됐다.

대형 유통업계까지 리셀 매장을 백화점에 들이는 이유는 'MZ세대'를 잡기 위함으로 풀이된다. '가치소비'를 중요시 여기는 MZ세대는 가격이 비싸다는 생각이 들더라도 소비 행위가 본인의 가치관에 맞고, 소비를 통해 본인이 기쁨을 느낀다면 물건을 구매하는 경향이 있다. 이에 따라 리셀제품의 가격이 높게 형성되더라도 거래가 진행되는 것이다.

운동화 역시 한정판 제품이 출시된다는 소식이 전해지면 매장 앞에서 텐트를 치고 밤새 기다리는 진풍경이 나타나곤 한다. 하지만 최근에는 코로나19로 긴 줄을 늘어서는 세 임블어시사 홈페이지에서 응모하는 방식으로 진행되기도 한다.

이를 래플^{Raffle} 방식이라고하는데 일종의 '뽑기'인 셈이다. 한편에서는 선착순으로 줄을 서는 것보다 오히려 공정하다는 평가도 나온다. 운이 좋게 발매가에 한정판 운동화를 '득템'하게 되면 이후 큰 수익을 누리게 될 수도 있다. 2020년 7월 온라인 패션 플랫폼 무신사가 진행한 아디다스 운동화 제품 래플에서는 구매를 원하는 응모자가 하루만에 약 15만 명 몰렸다. 당시 운동화 가격은 28만 9,000원이었다.

래플 방식으로 판매가 진행되는 건 운동화 뿐만이 아니다. 한정판이라면 다른 제품에도 적용된다. 화장품 브랜드 아모레퍼시픽은 패션 디자이너 버질 아블로와 협업해 선보인 '오프 화이트 박스'를 19만 5,000원에 래플 방식으로 판매했다. 신세계인터내셔날이 국내에 선보이고 있는 니치 향수 브랜드 바이레도 역시 유명 힙합 아티스트 트래비스 스콧과 협업한 향수를 내놓으며 래플 방식을 택했다. 가격은 100mL에 30만 원대였다.

리셀테크 때문에 나타난 현상 '오픈런'

앞서 살펴본 바와 같이 인기 많은 명품, 한정판 제품은 구하기가 어려워 추후 가격이 오르는 경향이 있다. 가격이 오를 것으로 예상되는 만큼 매장에서 물건을 살 수 있다면 제품을 선점하기 위해 점포가 문을 연기 전부터 줄을 서는 '오픈런' 현상이 벌어지곤 한다.

리셀테크 열풍을 반영하는 오픈런 현장을 소개한다. 명품의 경우 온라인 커뮤니티 등을 통해 가격이 인상된다는 소문이 미리 알려지곤 한다. 업체가 직접 "몇월 몇일에 가격을 몇 % 인상할 예정이다"라고 밝히는 경우는 거의 없지만, 온라인에 한번 소문이 돌기 시작하면 오픈런 현상은 더욱 심화된다.

오픈런 현장에는 '업자'라고 불리는 전문 리셀러가 많다. 특히 이들은 줄서기를 할 아르바이트생을 고용하는 등 조직적으로 움직인다. 매장에 들어가기 위한 번호표 중 앞자리를 차지하기 위해 전날 백화점 폐점시간부터 번갈아서 대기를 하며 자리를 차지하곤 한다.

명품 관련 온라인 커뮤니티에서는 줄서기 아르바이트생을 구한다는 글을 어렵지 않게 찾아볼 수 있다. 주로 특정 업체가 줄서기가 필요한 사람과 줄서기를 대신해줄 사람을 연결해주고 일정 비율의 수수료를 떼어 가는 시스템이다. 아르바이트생이 줄을 제대로 서는지 계속 확인하기 때문에 의뢰인 입장에서는 직접 구하는 것보다 편리한 방법이라 할 수 있다.

다소 '꼼수' 같은 느낌이 나는지라 불법이 아닐까 싶지만 대신 줄을 서고 그에 대한 대가로 돈을 받는 행위 자체는 불법이라 보기는 어렵다. 통상 '줄서기 알바'의 시세는 시간당 1만~1만 5,000원 정도로 형성돼 있다.

1. 명품 스테디셀러 아이템을 눈여겨봐라

'명품은 오늘이 제일 싸다'라는 말 때문에 제품을 일단 빨리 사고 보면 추후 가격이 오를 것이라 착각하는 경우가 있다. 하지만 이는 크게 잘못된 생각이다. 명품 중에서도 가격이 오르는 제품은 따로 있다. 신상이 계속해서 출시되는 패션계에서 시간이 지나도 꾸준히 판매되는 '스테디셀러'가 바로 그 주인공이다. 앞서 샤넬 브랜드의 스테디셀러 제품이 어떤 제품인지 언급했으니 확인하자. 그리고 다른 브랜드에도 관심이 있다면 해당 브랜드 홈페이지 등을 접속하며 어떤 제품이 시즌과 상관없이 계속해서 판매되는지 살펴보자.

여기서 주의할 점이 있다. 구매한 제품을 몇 년 뒤에 판매한다고 해서 가격이 무조건 오르는 건 아니다. 명품도 결국 '물건'인지라 감가상각이 일어나고, 중고로 판매하면 제아무리 명품 스테디셀러라고 하더라도 가격은 최초 구매가보다 떨어지게 마련이다. 결국 가격이 오르기 직전에 사서 오른 직후에 바로 파는 등 거의 '새 상품'인 스테디셀러 제품을 되파는 것이 수익을 남길 수 있다는 방법이라는 점을 기억하자.

스니커즈. 특히나 편한 자리에 매일 착용하는 패션 아이템인지라 투자 대상과는 굉장히 거리가 멀어 보이는 아이템이다. 일반적인 패션 아이템인 만큼 역시 모든 스니커즈가 투자의 대상이 되는 건 아니다. 투자의 대상이 되는 스니커즈는 어떤 특징을 가지고 있는지 전한다.

우선 스토리다. 겨우 운동화에 얼마나 대단한 스토리가 담기겠냐고? 리셀 거래가 활발한 나이키 에어조던으로 예를 들어보자. 나이키와 조던에 무슨 스토리가 숨어있을까. 나이키는 1984년 신인이었던 조던의 성장 가능성을 보고 광고모델을 진행했다. 일각에서는 검증도 되지 않은 신인을 모델로 사용하는 것에 대해 걱정하는 시선도 있었지만 조던 농구화 판매량은 껑충 뛰었고, 이에 힘입어 나이키는 조던의 이름을 딴 '에어조던' 시리즈를 매년 출시하게 된 것이다. 에어조던은 나이키의 실적을 견인하며 '구세주'가 되었다. 나중에 한 인터뷰에서 조던이 "나는 아디다스 농구화를 좋아했다"며 나이키보다는 아디다스와 계약하기를 원했다고 털어놨는데 당시 아디다스는 새로운 농구화를 만들 계획이 없어 조던은 결국 나이키와 계약을 맺게 됐다고 한다. 조던이나 나이키 모두에게 이 얼마나 운명적인 일인가! 나이키 조던 시리즈에는 이러한 스토리가 담겨있다. 특히 조던의 팬이라면 나이키 조던 운동화가 유난히 의미있게 다가오지 않을까.

또한 다른 브랜드와 협업한 상품은 특별하다. 일례로 2020년 나이키가 명품 브랜드 디올과 합작해 만든 '에어 디올 스니커즈'의 최초 판매가는 약 240만 원이었지만 이후 1,000만 원대에 리셀이 진행됐다. 협업 한정판인 만큼 1만족 이하로 극소량 제작돼 희소성이 있는 데다 나이키뿐 아니라 '디올'의 브랜드 파워까지 갖췄기 때문이다. 2019년 나이키와 가수 지드래곤의 브랜드 피스마이너스원이 협업해 만든 운동화는 처음 21만 9,000원에 판매됐지만 이 제품 역시 추후 1,000만 원이 넘는 가격에 리셀됐다. 지드래곤을 좋아하는 팬이라면, 지드래곤의 패션과 감성을 좋아하는 팬이라면 더더욱 이 운동화를 갖고 싶지 않을까?

3장

왕초보
따라 하기:
음악 투자

투자난이도	★★☆☆☆
자본금	★★☆☆☆
재미	★★★★★

추천 대상

매월 일정 수준의 수익 창출을 원하는 투자자

최소 자금

1만 원부터 충전 가능

성공사례

20대 후반 A씨는 2019년 4월 22만 원의 시드머니로 음악저작권 투자에 나섰다. 매달 저작권료를 용돈처럼 받아 쓸 수 있다는 점에 매력을 느낀 A씨는 2021년 8월까지 매달 평균 41만 9,211원씩 꾸준히 음원을 사들였다. 자신의 취향에 맞는 음원을 찾고, 좋아하는 가수의 음원 정보를 분석하며 직접 투자를 결정하는 일은 하나의 취미 생활과 다를 바 없었다. 그러던 A씨는 2021년 9월 자신의 계정에 정산된 월 저작권료 수익에 놀라움을 금치 못했다. 보유 저작권 구매액 1,190만 2,600원으로 한 달 만에 거둬들인 저작권료 수령액이 무려 14만 6081원으로 집계됐기 때문이다. 연으로 환산한 저작권료 수익률은 16.3%를 기록한 상태였다.

특정 음원의 매매를 통한 수익이 아닌 오직 저작권 보유만으로 거둬들인 자산이었다. 지난 30개월간 특별한 어려움 없이 벌어들인 저작권료 수익만 54만 4062원. 시세 차익은 더 흡족했다. 과거 1주당 13만 1,600원에 구매했던 '양요섭·정은지-LOVE DAY'는 가격이 105% 급등해 27만 원을 찍었을 때 팔아치웠다. 구매 당시 1주당 7만 200원에 그쳤던 '쿨-아로하'도 가격이 매수 시점 대비 94% 오른 13만 6,900원을 기록했을 때 전량 매도했다. 각 저작권 1주당 13만 7,850원, 6만 6,100원의 이익을 거둔 셈이다. 이처럼 가치가 저평가된 저작권을 선별해 사들이고 가격이 올랐을 때 신속하게 매도에 나선 A씨의 총 시세 차익은 428만 원. 저작권료를 제외한 시세 차익 수익률만 49.7%에 달한다는 표기에 A씨는 만족스러운 표정을 감출 수 없었다.

역주행에 수익률이 5,000%

역대급 수익률 달성한 〈롤린〉

음악 저작권에 대한 인식이 높아지면서 음원이 새로운 투자 상품으로 각광받고 있다. 최근에는 역주행으로 화제를 모은 브레이브걸스의 〈롤린〉 저작권 투자 수익률이 5,000%를 넘겼다는 소식에 한 번 더 투자자들의 관심이 쏠렸다. 이 음원의 저작권 가격은 올해 들어 50배 이상 급등했다. 올해 1월 1주당 2만 3,500원에 머물던 〈롤린〉의 저작권 가격은 지난 9월 131만 원대를 돌파하면서 역대급 수익률을 달성했다.

현재 음악 저작권은 전용 투자 플랫폼 뮤직카우, 위프렉스, 위엑스 등에서 사고팔 수 있게 돼 있다. 거래 방식은 플랫폼별로 약간 다르다. 뮤직카우와 위프렉스는 이미 발매된 곡의 저작권 일부를 구매하는 방

롤린 (Rollin') 　브레이브… ☆

현재가	**939,500 캐쉬**
전일비	▲ 12,500 (1.3%)
저작권료(1주) ⓘ	27,044 (2.9%)

거래	**시세**	정보

3개월　6개월　**1년**　3년　5년

2021-09-01
종가 : 1,315,000
거래량 : 308

식으로, 보유한 지분에 따른 저작권료를 매달 정산받는 시스템이다. 물론 투자자 간 거래를 통해 시세 차익을 얻는 것도 가능하다. 이와 달리 위엑스는 제작 중인 음원의 저작권을 먼저 구매하고 발매 후 얻게 될 수익을 저작인접권으로 분배받는 방식이다.

　현재 국내에서 유의미하게 거래가 활성화되어 있는 음악 저작권 투자 플랫폼은 뮤직카우 정도다. 위플렉스는 지난 4월 서비스를 종료한 뒤 리브랜딩 및 서비스 재오픈을 실시했으나 업계 영향력이 크지 않은 편이며, 위엑스는 지난해 10월 마지막 수익 공유 프로젝트가 올리온 뒤 추가 투자 상품이 업데이트되지 않은 상태다. 뮤직카우가 현시점에서 국내 음악 저작권 투자 생태계를 파악할 수 있는 유일한 플랫폼인 만큼, 이를 통한 음원 투자에 대해 상세히 살펴보자.

회원가입

자신의 계정을 만드는 방법은 간단하다. 뮤직카우 인터넷 공식 홈페이지www.musicow.com에 접속하거나, 뮤직카우 모바일 애플리케이션앱을 설치한 뒤 화면 상단에 위치한 '회원가입' 버튼을 누르면 된다.

회원가입은 이메일로 진행하는 방식과 SNS 계정을 통해 가입하는 방식으로 나뉜다. 이메일을 통한 회원가입은 자신이 평소 이용하는 이메일 주소ex : 네이버, 다음와 비밀번호를 적고, 이용약관 동의 버튼을 눌러 계정을 생성하는 시스템이다. SNS 계정 연동 회원가입은 타사의 회원가입 절차와 다르지 않다. 카카오 등에서 사용 중인 SNS 계정 아이디와 비밀번호를 입력하면 바로 가입이 이뤄지는 시스템이다. 현재 뮤직카우는 카카오, 구글, 페이스북, 라인 계정을 통한 회원가입 서비스를 지원하고 있다.

로그인 후 본인인증

마이뮤카	개인정보관리	
마이뮤카 홈	이름	
내 지갑 지갑 현황 대기금 내역 세금조회 캐쉬충전·출금	휴대폰	휴대폰 번호를 입력해 주세요 **본인인증하기** *만 19세 미만 가입자는 보호자(법정대리인) 동의가 필요합니다. 단, 보호자 동의 진행 시 법적 보호자(부모)가 아닌 타인을 통해 휴대폰 인증이 진행되는 경우 책임의 소재는 본인에게 있습니다.
내 저작권 저작권 현황 보유 저작권 옥션 참가 현황 유저마켓 신청 현황	국적 거주국가 이메일	대한민국 (Republic of Korea) ▾ 대한민국 (Republic of Korea) ▾ **이메일 변경**
개인정보 개인정보관리 로그아웃	비밀번호 2단계 인증 (선택) 계좌정보	**비밀번호 변경** **2단계 인증 사용하기** 은행명 계좌번호 (숫자만 입력) 예금주 SWIFT CODE * SWIFT CODE는 해외거주자에 한함

회원가입 절차가 간단하다고 기뻐할 필요는 없다. 회원가입만으론 음악 저작권 거래에 나설 수 없기 때문이다. 이 상태에서 원하는 음원을 선택해 입찰 또는 구매주문을 누르면 '본인인증 후 거래가 가능합니다'라는 창만 마주하게 될 것이다.

음악 저작권 투자에 나서기 위해선 본인인증 절차가 필수다. 본인인증은 홈페이지 상단에 있는 '회원' 또는 '이름'이 적힌 버튼을 누르면 자동으로 열리는 '마이뮤카' 창에서 진행할 수 있다. 앱에선 하단

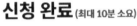

오른쪽에 '마이뮤카'라는 항목이 표시돼 있어 보다 편리하게 찾을 수

있다.

'마이뮤카' 창에 들어서면 자신의 이름 바로 옆 '개인정보관리' 버튼

이 뜨는 것을 확인할 수 있을 것이다. '개인정보관리' 창에 들어가 휴대

폰을 통한 '본인인증하기' 버튼을 누르면 인증 절차가 시작된다. 본인

인증은 PASS 앱을 통한 QR인증·간편인증, 문자인증 방식 중 하나를 선

택해 진행하면 된다. 본인인증 후, 자신이 사용하는 계좌정보를 기입하

고 '회원정보수정' 버튼을 누르면 끝이다.

캐쉬 충전

음악 저작권 투자에 나서기 전 마지막으로 거쳐야 할 단계가 플랫폼 내 모든 거래에 통용되는 '캐쉬'를 충전하는 것이다. 방법은 간단하다. '마이뮤카' 창에 다시 들어가, 자신의 이름 우측에 뜨는 '캐쉬충전' 버튼을 클릭하면 된다. 앱을 통해서는 '마이뮤카-내 지갑 보기-캐쉬충전' 순으로 진행하면 된다.

충전수단은 가상계좌, 실시간 계좌이체, PAYCO 결제로 나뉜다. 실시간 계좌이체의 경우 보안 프로그램 설치가 수반되며, PAYCO 결제는 자체 아이디가 있어야만 가능하다. 사실상 가장 편리한 방법은 가상계좌를 이용하는 방식이 될 수 있다.

가상계좌 충전 방식은 일반 전자상거래에서 사용되는 '무통장 입금' 형태와 유사하다. 자신이 충전하고 싶은 금액과 입금을 원하는 은행을 고른 뒤, '결제 완료' 버튼을 누르면 입금 정보가 담긴 창이 보이게 된다. 자신이 선택한 은행과 계좌번호, 예금주^{주식회사 뮤직카우}, 입금액이 담긴 형태다.

가상계좌 정보에 맞춰 입금을 마치면 10분 내로 보유캐쉬에 반영된다. 충전을 신청하고 입금을 하지 못했더라도 걱정할 필요는 없다. 가상계좌를 통한 캐쉬충전 신청은 24시간 뒤 자동 취소된다.

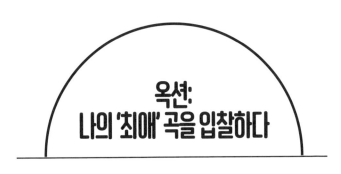

옥션: 저작권 경매

이제 음악 저작권에 투자하기 위한 형식적인 준비가 모두 끝났다. 보다 구체적인 투자 방법을 알아보자. 뮤직카우를 통한 음악 저작권 투자 방법은 크게 두 가지로 나뉜다. 첫째는 가수와 작사·작곡가 등 음악 저작권자의 일부 저작권을 공동구매 형태로 내놓은 옥션에 참가하는 방식이고 둘째는 개인 투자자가 보유한 저작권을 자유롭게 사고파는 시장인 마켓에 참여하는 방식이다.

즉, 음악 저작권 투자는 옥션과 마켓이라는 두 가지 방식으로 나뉜다. 그중 옥션은 가수 등 음악 저작권 소유자로부터 양도받은 일부 저작권을 처음으로 플랫폼에 공개해 판매하는 방식이다. 주식 시장에서

My Way
이수 (엠씨더맥스)
옥션 마감까지   01일 11 : 46 : 43

최고가	47,000
시작가	21,000
수익률 (최근 12개월)	8.2%
3,500 주	123%

Something
강다니엘
옥션 마감까지   02일 11 : 46 : 43

최고가	54,000
시작가	12,000
수익률 (최근 12개월)	16.4%
2,000 주	140%

최근 12개월
저작권료 (1주)
1,935

꿈처럼 내린
다비치

방송	4%	전송	91%
복제	0.2%	공연	3.6%
해외	1.1%	기타	0%

최근 12개월
저작권료 (1주)
826

농담 반 진담 반
슈가볼

방송	24.3%	전송	55.8%
복제	9.4%	공연	10.2%
해외	0.2%	기타	0%

의 상장과 비슷한 개념이라 보면 된다. 기업이 자금 마련을 위해 주식 시장에 등록하고 신규 주식을 공개적으로 매도하는 것을 IPO기업공개, 공모, 공모주 청약이라 부르는데 이 방식이 음악 저작권 거래에 적용됐다고 보면 이해하기 쉽다.

음원 정보 파악

옥션에 참여하려면 각각의 음원 정보를 파악하는 게 우선돼야 한다. 월별 저작권료, 수익률 등을 꼼꼼히 따져봐야 손실을 줄이고 자신이 원하는 투자 수익률을 실현할 수 있기 때문이다.

민지 홈페이지, 앱 메인 화면에 들어서면 '신행 숭인 옥션' 장을 가장 먼저 볼 수 있을 것이다. 이는 원하는 음원에 바로 입찰 주문을 넣을 수 있도록 만들어진 창구로, 절차는 간편하나 노출된 정보가 많지 않다. 옥션에 올라온 음원에 대한 정보를 자세히 확인하면서 비교하려면 '옥션-옥션 둘러보기' 창으로 접속하면 된다.

'옥션 둘러보기' 창에 들어섰다면 카드 형태로 제공되는 음원 정보를 먼저 살펴보자. 신곡의 경우 '1년 이내' '3년 이내' 등 발매 시점 이후 기간이 표기돼 있는 것을 확인할 수 있을 것이다. 신곡의 경우 초기 음원 판매로 인해 저작권료가 높게 발생하지만, 발매 시점 이후 2~3년 동안 저작권료가 하락한다는 특징을 가진다. 이 때문에 해당 표기가 된 음원의 현시점 저작권료 및 수익률이 타 음원 대비 높더라도 변동성이 클 수 있음을 유의해야 한다.

음원 아래로는 최근 12개월 저작권료 데이터를 바탕으로 산출한 연수익률과 입찰 최고가·최저가가 제시된다. 음원 사진 우측 상단에 표기된 작은 상자 두 개를 겹쳐놓은 듯한 버튼을 누르면 최근 12개월 기준 발생한 저작권료[1주 기준]도 확인할 수 있다. 그 아래에 보이는 것은 저작권료 발생 요인별 수익 비율이다.

이에 대한 정보를 더 자세히 알고 싶다면 원하는 음원을 누른 뒤, 가장 하단에 있는 '저작권료 정보'를 확인하면 된다. 뮤직카우는 모든 음원의 최근 5개년 저작권료를 공개하고 있다. 현 기준 2017~2021년까지의 저작권료 정보를 확인할 수 있는 셈이다. 연도별은 물론, 월별 저

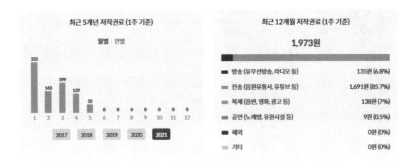

작권료 추이까지 살필 수 있기에 현시점에서 해당 음원 저작권을 구매할 경우 내가 얻는 저작권료가 더 떨어질지 오를지 가늠해볼 수 있다.

최근 12개월 저작권료는 이전 달 정산액이 포함된 1년간의 저작권료 수익이다. 저작권료 자료가 12개월 미만일 경우엔 연 기준으로 환산돼 표기된다. 그 아래에선 수익 창출 요인별 금액과 비중을 확인할 수 있다. 국내 음악 소비 시장은 유튜브, 멜론과 같은 스트리밍 서비스 비중이 크기 때문에 전송 수익을 중심으로 살피는 게 중요하다.

입찰 참여 절차

자 이제 구매할 음원을 정했다면, 입찰에 나서보자. 음원을 누르면

Something 강다니엘

남은 시간	2일 10 : 28 : 31
옥션 수량	2,000주
시작 가격	12,000 캐쉬

입찰가격 (1주)	입찰수량	예상결과
54,000	3	낙찰
52,500	2	낙찰
51,500	7	낙찰
《중략》		
14,500	198	낙찰
14,000	478	낙찰
13,500	182	선착순 부분낙찰
13,000	298	-
12,500	122	-
12,000	268	-
합계	2,803	《새로고침》

화면 상단에서 이번 옥션에 풀리는 총 물량인 '옥션 수량'을 확인할 수 있다. 낙찰은 가장 높은 입찰 가격을 적어 낸 그룹부터 차례로 내려가면서 성사된다. 낙찰이 가능한 최소 가격대에서 일부 물량만 남을 경우에는 입찰 참여 순서대로 낙찰을 받게 된다.

총 옥션 수량은 한정돼 있는 상태에서 입찰 가격 및 입찰 수량은 수시로 바뀌기 때문에, 수치를 대비하면서 입찰 가격을 적어내야만 낙찰 가능성이 커진다. 다행인 점은 현 시간 기준 낙찰 여부가 함께 표기된다는 점이다. 낙찰 여부가 계속해서 업데이트되기 때문에 이를 확인하면서 입찰 또는 재입찰에 나서면 된다.

예상 결과에서 '선착순 부분낙찰'이라고 표기된 금액대가 현재 기준 낙찰받을 수 있는 최저가다. 해당 예시에서는 1만 3,500원대에 낙찰 가능 최저가가 형성돼 있는 셈이나.

옥션의 경우 마감 시각이 다가올수록 경쟁률이 높아지면서 낙찰 가능 최저가가 빠르게 올라가는 경향을 보인다. 이 때문에 입찰을 걸어 났다면 마감 직전, 적어도 마감 5분 전부터는 낙찰 가능 예상 가격대를 수시로 확인하는 것이 필요하다. 낙찰을 원하는 음원이라면 마감 1초 전에라도 '선착순 부분낙찰' 바로 위 가격대의 재입찰을 시도하는 것을 권한다.

낙찰 여부도 중요하지만, 수익률을 간과해선 안 된다. 입찰 가격을 확정 짓기 전 자신의 입찰 가격 대비 수익률을 짚어봐야 하는 이유다. 입찰 가격 대비 수익률은 입찰 주문을 넣는 과정에서 확인할 수 있다. 홈페이시 화면 우측, 앱 화면 하난에 뜨는 '입찰수분' 장에서 원하는 입찰 가격을 적으면, 바로 아래 입력한 구매가 대비 산출되는 최근 1년 저작권료 수익률이 나타난다.

당연히 입찰가를 올릴수록 1년 저작권료 수익률은 낮아진다. 따라서 자신이 추구하는 최저 수익률 기준을 잡아두는 것이 중요하다. 옥션은 입찰 경쟁에 들어가 저작권을 구매하는 방식이기 때문에, 순간적인 선택이 합리적인 계산에 앞설 수 있다. 따라서 자신의 목표 수익률이 5%라면 이에 맞는 가격대를 지정하고, 해당 금액을 넘어서는 시점부터는 입찰을 포기하지 않는 것이 현명한 선택이 될 수 있다.

입찰 주문

모든 절차를 마쳤다면, 이제 입찰 주문을 넣어보자. 입찰 주문 창에서 원하는 입찰가격과 수량을 적고 '입찰하기' 버튼을 누르면 '입찰 안내문'이 뜨게 된다. 입찰 안내문을 확인한 뒤 이에 동의한다는 문구에 체크하고 '확인' 버튼을 누르면 다시 한번 주문 내용을 묻는 창이 열리는데, 여기서 '예' 버튼을 누르면 바로 입찰이 완료된다. 입찰 완료 금액은 보유캐쉬 중 사용이 불가능한 캐시로 분류되는 '대기금'에 100% 잡히게 된다.

옥션이 진행 중이라면 재입찰과 입찰 취소 모두 가능하다. 단, 옥션 마지막 날에는 입찰 취소가 불가능하다. 재입찰도 기존 입찰 금액·수

주문하시겠습니까? (입찰)

Something		강다니엘
입찰가격 (1주)		14,000 캐쉬
수량		5 주
총 입찰가격		70,000 캐쉬

아니요	예

대기금 내역

일자	구분	내역	금액
06.03	입찰대기금	Something (5주)	70,000

량보다 높은 가격과 수량에 대에서만 허용된다. 이 때문에 옥션 마지막 날 이전까지 낮은 가격대와 적은 수량을 보유하고, 당일 동향에 따라 매수 금액과 수량을 키우는 투자자가 많다. 처음 입찰에 나선다면 무조건 최소금액 1주만 입찰하길 권한다. 그렇지 않으면 옥션 마지막 날 예상보다 빠르게 오르는 가격대에도 물량을 줄이지 못하는 상황에 처할 수 있다.

전체 옥션 수량 중 30%를 초과해 입찰한 경우엔 더 많은 제약을 받게 된다는 걸 기억하자. 이 경우 옥션 기간 내내 입찰 취소 자체가 불가능하다. 재입찰도 기존 입찰 주문 금액보다 더 높은 금액으로만 허용된다.

낙찰
· · · ·

알림 설정을 해뒀다면 옥션 마감 직후인 오후 9시에 카카오 알림톡, 이메일 등으로 낙찰 여부가 전송된다. 모든 알림 설정을 꺼놨다면, 옥선 마감 다음 날 오전 10시에 대기금 상태를 통해 낙찰 여부를 확인할 수 있다.

입찰 시 잡혔던 대기금이 차감돼 있다면 낙찰에 성공한 것이라 보면 된다. 낙찰된 음원은 '내 저작권-저작권 현황' 창에 자동 반영된다. 대기금이 풀리고, 사용 가능 캐쉬가 늘어난 경우에는 낙찰에 실패해 입찰이 자동 취소된 것으로 생각하면 된다.

옥션으로 구매한 음원의 권리는 낙찰 대금 입금 기한일 기준으로 양도된다. 옥션 마감 다음 날 자동으로 대기금이 빠져나가기 때문에, 이 날부터 음원의 권리를 갖는다고 보면 쉽다. 월별 저작권료가 정산되는 권리 보유일수도 옥션 마감 이튿날부터 1일로 집계된다.

마켓 : 저작권 매매시장

마켓은 낙찰받은 저작권을 투자자끼리 사고팔 수 있는 시장이 마켓이다. 거래 방식은 일반 주식 거래 형태와 매우 유사하다. 주식 호가창처럼 매수가와 매도가를 확인할 수 있으며, 매수가와 매도가가 일치하면 거래가 체결된다. 거래 창도 주식처럼 전일비, 현재가, 평가손익, 판매차익 등이 표기된다. 우리가 알고 있는 주식시장 시스템에서 거래 대상이 음원으로 대체된 것이라 생각하면 편하다.

시장 동향 파악

　옥션보다 마켓에 올라오는 음원의 수가 훨씬 방대하기 때문에, 음원

하나하나의 정보를 비교하는 것보다 전체적인 시장 동향을 파악하는

것이 중요하다.

　먼저 홈페이지, 앱 메인 화면에서 하단에 위치한 '뮤카차트 TOP 5'

창은 시장 동향을 아주 간략히 나타내는 창이다. 전일 기준 거래량이

가장 많은 음원 5곡과 전월 기준 저작권료가 가장 높은 음원 5곡이 표

기된다. 옥션과 마찬가지로 이 화면에서 원하는 음원이 있다면 클릭해

바로 저작권을 구매할 수 있다.

그러나 메인 화면에 있는 '뮤카차트 TOP 5' 창이 전일, 전월을 기준으로 한 집계치인 만큼 '마켓' 창에 들어가 실시간 시장 동향을 살피는 것을 권한다. '마켓' 창은 홈페이지 상단, 앱 하단에서 찾을 수 있다.

'마켓' 페이지로 이동하면 가장 상단에 원하는 곡과 가수, 장르를 검색할 수 있는 창이 나온다. 시장 동향과 별개로 자신이 소유하고 싶은 음원이 뚜렷하다면 이곳에 정보를 입력해 구매 주문을 넣는 것이 가장 빠른 방법이다. 그러나 대부분 시장 동향을 토대로 거래에 임할 것이라 가정하고 스크롤을 더 아래로 내려보겠다.

가장 먼저 눈에 띄는 것은 MCPI 음악 저작권 지수Music Copyright Property Index일 것이다. MCPI는 뮤직카우 옥션을 통해 플랫폼에 상장된 저작권을 구성 종목으로 산출하는 총 수익 지수다. 플랫폼 내 음악 저작권 자산 시장의 표준을 제시한다고 볼 수 있다. 용어는 거창하나 세계적으로 통용되거나 국내 전체 음원을 기준으로 집계한 것이 아니기에 음원 투자 과정에서 큰 영향을 받을 필요는 없다.

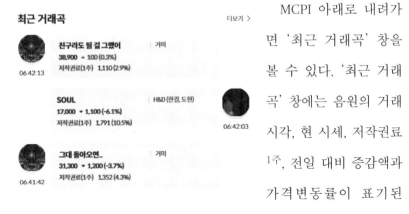

최근 거래곡　　　　　　　더보기 >

친구라도 될 걸 그랬어　　　거미
38,900 ▲ 100 (0.3%)
저작권료(1주) 1,110 (2.9%)
06:42:13

SOUL　　　　　　　　H&D (한결, 도현)
17,000 ▼ 1,100 (-6.1%)
저작권료(1주) 1,791 (10.5%)
06:42:03

그대 돌아오면..　　　　　거미
31,300 ▼ 1,200 (-3.7%)
저작권료(1주) 1,352 (4.3%)
06:41:42

MCPI 아래로 내려가면 '최근 거래곡' 창을 볼 수 있다. '최근 거래곡' 창에는 음원의 거래 시각, 현 시세, 저작권료 1주, 전일 대비 증감액과 가격 변동률이 표기된

다. 저작권료는 1주 기준으로 최근 12개월 저작권료를 계산한 수치며, 우측 괄호 안에 보이는 수치는 현재가 대비 수익률을 나타낸다.

'최근 거래곡' 창은 말 그대로 가장 최근 거래된 5개 음원을 제시한 것일 뿐, 하나의 기준으로 순위를 정한 것이 아니기에 큰 의미를 두진 않아도 된다. 가볍게 건너뛰고, 눈을 아래로 내리다 보면 '가격 정보' '거래량 정보' 창을 찾을 수 있을 것이다. 이 창이 각각의 기준을 두고, 실시간 정보를 반영한 순위를 나타낸 표이기에 거래 음원 선택 시 실질적인 도움을 줄 수 있다.

'마켓' 첫 화면에 나타나는 모든 음원 정보는 5위권으로 나타난다. 순위는 실시간으로 업데이트되며, 전일 대비 오늘 집계된 수치를 기준으로 산정된다. 즉 '가격 정보' 창에 나타나는 가격 상승 TOP 5위권은 전일 대비 오늘 가격이 가장 큰 폭으로 뛴 음원 5개 순위를 나타

내는 것이다. '거래량 정보' 창도 동일하다. 전일보다 거래량 증가 폭이 가장 큰 5개 음원 정보를 차례로 볼 수 있다. 현 시가, 저작권료 등 각각 표기된 정보는 '최근 거래곡' 창에 공개된 내용과 같다.

　더 자세한 시장 동향을 살피고 싶다면 '마켓' 창 상단에 위치한 섹터별 순위를 보면 된다. 이 창에선 '최근 거래곡' '가격' '거래량' '저작권료' 기준 700여 개의 음원 순위를 차례로 확인할 수 있다.

　'추천' 창을 통해서는 저작권료 수익률 100위 내 투자자들이 가장 많이 소유한 곡전월 기준 순위를 확인할 수 있다. 그 우측 '옥션' 창에서는 최저낙찰가 대비 현재가가 낮은 곡, 최저낙찰가 대비 현재가가 높은 곡 등의 순위를 볼 수 있다. '저작권료 매체별' 창을 통해선 방송·전송·복제·공연·해외 기준으로 저작권료가 가장 높은 음원 순위도 볼 수 있다.

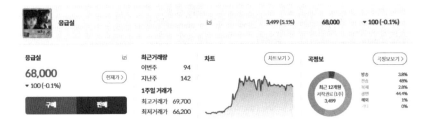

저작권에 대한 세부 정보를 알고 싶다면 음원을 누른 뒤, 화면 상단에 보이는 '정보' 창을 클릭하면 된다. '정보' 창에서 스크롤을 아래로 내리다 보면 이전에 진행된 옥션의 대략적인 정보가 적혀있다. 사실상 음원 구매 여부에 영향을 미칠 정보는 그 밑에 위치한 '저작권료 정보'다. 해당 내용은 앞서 옥션 입찰 여부 결정 시 확인해야 할 정보로 언급하기도 했다.

정보의 구성은 옥션 거래 창과 동일하다. 뮤직카우가 공개하는 최근 5개년 저작권료의 연별, 월별 추이를 확인할 수 있다. 최근 12개월 저작권료, 수익 창출 요인별 금액과 비중이 제시돼 있기 때문에 투자 시 내가 얻을 수 있는 예상 저작권료를 산출해보고 구매 여부를 결정하는 것이 적합하다.

음원 구매 절차

판매 수량	가격		구매 수량
21	70,000	5.0%	
8	69,900	5.0%	
3	69,700	5.0%	최근 1주일
4	69,600	5.0%	최고 거래가 **69,700**
1	**69,500**	5.0%	최저 거래가 **66,200**
최근 거래량 이번 주 **94** 지난 주 **142**	68,500	5.1%	1
	67,800	5.2%	1
	67,700	5.2%	1
	67,500	5.2%	1
	66,300	5.3%	3
37	**총 수량**		**7**

자 이제 시장 동향 파악을 끝냈다면, 원하는 음원을 구매해 보자. 기본 거래 창은 주식 호가창과 매우 유사한 형태로 구성돼 있다. 판매를 원하는 사용자들의 가격이 파란색으로, 구매를 원하는 사용자들의 가격이 빨간색으로 표시된다. 판매·구매 희망 가격 우측으론 가격대별 기준 최근 12개월 저작권료 수익률이 표기된다. 제시된 금액을 기준으로 둔 수익률이기 때문에 판매 희망가의 경우 가격이 내려갈수록, 구매 희망가의 경우 가격이 올라갈수록 높게 책정된다.

제시된 가격의 양옆으로는 판매 또는 구매를 원하는 희망 수량이 나타난다. 이는 이미 시장에 나와 있는 물량이기 때문에, 조건만 맞는다면 바로 거래가 가능하다. 위에 보이는 표에서 자신이 6만 9,500원에 구매를 원한다면 1개까지 바로 거래가 가능하단 얘기다.

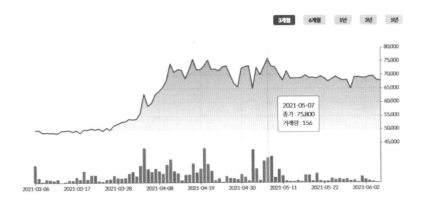

2021-05-07
종가 : 75,800
거래량 : 156

해당 표에 제시돼 있지 않은 금액대로 음원을 구매하고 싶으면, 원하는 구매 금액과 수량으로 주문을 넣고 기다리면 된다. 이 같은 경우 구매 주문은 '대기' 상태로 남게 되며, 추후 조건에 맞는 가격대의 물량이 나오면 자동으로 거래가 체결된다.

단, 대기 상태로 걸린 구매 주문의 경우 체결 시기를 예상하기 어렵다는 점은 염두에 두자. 음악 저작권 시장은 주식·가상자산 시장처럼 투자자 규모와 거래량이 많지 않기 때문에, 투자자 간 거래가 활발한 편이 아니다. 즉 '대기' 상태로 구매 주문을 넣으면, 자신이 원하는 가격대에 판매 주문을 넣는 투자자가 생길 때까지 한 달이고 두 달이고 기다릴 수 있다. 때문에 빠른 거래 체결이 목표라면 판매 희망가에 맞춘 구매 주문을 권한다.

신속한 거래 체결이 목적이 아니라면 구매 가격 대비 저작권 수익률과 시세 정보를 활용해 구매 주문에 나서는 것이 현명하다. '거래' 창

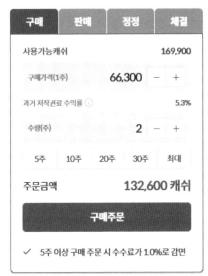

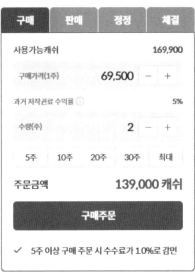

바로 옆에 보이는 '시세' 창에 들어가면 최근 3개월부터 5년까지의 거래 추이를 상세히 확인할 수 있다. 표에 마우스를 갖다 대면 거래 일시, 종가, 거래량 정보를 볼 수 있기 때문에, 전반적인 거래 동향을 살핀 뒤 적정 구매 가격을 결정하면 된다.

그래프 아래로는 최근 거래된 15개 체결 항목 정보를 볼 수 있으니, 이를 활용해 현 시세가 높은 것인지 낮은 것인지도 판단하길 권한다. 무작정 현 시세로 주문을 넣는 오류를 범하지 말라는 얘기다.

구매 가격 대비 과거 저작권 수익률은 옥션 거래와 마찬가지로 구매 주문을 넣는 과정에서 확인할 수 있다. 홈페이지 화면 우측, 앱 화면 하단에 뜨는 '구매주문' 창에서 원하는 구매가를 적으면, 바로 아래에 구매가 기준으로 산출되는 최근 1년 저작권료 수익률이 나타난다. 희망 구매가가 기준이기에 가격을 올릴수록 1년 저작권료 수익률은 낮아진다. 앞서 언급했듯 자신이 결정한 최저 수익률 기준을 넘지 않는 선에서 구매가를 정하면 된다.

구매 주문

이제 구매 주문을 넣어보자. 창에 원하는 구매 가격과 수량을 적고 '구매 주문' 버튼을 누르면 희망 구매 내용을 다시 한 번 확인하는 창이 뜨게 되는데, 여기서 '예' 버튼을 누르면 구매 신청이 완료된다.

주문을 잘못 넣었다

주문하시겠습니까? (구매)

응급실	izi
구매가격 (1주)	67,900
수량	2
예상 체결가격	135,800

아니요	예

대기금 내역

일자	구분	내역	금액
06.06	구매주문	응급실 (2주)	136,400

고 해도 계약 체결 이전이라면 언제든 정정 및 취소가 가능하다. 구매 주문 창 상단에 있는 '정정' 버튼을 누르면 구매가격과 수량을 자유롭

게 변경할 수 있다. 주문을 취소하고 싶을 경우 해당 주문 내역을 선택하고 오른쪽 위에 있는 '주문취소' 버튼을 누르면 된다.

구매 신청을 완료하면 해당 금액은 보유캐쉬 중 사용이 불가능한 캐시로 분류되는 '대기금'에 잡힌다. 그런데 대기금 내역을 살펴다 보면 뭔가 이상한 점을 찾을 수 있을 것이다. 자신의 신청 구매가보다 더 많은 금액이 대기금으로 잡혀서다. 놀라지 말자. 수수료가 반영된 금액이다.

옥션과 마켓 거래의 가장 큰 차이 중 하나가 바로 수수료 여부다. 마켓은 옥션과 달리 저작권 구매·판매 거래 양 과정에서 수수료가 발생한다. 수수료는 음원 1주당 거래 금액의 1.2%며, 상한이 1주당 300캐쉬로 제한된다. 단 5주 이상 구매 주문 시 1주당 거래 수수료는 1.0%로 감면되며, 상한도 250캐쉬로 소폭 감소한다. 모든 수수료는 소수점 이하를 절사한다는 점도 알아두자.

나도 '벚꽃연금' 받아볼까?

투자를 마쳤다면 이제 수익을 창출하는 과정만 남았다. 음원 저작권 시장에서 개인 투자자가 수익을 내는 방법은 크게 두 가지다. 보유한 음원에서 발생하는 월 저작권료를 받는 방식과 마켓 시장에서 자신의 음원 저작권을 팔아 시세차익을 노리는 방식이다. 직전에 구매 주문을 넣는 방식을 알아봤으니, 판매 주문을 넣는 것부터 살펴보자.

시세 차익에 저작권료까지 두둑이 챙겨야

음원 판매 방식은 '마켓'에서 구매 주문을 넣는 방식과 크게 다르지 않다. 구매 주문 창 바로 옆에 있는 판매 버튼을 누르면 구매 주문 창이

파란색으로 바뀌면서 판매 주문이 가능한 판으로 바뀐다. 여기서 희망 판매가와 수량을 적고 '판매주문' 버튼을 누르면 된다. 구매 주문을 넣을 때와 마찬가지로 희망 판매 금액에 따라 바뀌는 수익률을 확인하면서 적정 금액을 적도록 하자.

판매 주문을 넣으면, 판매 안내문이 뜨게 된다. 안내문을 동의한다는 란에 체크를 한 뒤 확인 버튼을 누르면, 주문 신청 내용을 확인하는 창이 한 번 더 나타나는데 여기서 '예'를 누르면 판매 신청이 완료된다. 판매가와 수량 변경, 주문 취소는 '판매 주문' 창 바로 우측에 있는 '정정' 창에서 진행하면 된다.

음원 판매는 '뮤직카 내 저작권 보기-보유곡 확인' 창을 통해서도 가능하다. 보유곡 중 판매할 음원을 선택하고 '판매' 버튼을 누르면 위

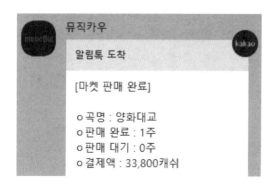

와 같은 방식으로 절차가 진행된다.

거래가 체결되면 수수료가 제외된 판매 금액이 '내 지갑'에 합산된다. 판매 진행 경과는 이메일 및 문자, 카카오 알림톡으로 전달된다. 수수료는 음원 구매 시와 마찬가지로 1주당 1.2%, 상한 300캐쉬다.

월 저작권료 정산

월 저작권료는 자신이 보유한 음원에서 발생하는 수익이다. 투자자가 별도의 신청을 하지 않아도, 낙찰 또는 구매한 음원이 있다면 다음 달 첫 영업일 오후 3시에 월 저작권료가 자동 정산된다. 영업일 기준이 주말·공휴일을 제외한 평일이란 점을 기억하자. 2021년 4월에 음원을 낙찰 또는 구매했다면 5월 3일 오후 3시에 정산된다는 얘기다.

정산된 저작권료는 '내 지갑'에서 확인할 수 있다. 곡별 저작권료 정산 내역을 알고 싶다면 '마이뮤카-세금조회-기타소득금액 조회' 페이지를 이용하면 된다.

단, 같은 음원 보유자라도 얻게 되는 저작권료에는 차이가 있을 수 있다. 음원 수량은 물론 보유한 일수까지 저작권료 산출 기준에 포함되기 때문이다. 동일한 음원을 같은 수량으로 구매했다 하더라도 4월 초에 구매한 경우와 4월 말에 구매한 경우의 월 저작권료는 다르게 정산된다.

현금화

투자 수익이 어느 정도 창출됐다면 현금으로 쥐어보자. '마이뮤카-내지갑'에 들어가면 상단에 빨간색 창으로 '캐쉬충전' '캐쉬출금'이라 적힌 버튼이 보일 것이다. 여기서 '캐쉬출금' 버튼을 누른 뒤, 현금화하고 싶은 금액을 적고 '출금' 버튼을 누르면 된다. 정말로 출금하시겠냐는 물음에 '예' 버튼을 누르면 모든 출금 신청이 완료된다.

대기금, 이벤트 캐쉬는 출금 신청이 불가능한 금액으로 잡힌다. 따라서 옥션 입찰, 마켓 판매 주문으로 넣어둔 금액까지 현금화시키고 싶다면 입찰 및 주문 취소 절차를 먼저 진행해야 한다.

출금 신청을 마치면, 다음 영업일 오후 3시부터 순차적으로 처리된다. 회원가입 시 등록한 계좌에 들어가면 입금된 내역을 확인할 수 있다. 출금 신청 시각부터 입금 완료 시까지 이에 해당하는 캐쉬의 사용은 금지된다는 점은 알아두자.

출금가능: **133,500 캐쉬** (대기금, 이벤트 캐쉬 제외)

133,500 ⊗

출금 후 잔액
출금액+수수료   **200,400**

거래상세내역

날짜	2021-06-07 15:16:18
내역	출금
금액	**-133,500**

출금시 주의사항

✓ 출금 신청 금액은 사용불가하며, 신청 후 다음 영업일 15시부
  터 순차적으로 처리됩니다.

✓ -10,000원 미만 출금 시 500원 수수료 발생
  -월 2회무료

✓ 해외송금에서 발생하는 수수료에는 송금은행의 송금수수료,
  전신료, 결제은행수수료, 입금은행 취급수수료 등이 있습니다.

✓ 이벤트 캐쉬는 출금이 불가능합니다.

　　출금 수수료는 금액이 1만 원 미만일 경우에만 500원이 발생한다.
단 월 2회에 한해서는 출금 수수료가 무료 지원된다.

5만 원 초과하면 세금 발생

저작권료, 시세 차익 등 수익이 발생하니 세금은 어떻게 처리되는 것인지 궁금할 수 있다. 결과적으로 월 저작권료, 시세 차익은 기타소득으로 분류돼 과세가 이루어진다. 음원 저작권 투자를 통해 얻은 이익이 있다면, 지방세 포함 22% 과세가 발생한다는 얘기다.

단, 뮤직카우에서 얻는 모든 수익에 세금이 부과되는 것은 아니다. 먼저 월 저작권료 수익이 1곡당 5만 원을 초과할 경우 과세가 발생한다. 1곡당 월 저작권료 수익이 5만 원 이하라면 과세는 물론 원천징수도 하지 않는다.

음원 판매 수익에 대해선 건당 시세 차익이 5만 원을 초과할 때 구매자

^{기준} 세금이 부과된다. 거래 건당 기준은 거래 체결 시점이다. 같은 음원이라도 오늘 일부를 팔아서 시세 차익 4만 원을 얻고, 내일 나머지 수량을 팔아서 3만 원의 시세 차익을 거두면 과세 대상이 아니란 의미다.

단, 구매자 기준이라는 것을 염두에 둬야 한다. 판매자가 1주씩 분할 판매를 하더라도 구매자가 일괄 구매를 할 경우 거래는 1건으로 묶여 처리된다. 판매자가 구매자의 거래를 제한할 수 없기 때문에, 분할 판매 시점을 최대한 멀리 두는 게 방안이 될 수 있다.

두 조건 모두에 해당하지 않더라도, 연간 총 기타소득이 300만 원을 초과할 경우엔 과세 대상이 된다. 즉 월 저작권료와 시세 차익에 대한 세금 여부를 일일이 검토하더라도, 1년간 벌어들인 총 기타소득이 300만 원을 넘는다면 과세 대상이란 뜻이다. 이 경우에는 투자자가 직접 매년 5월 말까지 국세청에 별도의 종합소득세 신고를 해야 한다.

㈜뮤직카우 이용시 세금이 발생하는 경우
1. 저작권료 수익이 1곡당 5만원 초과일때 (매월)
2. 판매 수익이 건당 5만원 초과일때 (구매자 기준)

㈜뮤직카우 세금신고
* 과세최저한(건당 5만원 이하)으로 소득세가 과세되지 않은 소득을 지급할 때는 원천징수를 하지 않습니다.
[참고 : 소득세법 집행기준 84-0-1 [기타소득 과세최저한의 건별 적용범위]
* 저작권료 및 곡 판매 수익이 건당 (구매자 기준) 5만원 초과 시 수익전체 금액의 22%를 원천징수하고 기타소득 신고 후 세금을 납부합니다.
* ㈜뮤직카우의 기타소득은 필요경비를 제외하지 않는 기타소득에 해당하여 기타소득이 기타소득금액과 같습니다.

** 아래와 같은 소득이 있다면 종합소득세 신고대상 입니다.

1. 건당 5만원 이하금액 + 건당 5만원 초과 금액 총 합계액이 연간 300만원 초과
2. 건당 5만원 이하 금액만 있고 기타소득금액이 연간 300만원 초과
3. 건당 5만원 초과 금액만 있고 기타소득금액이 연간 300만원 초과
4. ㈜뮤직카우 소득 이외 타 기타소득(필요경비 제외)금액의 합산액이 연간 300만원 초과

종합하면 매달 하나의 음원에서 들어오는 저작권료가 5만 원을 넘지 않고, 음원 저작권 판매로 얻은 건당 시세 차익이 5만 원을 초과하지 않으면서 연간 누적된 기타소득이 300만 원을 초과하지 않으면 비과세에 해당한다.

따라서 음원 저작권 투자를 통한 수익을 노린다면 예상 저작권료에 따른 투자 포트폴리오 분배, 판매 시점과 판매 수량 조정 등을 통한 리스크 절감에 대해 고민해볼 필요가 있다.

원금 손실 가능성

음원 저작권 투자 역시 다른 투자 상품들처럼 원금 손실 가능성이 있다는 점은 유의해야 할 사안이다. 특히 음악 저작권료는 음원 관련 이슈가 커질 때 급등했다가 화제성이 떨어지면 급락하는 경우가 흔하다. 또 가수가 불미스러운 사건에 휘말려 음원의 가치가 빠르게 훼손되는 사례도 많다. 그룹 내 불화설, 학교 폭력, 마약 복용 등이 대표적인 예다.

이 경우 시세는 물론 수령할 수 있는 월 저작권료도 빠르게 줄어들기 때문에 자신이 산 금액보다 훨씬 낮은 가격으로 음원을 저문하는 상황을 맞을 수 있다. 예상치 못한 음원의 가치 훼손이 원금 손실로 즉시

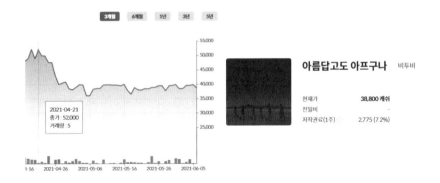

나타날 수 있단 얘기다.

여기에 저금리 시대가 끝나고 유동성이 회수되면 대부분의 자산 가격이 하락할 위험이 있다는 점도 원금 손실 가능성을 높이는 요인으로 작용할 수 있다.

낮은 환금성

투자자 규모, 거래량 자체가 주식·가상자산 시장처럼 큰 편이 아니기에 환금성이 떨어진다는 점도 주의하자. 현재 뮤직카우의 총 회원 수는 38만 명에 불과하다. 올해 들어 월 거래액이 360억 원까지 늘었으나 이 또한 주식·가상자산 시장에 비해선 매우 낮은 수준이다. 이 때문에 보유한 저작권을 현금으로 바꾸기 위한 유일한 방법인 투자자 산 거래가 활발한 편이 아니다.

즉 자신의 음원이 모두가 구매를 원하는 스테디셀러 곡이 아니라면 판매 주문을 넣어봐도 언제 거래가 이루어질지 알 수가 없다. 바로 현금화를 하기 위해선 희망 판매가보다 훨씬 낮은 가격대에 올라와 있는 희망 구매가에 맞춰 판매 주문을 넣으면 되지만, 이 경우 원금 손실이라는 또 다른 문제를 마주할 수 있다.

음원이 판매되더라도 캐쉬를 현금화하는 데 하루가 소요된다는 점도 잊지 말자. 보유캐쉬는 출금 서비스를 신청한 다음 날 오후 3시에야 계좌에 이체된다.

자본시장법 미적용

음악 저작권이 현행법상 금융자산으로 인정받지 못해 금융당국 감독 대상이 아니란 점도 염두에 둘 점이다. 음악 저작권은 금융 당국의 인가를 받은 금융회사가 아닌 일반 업체에서 개발한 상품이기 때문에, 예금자보호법이나 자본시장법에 따른 보호를 받을 수 없다.

은행과 같은 금융회사에서 원금 손실이 발생할 경우 예금자 1인이 한 회사에서 최내 5,000만 원까지 보장받을 수 있지만, 음악 저작권은 이 같은 소비자 보호 조치에서 완전히 배제돼 있다는 뜻이다. 투자와

제목	가수	저작권료 (1주)	현재가	전일비
🎵 처음 보는 나 (하트시그널 삽입곡)	Steady (스테디)	5,273 (7.9%)	66,500	0 (0%)
🎵 꽃잎점 (하트시그널 삽입곡)	PERC%NT	3,840 (8.3%)	46,300	0 (0%)
🎵 Perhaps Love (사랑인가요) (Prod.B⋯	에릭남 (Eric Nam), CHE⋯	4,448 (6.9%)	64,300	▼ 600 (-0.9%)

관련한 별도의 안전장치가 없는 만큼, 투자자 입장에선 원금 손실에 더욱 주의를 기울일 필요가 있다.

1. 장기 복리 투자 전략을 세우자

음악 저작권은 단기보다 장기 투자 전략이 적합한 투자처다. 역주행 등 특별한 사례를 제외하면 하루 새 시세가 큰 폭으로 오르내리는 경우가 없고, 저작권료를 기반으로 한 현금 흐름이 담보되는 안정적 자산이기 때문에 장기 투자 시 얻을 수 있는 이득이 훨씬 더 크다. 단순히 돈을 묻어두라는 뜻은 아니다. 연마다 배당을 받는 주식과 3~6개월마다 이자를 얻는 채권과의 차이를 이용하자. 매월 수령하는 저작권료를 재투자해 전체 수익을 빠르게 불릴 수 있는 복리효과를 누리자는 것이다.

매월 빠짐없이 저작권료가 창출된다는 면에서 음악 저작권 투자로 거둘 수 있는 복리효과는 타 자산 대비 커질 수밖에 없다. 실제로 뮤직카우 이용자의 평균 저작권료 수익률 연 8%를 기준으로 매월 100만 원의 자금 투자를 가정할 때, 자산 1억을 만드는 데 걸리는 시간은 6년 5개월에 그쳤다. 시중은행 적금 평균 금리 연 2%를 기준으로 같은 값의 원금을 투자할 경우, 자산 1억을 손에 쥐는 데 필요한 시간이 7년 9개월에 달한다는 점을 감안하면 차이가 크다.

그렇다면 장기 복리 투자 전략에 적합한 포르폴리오 구성은 어떻게 될까. 먼저 최신곡보다는 발매된 지 3년을 넘긴 곡 위주로 담는 것을 추천한다. 일반적으로 음악 저작권료는 곡이 발매된 첫해에 가장 많이 발생하고 그다음 해부터 하락한 뒤, 발매 3년 이후부터 일정하게 창출되는 패턴을 갖는다. 쉽게는 '롱테일 그래프'를 대입해볼 수 있다. 따라서 최신곡 또는 발매 1년 이내의 곡은 앞으로의 저작권료 발생 추이를 예측하기 어렵고 변동성이 발생할 여지가 많은 만큼 장기 투자에 적절한 선택지는 아니다.

음원 중에서는 '스테디셀러'에 해당하는 저작권을 선별 투자하는 것이 중요하다. 모두가 아는 대중적인 곡이 아닌 저작권료 수치를 토대로 한 숨겨진 스테디셀러 음원을 찾고 싶다면 뮤직카우 마켓 '저작권료-저평가' 순위를 살피는 것을 권한다. 발매 후 3년이 지난 곡 중 현재 거래가 대비 최근 1년간 저작권료 수익률이 높은 음원 순으로 열거돼 있기에 안정적인 투자 수익을 담보할 수 있다. 이외에도 거래량 많은 곡, 저작권료가 높은 곡, 저작권료 수익률 100위 내 투자자들이 공통으로 소장한 곡(전월 기준, 5곡 이상 보유 투자자) 순위를 토대로 포트폴리오를 구성한다면 높은 저작권료 수익률을 기대해볼 수 있다.

2. 정산 시기 등 저작권별 특성을 활용하자

음악 저작권 투자 시 월별 저작권료 변동성이 클 수 있다는 점은 염두에 둬야 할 요소다. 월 저작권료는 방송·스트리밍 서비스·공연 등 다양한 루트를 통해 발생하는 수익을 합한 것이기 때문에, 매체별 저작권료 분배 시기에 따라 출렁일 수 있다. 자신의 음원이 A 매체에서 주로 이용되는데, 해당 월이 A 매체의 저작권료 분배 시기가 아니라면 월별 저작권료는 전월 대비 큰 폭의 하락세를 보일 수 있단 의미다.

월별 저작권료의 변동성을 잡고 싶다면 매체 특성을 잘 타지 않는 스테디셀러 곡 또는 매달 저작권료가 분배되는 매체의 비중이 높은 곡을 구매하는 것이 방법이다. 멜론과 벅스 같은 스트리밍 서비스, 노래방, 복제, 무대 공연 등은 매월 저작권료가 분배되는 매체에 속한다. 이 외에도 주 이용 매체나 장르가 완전히 다른 음원으로 분산투자를 하는 것도 월별 저작권료 변동성을 낮추는 방안이 될 수 있다.

저작권 권리에 따른 차이를 이용한 투자에 나서는 것도 매월 일정한 저작권료를 얻는 방식이 될 수 있다. 현재 뮤직카우에는 창작자인 작곡가, 작사가, 편곡자가 가지는 '저작재산권'과 가수, 프로듀서, 음반 제작사의 권리인 '저작인접권'에 대한 저작권료 참여 청구권이 거래되고 있다. 저작인접권의 특성 중 하나가 전송 매체의 비중이 크다는 것이다. 따라서 저작재산권보다는 저작인접권에 대한 투자 포트폴리오를 넓혔을 때 월별 변동성이 적다. 단, 장기 투자를 원한다면 원작자 사후 70년까지 권리가 유지되는 저작재산권이 더 좋은 선택일 수 있다. 저작인접권의 권리 유지 기간은 음반 발매일 다음 해 1월 1일부터 70년까지로 저작재산권보다 짧은 편이다.

더 간단히는 음원별 월간 저작권료 추이를 토대로 투자 포트폴리오를 세울 수 있다. 음원 정보에 공개되는 그래프를 통해 매월 일정한 저작권료가 보장되는 곡인지, 특정 달에 저작권료 지급이 몰려있는 곡인지 확인하는 식이다. 만약 이 모든 과정이 복잡하다고 느껴진다면, 각 음원의 연 단위 저작권료 수익률을 투자 판단 기준으로 세우는 것도 좋다. 같은 음원이라면 1년 단위 저작권료는 동일한 사이클로 돌아가기 때문에, 장기적으로 일정한 투자 수익을 낸다는 면에서는 차이가 없다.

4장

왕초보
따라 하기:
미술 투자

투자난이도	★★★☆☆
자본금	★★★☆☆
재미	★★☆☆☆

추천 대상

손이 빨라 빠르게 공동구매에 참여할 수 있고 미술에 관심이 많은 투자자

최소 자금

1만 원부터 투자 가능

성공사례

　대학생 A씨는 아르바이트로 번 돈으로 투자를 시작했다. 용돈 및 생활비를 지출하고 나면 남은 돈은 그리 많지 않아 투자예정금액 역시 5만 원으로 매우 적다. 누군가는 '5만 원이 종잣돈이라고?'라고 코웃음칠 수도 있지만 A씨는 소수점투자를 통해 3개의 미술품에 투자한 상태다. 이 중 한 개 작품은 이미 매각이 완료돼 약 18%의 수익률을 올린 상태다. A씨는 수입이 워낙 적은 데다 꾸준한 수입이 있는 것도 아니어서 적금을 드는 것도 부적절하다 생각했는데, 미술품 투자로 수익을 올

린 만큼 앞으로 모으게 되는 돈도 미술품 소수점투자에 쓸 예정이다.

대학교에서 미술 교양 수업을 재밌게 들었던 B씨는 직장인이 된 뒤 미술품에 소수점 투자를 하고 있다. 저가 상품의 경우 너무 빠른 시간에 공동구매가 마감되는 탓에 B씨는 오히려 최소 투자금액이 100만 원인 작품에만 투자하고 있다. 모집금액이 큰 만큼 마감까지도 시간이 꽤 걸리기 때문이다. 그렇다고 해서 1시간 이상 공동구매가 진행되는 건 아니다. 이런 작품 역시 30분 이내에 공동구매가 마감되는 경우가 대다수다. 아직 B씨가 공동구매한 상품이 매각되지는 않았지만 다른 미술품이 두 자릿수의 수익률을 내고 있는 만큼 B씨가 구매한 상품 역시 비슷한 수준의 수익률을 낼 것으로 기대하고 있다.

아트테크가 뭐길래?

아트테크는 예술품Art을 이용해 재산을 늘리는 기술Technology을 말한다. 갤러리에서 미술품을 구매해서 되파는 것, 경매 시장에서 작품을 구매해 되팔아 수익을 남기는 것 등이 모두 아트테크라 할 수 있다.

이 책에서는 아트테크 중에서도 예술품에 1/n로 투자하는 방법을 소개할까 한다. 주로 미술품 공동구매 플랫폼 업체가 작품을 선정해 펀딩을 진행하면 투자자들이 해당 작품을 1/n씩 구매하는 방식이다. 미술품은 하나인데 1/n씩 투자한다면 도대체 어떻게 나눠갖는다는 말일까. 실제로 1/n만큼의 지분조각만 투자한 '조각 투자자'는 해당 작품의 실물을 소유할 수는 없다. 작품을 사서 내 방에 걸어놓을 수도 없다는 의미다. 그럼에도 불구하고 예술품에 조각투자하는 사람들의 심리는 무엇일까. 1/n, 즉 일부만 투자한 만큼 투자금이 작아져 아트테크에 입문하는데 장벽이 낮아지기 때문이다. 투자금이 적은 만큼 위험 부담 역시 작아진다.

실물을 소유하지 못한다고 해서 작품을 아예 보지도 못하는 것은 아니다. 일부 플랫폼은 작품 대신 작품 사진 등을 투자자에게 보내준다. 또 플랫폼이 운영하는 전시장에서 투자자들이 해당 작품을 관람할 수 있도록 장소를 제공하기도 한다. 공동구매를 통해 모금을 완료한 플랫폼 업체는 펀딩한 금액보다 작품을 더 비싼 값에 판매할 수 있다고 판단하면 해당 작품을 판매하고 수익금을 투자자에게 돌려준다.

MZ세대 사이에서 조각 투자가 뜨고 있는 이유는 적은 돈으로 쉽게 할 수 있는 투자이기 때문이다. 그동안 미술품의 경우 크게는 억대를 호가해 일반인들의 접근이 힘든 투자 상품이었다. 하지만 조각투자를 할 경우 다른 사람들과 공동 투자를 할 수 있어 적게는 1만 원만 있어도 소유권의 일부를 구매할 수 있다. 이같이 적은 돈으로 투자를 할 수 있게 되며 미술품 조각투자는 젊은 세대의 투자처로 각광받게 됐다. 미술품 거래 플랫폼 '아트앤가이드'에 따르면 2020년 아트앤가이드 전체 회원의 44%가 2030 회원인 것으로 나타났다.

미술품 조각 투자자들이 늘어나면서 작품을 구매하기 위한 경쟁도 치열해지고 있다. 아트앤가이드는 올해 박서보 작가의 3억 5,000만 원짜리 '묘법 No.180411'은 100만 원짜리 2021년 5월 350개의 조각으로 나눠 판매했는데 공동구매 시작 1분30초만에 45명이 참여하며 빠르게 마감됐다.

100만 원짜리 조각 520개로 나눠 공동구매를 진행한 쿠사마 야요이의 '호박', 100만 원짜리 조각 160개로 나눠 공동구매를 진행한 문형태의 '가지치기' 역시 약 1분 만에 63명, 33명의 공동투자자가 나타나 공동구매가 완료됐다.

어디서 어떻게 거래를 할까?

아트앤가이드

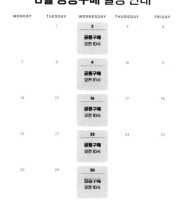

미술품을 조각거래하는 플랫폼은 아트앤가이드, 아트투게더, 테사, 소투 등 여러 플랫폼이 있다. 모두 온라인 거래 플랫폼으로, 이 책에서는 아트앤가이드를 중심으로 소개한다.

2021년 5월 29일 기준 아트앤가이드에서는 종 76개 작품에 대해 공동구매가 이뤄졌다. 거래

금액은 90억 6,960만 원이었다. 공동구매 이후 매각이 이루어진 작품은 31점이며 총 매각금액은 19억 5,775만 원, 평균수익률은 19.8%를 기록했다. 평균 보유기간은 275일이다.

아트앤가이드에서 투자자는 원하는 작품을 선택한 뒤, 원하는 소유권조각 수량을 설정해 구매하면 된다. 소유권의 개당 가격은 작품에 따라 다르며, 이 금액에 따라 아트앤가이드는 작품을 메이저, 비기너 등으로 나누고 있다. 메이저 공동구매 작품은 소유권 1개당 100만 원이며, 비기너 작품의 소유권은 1개당 10만 원이다. 아트앤가이드는 공동구매 예정 작품 및 일정을 홈페이지에 미리 올린다. 아트앤가이드에서 미술품 투자를 계획하고있는 사람은 공동구매 일정을 미리 살펴보자.

〈미술품공동구매〉탭을 누르면 진행중인 공동구매 작품 리스트가 뜬다. 작품을 선택하면 공동구매 목표 금액과 달성액, 남은기간, 공동구매 진행률 등의 정보가 나온다. 공동구매에 참여할 수 있는 금액은 작품마다 다르다.

이 작품은 최소투자금액 10만 원이다. 소유권은 최대 3개까지 구매 가능하다. 즉 10만 원씩 3번 구매하면 총 30만 원을 투자하게 되는 셈이다.

또 다른 작품은 최소투자금액 100만 원부터 최대 10개까지 구매가능하다. 이 작품은 재구매약정이 체결되어 있다. 즉, 재구매약정기간인 2년 동안 다른 곳에 재판매가 이루어지지 않으면 해당 작품을 아트앤가이드에 팔았던 갤러리가 5억 5,000만 원에 재구매하기로 약정한 상태라는 것이다. 2년 내 갤러리 재구매약정금액인 5억 5,000만 원을 초과하면 재판매가 이루어진다. 결과적으로 이 작품은 공동구매목표금액이 5억 원이니

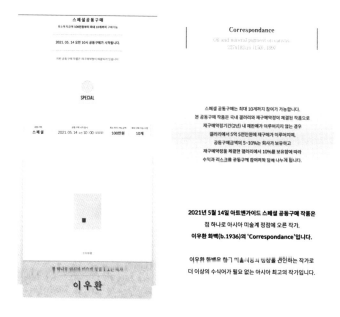

최소 5,000만 원 수익이 나는 것은 정해진 일이나 다름 없는 셈이다.

조각을 구매하면 공동소유권조각 1개마다 실물작품확인서 1장을 제공하기도 한다. 실물작품확인서는 초고해상도 작품이미지를 최고급 용지에 특수 인쇄해 공동구매 종료 후 제공된다. 앞면에는 작품이미지가 담기고 뒷면에는 회사 명의의 작품확인서가 담긴다. 작품 원본을 직접 가지지는 못하지만, 1/n 지분이 있는만큼 사진이라도 집 어딘가에 걸어놓는 재미를 느껴보자.

아트앤가이드에서는 실물작품확인서에 맞춤제작 된 액자를 2만 5,000원에 구매할 수 있다. 작품확인서는 소유권이 블록체인에 기입되는 시점에 발송되며 수령 방법은 직접수령, 우편수령 등 선택할 수 있다. 투자 금액이 적은 비기너 상품 경우 실물작품확인서가 제작되지 않고 모바일 작품확인서만 제공된다.

작품 상세 페이지에는 작가와 작품에 대한 소개도 나와있다. 이 작품 설명만으로 작품의 가지를 판단히기에는 어렵겠지만 투자를 결정했다면 최소한 이 페이지 만큼은 읽어보자. 이 페이지에는 작가의 최근 작품 경매이력, 작품이미지, 제목, 정보^{연도, 크기}, 경매사, 낙찰가 등이 모두 뜬다.

공동구매자가 가진 작품에 대한 관리 및 판매 권한은 아트앤가이드에 위임된다. 이 권한을 위임받은 회사는 목표 보유기간을 설정해 투자자들에게 공개한다. 무기한 작품을 보유하고 있을 수는 없기 때문이다. 작품별로 다르지만 아트앤가이드의 경우 목표 보유기간을 통상 1~3년으로 잡고 있다. 투자자는 작품이 판매되기 전까지, 즉 최대 3년간 작품에 투자한 금액을 현금화할 수 없다는 점을 고려해야 한다. 만약 목표 보유기간 내 공동구매 금액 이상의 가격에 아트앤가이드가 작품을 매각할 수 있는 경우 아트앤가이드는 작품을 판매하고 투자자들에게 수익을 배분한다. 목표 보유기간 내 재판매가 어려운 경우 투자자들의 동의를 얻어 보유기간 연장 및 즉시 판매를 결정하게 된다.

아트앤가이드는 회사가 운영하는 라운지 '취화담'의 이용권을 투자자들에게 제공한다. 투자자들은 이곳을 방문해 작품 원작도 관람할 수 있다. 미술품 조각투자는 궁극적으로 수익을 위한 투자 행위라고할 수는 있지만, '조각'만큼 본인의 소유권이 있으니 기회가 된다면 작품을 관람하는 시간을 가져보자. 취화담 운영 시간은 월~금 오전10시부터 오후 6시까지다. 주말은 휴무다.

홈페이지에서는 작품에 대한 공동소유권현황도 확인할 수 있다. 공동소유권은 '아이콘 브루프' 블록체인에 기록된다. 블록체인은 수천 대의 컴퓨터에 소유권을 동시에 기록해 공동소유권에 대한 위조와 변조를 못하게 한다. 작품별 공동소유권은 회사의 홈페이지와 개별적으로 발송되는 온라인 작품 확인서를 통해 확인할 수 있다.

영업시간에 주문을 확정한 경우 주문확정 클릭 후 1시간 이내에 주문자 이름으로 입금을 진행해야 한다. 즉 해당 금액만큼 현금을 미리 보유하고 있어야 한다는 의미다. 입금이 제때 완료되지 않으면 구매 권한이 다른 사람에게 넘어갈 수 있다. 영업시간 이후 구매 신청을 했을 경우 다음 영업일 오전 10시까지 입금해야 한다.

본인의 선택이 잘못됐다고 생각한다면 일정 조건 내에서 환불도 가능하다. 환불 요청은 메일과 유선전화를 통해 할 수 있다. 입금 후 12시간 이내 환불을 요청할 경우 전액 환불이 이루어지며, 입금 후 3일 이내 환불 요청할 경우 3%의 환불 수수료가 발생한다. 3일 이후부터 소유권확정^{블록체인 기입시점}전까지는 7%의 환불 수수료가 발생한다. 블록체인에 기입되는 시점부터는 환불이 불가능하다. 환불시 계좌명의인은 구매회원과 동일해야하고 동일하지 않을 경우 환불이 거절된다.

현금영수증 발급도 가능하니 미리 챙겨두자. 공동구매에 참여한 뒤 현금영수증 발행여부에 '예'를 누르고 본인정보를 기입하면 된다. 추후 발급 신청을 원할 경우 이름, 연락처, 현금영수증 발행번호^{휴대전화 번호}, 구매작품, 작품별 구매금액을 작성해 이메일 또는 문의사항 게시판, 유선 등으로 신청하면 된다.

아트앤가이드로
구매하기

타임어택을 준비하라

아트앤가이드를 통한 미술품 공동구매는 매우 빠른 시간 안에 끝나는 편이다. 본인이 관심을 두고 있던 작가의 작품이 나와 투자에 참여할 예정이라면 공동구매가 열리는 오전 10시 알람을 맞춰놓고 바로 구매에 나서는 것이 좋다. 이왕이면 10시가 되기 전에 로그인을 해놓자.

아트앤가이드 앱 홈 화면에는 공동구매가 열리는 시간에 맞춰 '공동구매 참여하기' 버튼이 생성된다. 미리 로그인을 해놓은 상태라면 10시 00분 00초에 맞춰 이 버튼을 누르자. 해당 작품 상세페이지로 이동하면 공동구매 목표금액, 공동구매 달성액, 남은 기간, 공동구매 진행률이 뜬다. 보통 남은 기간이 꽤 길게 나타나긴 하지만 일반적으로는 당일에

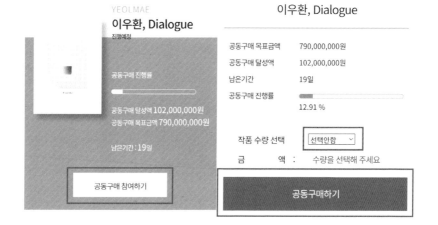

모두 마감된다는 점을 염두하자.

투자할 금액에 따라 작품 수량을 선택한 뒤 '공동구매하기'를 누르면 작품확인서 배송정보와, 작품 재판매대금 배분 계좌정보를 입력하는 페이지가 뜬다. 이 중 이름, 주소 등 대부분의 기본 정보는 이미 입력되어 있는 상태로 뜰 것이다. 공란으로 뜨는 부분은 모두 정확하게 기입한 뒤 추가 정보란에서 현금영수증 발행여부와 실물작품확인서 필요여부, 실물작품확인서 보관 및 배송 여부, 액자 필요 여부 등을 빠르게

추가 정보

현금영수증 발행 여부

◯ 예 ◯ 아니오   ＊ 현금영수증은 지출증빙용으로 발급됩니다

작품확인서 배송정보

☐ 추가 입력 정보(주소, 계좌 정보)를 회원 정보에 추가 등록

이 이름

이메일 @gmail.com

0 우편번호   주소 검색

서울 주소

010- 휴대폰 번호

작품 재판매대금 배분 계좌정보

이 이름

은행 은행명

1 계좌번호

실물 작품확인서 필요여부

◯ 필요 ◯ 불필요 (모바일 작품확인서만 제공)

실물작품확인서 보관 및 배송 여부

◯ 직접수령(충남본사)   ◯ 택배발송(착불) 00 신청원료 시 무료배송

◯ 회사보관

＊ 직접수령지: 충남 아산시 배방읍 희망로46번길 45-11, 502호

액자 필요 여부

◯ 필요(액자비용: 3만원/무료배송)   ◯ 불필요

＊ 액자금액 미입금 시, 발행 요청한 작품확인서와 액자는 제작되지
않습니다.

선택하자. 뜸들이다가는 공동구매가 마감될 수 있으므로 '여부'를 묻는 항목에 대해서는 미리 마음을 정해놓고 구매 작업에 들어가는 것이 좋다. 구매 시점이 돼서야 '실물작품확인서를 받을까 말까', '실물작품 확인서를 어떻게 보관할까' 등을 고민하고 있다간 공동구매가 마감됐다는 메시지가 뜰지도 모른다. 특히 공동금액 목표금액이 적거나 인기가 많은 작품이라면 더욱 빨리 마감될 가능성이 크다.

　아트앤가이드에서는 포인트를 사용해 결제를 진행할 수도 있다. 포인트는 1,000포인트 단위로 사용할 수 있으며 최대 5만 포인트까지 사용할 수 있다. 만약 앞서 아트앤가이드를 통해 투자한 내역이 있어 지급받은 포인트가 있다면 포인트를 사용해 결제해보자.

포인트 사용

0

적용

총 보유 포인트: 3102
* 1,000 point 단위로 사용해주세요.
* 최대 50,000 point 까지 사용 가능합니다.

직접 은행 계좌이체
다음 계좌로 이체를 진행해주세요.
국민은행 033201-04-177604 ㈜열매컴퍼니

☐ 본인은 권한위임동의서와 관련된 내용을 ㈜
열매컴퍼니로부터 상세히 설명 받으셨습니까?

☐ 본인은 권한위임동의서에 기입된 내용에 대하여 충분히
인지하였으며, 이와 관련된 방침 및 절차를 이해하고 준수할
것을 동의하십니까?

☐ 본인은 미술품 관리, 중개, 판매와 관련된 권한위임에
동의하십니까?

구매내용

이우환, Dialogue
1,000,000원

1,000,000원	소계
0	포인트사용
1,000,000원	결제금액

주문 확정

이후 권한위임과 관련된 부분을 모두 동의하고 '주문 확정' 버튼을 누르면 투자자의 주문번호, 주문날짜, 이메일, 소계^{투자금액}, 결제방법, 작품명 등 주문상세 정보가 뜬다. 이와 함께 투자금액을 입금해야하는 계좌번호가 뜨는데 이 계좌로 입금까지 완료해야 투자가 모두 마무리 된다.

'MY PAGE' 공동구매내역에서는 투자한 상품 내역이 뜨는데 입금 전 이라면 '입금대기중'이라는 메시지가 뜨고 입금 내역이 확인되면 '결제 완료'로 메시지가 바뀐다. 입금을 하지 않으면 입금을 요청하는 카카오

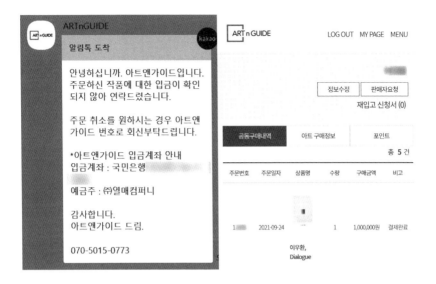

톡 메시지가 아트앤가이드로부터 온다. 재차 입금하지 않으면 결국 공동구매 참여는 취소되고, 취소된 만큼의 지분은 다른 사람에게 넘어가게 된다. 만약 입금 내역이 확인되지 않아 구매가 취소될 경우에도 카카오톡을 통해 안내 메시지를 받을 수 있다.

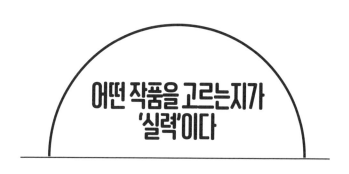

어떤 작품을 고르는지가
'실력'이다

작품을 어떻게 선정해야 할까

조각투자 플랫폼을 통해 미술품을 공동구매하는 경우 투자자에게 주어진 작품 선택의 폭이 그리 넓지는 않다. 아트앤가이드와 같은 플랫폼 사업자가 선정한 몇 작품 내에서 고민을 하면 되기 때문이다. 한편으로는 어느 작품에 투자할지 크게 고민을 하지 않아도 될 것 같지만, 그럼에도 이왕 미술품에 투자하기로 마음을 먹었다면 통상적으로 어느 작품이 투자할 만한 가치가 있다는 평가를 받는지 기초적인 상식은 알아두자.

미술계는 우선 전문가들의 평가가 좋은 작품이 투자 가치가 높다고 평가한다. 평소 미술전문가의 평론, 미술 잡지, 기사 등을 많이 접하자.

만약 거래 플랫폼에서 관심이 가는 작품이 생겼다면 해당 작품과 작가에 대한 미술계의 평가가 어떤지도 따로 검색해보자.

정답은 아니지만 같은 작가의 작품을 살 것이라면 그 작가의 대표작을 사는 것이 좋다. 대표작은 가격의 오름폭은 크고 내림폭은 작아 리스크 역시 작아지기 때문이다. 하지만 유명한 작가의 작품이라고해서 다 명작이라 평가받지는 않는다. 실제 유명 작가의 작품 중 B급, C급 작품의 경우 경매에서 유찰되는 경우도 있다.

미술작품은 결국 '보는 것'이다. 미술품은 보여짐으로써 사람에게 만족감을 줄 수 있어야 한다. 사람에게 만족감을 주는 작품을 고르기 위해서는 '안목'을 길러야 한다. 하지만 이 안목을 키우는 것은 단시간에 되는 일이 아니다. 안목을 기르기 위해서는 다양한 작품을 많이 섭해야만 한다.

미술작품을 접하기 위해 미술관과 갤러리로 발걸음을 옮겨보자. 미술관과 갤러리는 '작품이 걸려있는 공간'이라는 점에서는 같지만, 목적은 다르다고 할 수 있다. 미술관과 갤러리의 근본적인 차이는 '작품을 사고팔 수 있느냐, 없느냐 여부'다. 미술관은 미술품의 수집, 보존, 교육, 연구 활동 등을 목적으로하는 시설로 미술품을 사고팔 수 없다. 하지만 갤러리는 작품 매매를 통해 수익 사업을 펼치는 공간이다. 미술관이나 갤러리를 돌아다니며 특정 작가에게 관심이 생긴다면 이후 그 작가의 삶에 대해 공부해보자. 미술 작품에는 작가의 생애가 담겨있는 만큼 그 작가에 대해 아는 것도 중요하다.

최근에는 신종 코로나바이러스 감염증코로나19으로 미술관이나 갤러리를 둘러보기도 힘든 상황이다. 이럴 때 단연 최적의 플랫폼은 '인스타그램'이라 할 수 있다. 인스타그램에 작가 이름이나 작품명을 검색하고 다른 사람들이 해당 작품을 어떻게 평가하는지 등을 살펴보자. 실제로 미술 작품은 '내가 어떻게 느끼느냐'도 중요하지만 '남이 어떻게 느끼느냐'도 중요하다. 다른 사람 역시 나처럼 해당 작품을 긍정적으로 평가해야 작품 매매가 이뤄지기 때문이다.

투자가로서
안목 기르기

최근 미술품 소수점 투자 플랫폼에서 소개된 작품과 작가

위에서 언급했듯 미술 시장에서 가치 있는 작품을 선택하려면 어떤 작가의 어떤 작품이 인기가 많은지, 전문가들 사이에서는 어떤 평가를 받는지 파악하고 있어야 한다. 아트앤가이드를 비롯해 다른 플랫폼을 살펴보면 작품이 자주 거래되는 작가들이 보일 것이다. 이번 장에서는 기존 미술품 소수점 투자 플랫폼에서 거래가 진행됐던 작가들에 대해 간략히 살펴보자.

김환기 1913~1974

한국 추상미술의 선구자로 불리는 20세기 대한민국의 대표적인 화가다. 청년 시절 일본에서 유학했고 전위미술^{기존 예술에 대한 인식, 가치를 부정하고 새로운 예술의 개념을 추구하는 예술운동}에 큰 관심을 가졌다. 한국 최초의 미술동인 모임인 '신사실파'를 통해 추상미술의 목적은 '사실을 표현하는 것'이라고 강조했다. 창작자로서의 삶 외에 미술행정가, 교육자로서의 소명도 가지고 있었다.

일본에서 수학하며 입체파와 미래파 등 서양의 새로운 미술 경향을 공부하며 추상미술에 입문했다. 당시 김환기의 작품은 물체를 여러 각도에서 보는 후기입체파적 경향이 짙다는 평가를 받는다.

이후 김환기는 1937년 귀국하기 전까지 일본화단의 전위적 단체인 '자유미술가협회전' 창립 등 모더니즘 운동에 참여했다. 이를 통해 유영국, 문학수, 이중섭, 이규상 등과 함께 활동했다. 이 시기에 제작한 작품인 〈론도¹⁹³⁸〉는 우리나라 최초의 추상작품 중 하나로, '대한민국근대문화재'로 지정 등록되기도 했다.

김환기는 국내에 들어와 서울대학교, 홍익대학교 등에서 교수로 활동하며 교육자로 활동했다. 1956년에는 프랑스 파리로 떠나 화가로서 자신의 정체성을 찾는 작업에 몰두했다. 이곳에서 동양과 서양미술을 조합하는 작업에 집중했는데, 그는 한국의 '푸른빛살'인 '청靑'과 '서양의 '블루Blue는 다르다고 언급하기도 했다.

1963년 이후로는 다양한 재료와 기법실험으로 본인의 예술세계를 완성시켜갔다. 다양한 시도를 통해 김환기는 근본적인 보편성을 추구하게되었고, 순수한 조형요소인 점·선·면으로 채운 추상화 세계를 완성시켜 나갔다.

김환기가 캔버스에 유화물감으로 제작한 추상점화는 김환기 예술세계의 정점을 이룬다는 평가를 받는다. 이 작품은 서양화 재료와 기법을 사용하면서도 수묵화처럼 동양적인 느낌을 나타내 세계에 한국추상미술을 널리 알렸다는 평가를 받는다.

김환기의 생애를 언급하는 데 있어 빼놓을 수 없는 인물이 있다. 김환기의 아내이자 뮤즈인 김향안본명 변동림, 1918~2004이다. 김환기가 자신의 예술세계에 몰입할 수 있었던 데는 아내 김향안의 전폭적인 지지가 있었기 때문이다. 김향안은 김환기의 예술에 대한 신념을 지지해준 인물로 알려져있다. 이들은 1944년 결혼식을 올린 뒤 서울 종로구 성북동 '수향산방'에서 결혼생활을 시작했다. 기회가 된다면 김향안이 설립한 '환기 미술관'도 꼭 방문해보자. 위치는 서울 종로구 자하문로 40길63, 운영시간은 화~일 오전 10시부터 오후 6시까지다.

이우환 1936~

사물과 세계의 관계성에 집중하는 미술 운동인 '모노파物派'를 주도한 현대미술의 거장이다. 1936년 경남 함안에서 태어난 이우환은 현재까지도 미술가 겸 평론가로 활동하고 있다. 부산에서 유년시절을 보낸 뒤 서울대학교 미술대학에 입학했다가 입학한 지 반년도 채 안 돼 일본으로 건너간다. 이후 서울대학교를 중퇴하고 니혼대학교에서 철학을 공부했다.

이우환의 작품 세계는 1970년 전후 일본 미술계에서 활발했던 '모노파'와 밀접하게 연관되어 있다. 모노파 시기의 작품 〈관계항〉 연작은 이질적인 사물의 위치를 변경하며 결합해 사물의 존재감과 물질적 특성을 강조했다는 평가를 받는다.

이외에도 〈점으로부터1976〉, 〈선으로부터1974〉 등의 평면작업도 진행했는데 이 작품들은 한국 현대미술에도 많은 영향을 주었다. 두 작품은 붓에 물감을 묻혀 물감이 없어질 때까지 계속 점과 선을 그린 작품으로, 작가는 이를 통해 존재의 탄생과 소멸의 과정을 표현하고자 했다.

이우환은 특히나 최근 기사에서 많이 접했을 법하다. 미술품에 애착이 많은 것으로 알려진 방탄소년단BTS의 멤버 RM본명 김남준은 2019년 6월 부산시립미술관 별관 '이우환 공간'을 찾아 "잘 보고 갑니다. 신생님.

저는 '바람'을 좋아합니다"라는 내용의 방명록을 쓰고 가 눈길을 끌기도 했다.

이우환은 2021년 3월 '현대문학' 3월호를 통해 고故 이건희 삼성그룹 회장에 대한 추도사를 공개하기도 했다. 그는 이 회장을 가리켜 "내게 이 회장은 사업가라기보다 어딘가 투철한 철인이나 광기를 품은 예술가로 생각됐다"고 회고하기도 했다. 이어 "멀리 떨어져 있어도 늘 마음이 통하는 벗이었는데 영원히 헤어지고 말았다"며 고인과의 인연을 드러내기도 했다.

이우환은 2001년 삼성문화재단 지원으로 독일 본시립미술관에서 대규모 회고전을 개최한 바 있다. 당시 전시회를 찾은 이건희 회장 부부는 이우환에게 "미술은 제 영감의 원천이다. 전람회를 보고 있으면 눈이 뜨인다"고 말했다고 전해진다.

박서보 1931~
. . . .

한국 미술의 살아있는 전설로 불리는 박서보는 1954년 홍익대학교 미술학부를 졸업하고 모교에서 회화과 교수와 학장을 역임했다. 1960년대부터 발표한 '묘법' 시리즈를 통해 단색화를 실천했다.

국내 최고의 미술대학으로 꼽히는 홍익대학교에서 교육자로서 활동하며 박서보는 굵직한 업적도 이뤄냈다. 그는 1986년부터 1990년까지 미대 학장을 맡으며 판화과와 예술학과, 미술학 박사과정 등을 신설했다.

그는 교수 재직 당시 강의실에 '교실 훈訓'을 써놨는데 그 내용은 다음과 같다고 한다. "첫째, 절대로 역사에 부채를 지지 말라. 둘째, 너희학생들끼리 서로 닮지 말라. 셋째, 지도교수를 닮지 말라." 그는 이 내용을 통해 제자들이 각자 자신만의 예술세계를 가지기를 기대했던 것이다.

교육 활동 외에 한국예술문화단체총연합회 부회장1977~1979과 한국미술협회 이사장1977~1980·고문1980 등을 지내며 한국 미술계 부흥을 위해 힘썼고, 1994년 서보미술문화재단을 설립했다.

박서보는 제2차 세계대전 후 프랑스를 중심으로 펼쳐진 회화운동인 앵포르멜Informel·기하학적 추상을 거부하고 미술가의 즉흥적 행위와 격정적 표현을 중시한 전후 유럽의 추상미술 운동에 앞장섰다. 이후 1961년 세계청년화가 파리대회에 참가한 뒤 추상 표현주의 미학을 바탕으로 서양문화에 저항하는 〈원형질原形質, 원형질 No.1-62〉 시리즈를 전개했다. 이 시리즈에는 전쟁에서 살아남은 사람들의 처절함 등이 극명하게 나타나 있다. 1960년대 중반부터는 현대인의 번잡스러운 형상을 표현한 〈허상虛像〉시리즈를 선보였다.

1970년대 이후부터는 묘법描法, 묘법 No.080618 회화를 추구했다. 특히 이 묘법을 통해 박서보의 작품 세계가 정점을 이루었다는 평을 받는다. 박서보는 연필이나 철필로 선과 획을 반복적으로 긋는 묘법을 통해 무위자연의 이념을 표현하고자 했다. 특히 1980년대 이후의 묘법은 '후기 묘법'으로 분류되는데 종이 대신 한지를 이용했다는 특징이 있다. 한지 조각을 물에 불려 캔버스에 붙이고 그 위에 연필, 꼬챙이 등으로 지그 재그 선을 긋는다. 작품은 한지의 오돌도돌한 자국과 미세한 굴곡 등이 담긴다.

미술 작품의 가치를 알기 위해서는 작가의 작품세계, 작가의 가치관을 아는 것이 중요하다고 앞에서 언급했다. 인스타그램을 통해 작품과 작가를 검색해볼 것을 권하기도 했는데 박서보 작가야말로 이같은 방법을 통해 정보를 얻기에 매우 적합한 작가라 할 수 있다. 박서보 화백은 개인 인스타그램 계정을 운영하고 있는데 해당 계정에서 본인의 일상 사진과 글을 올리며 가치관 등을 드러내고 있으니 유의깊게 살펴보자.

데미안 허스트 Damien Hirst · 1965~

영국의 예술가로, 죽음에 대한 성찰을 담고 있는 작품으로 최근 미술 시장을 뜨겁게 달구고 있다.

1986년부터 1989년까지 런던 골드스미스 대학에서 수학한 뒤 1988년 여름 골드스미스 학생들과 함께 기획한 전시회 '프리즈Freeze'전을 계기로 주목받기 시작했다. 이들은 영국 현대미술에서 yBayoung British artists로 불리며 영국 현대미술의 부흥을 이끌고 있다는 평가를 받는다.

허스트는 1991년 첫 개인전을 열었다. 당시 허스트는 〈살아있는 자의 마음속에 있는 죽음의 육체적 불가능성The Physical Impossibility of Death in the Mind of Someone Living〉이라는 작품을 선보여 큰 반향을 일으켰다. 이 작품은 죽은 상어를 포름알데히드 용액이 가득 찬 유리 진열장 속에 매달고 모터를 연결해 움직이도록 연출한 작품이다.

허스트는 1995년 런던 테이트 갤러리가 매년 최고의 작가에게 수여하는 '터너상'을 수상하기도 했다. 또한 베네치아 비엔날레 등 각종 국제전에 출품하기도 했다.

허스트의 작품 주제는 '죽음'으로 관통된다. 어찌 보면 예술에서 흔한 주제라 할 수 있음 이 주제가 특히 논란이 된 것은 허스트이 표현 방식이 다소 직접적이고 충격적이었기 때문이다. 미술계에서는 허스트에 대해 '악마의 자식', '엽기적인 예술가' 등 가혹한 평이 나오기도 하는 이유다. 특히 일부 비평가들은 허스트가 자신의 작품을 홍보하기 위해 고의적으로 자극적인 소재들을 선택한다고도 보고 있다. 다만 작품 이면에 숭고함과 비장함이 깃들어있어 죽음에 대한 경고와 성찰을 불러일으킨다는 평가도 받는다.

허스트의 회하 작품은 크게 두 가지로 분류된다. 첫째는 〈스핀Spin〉 페인팅 시리즈다. 이 시리즈는 물감을 원형의 캔버스 위에 엎지른 뒤 그것을 고속을 회전시켜 제작한 것이다. 또 다른 〈스팟Spot〉 시리즈는 단일 색깔의 점을 격자 형태로 질서정연하게 배치한 작품으로, 보는 이들에게 안정감을 제공한다.

쿠사마 야요이 1929~

일본의 설치미술가로, 1947년 교토시립예술학교에 입학한 뒤 1952년 첫 개인전을 개최한 이후 현재까지 작품 활동을 펼치고 있다. 그는 망^{net}과 점^{dot}으로 이루어진 작품을 통해 미술계의 주목을 받았다. 대표 작품으로는 〈호박〉, 〈무한 거울의 방〉 등이 있다.

쿠사마의 작품은 강박증과 환영이라는 주제를 다룬다. 이 주제가 끊임없이 반복되는 물방울 무늬를 통해 작품으로 나타나는 것이다.

그는 1957년 뉴욕에 정착하며 국제 미술계에 이름을 알렸다. 당시 뉴욕에서 누드 퍼포먼스 등으로 주목을 받기도 했고, 성 해방, 동성애 등의 이슈에 관심을 두기도 했다. 이후 정신질환이 재발해 1973년 다시 일본으로 돌아와 도쿄의 한 정신병원에서 생활하면서 병원 앞에 작업실을 마련하고 작품 활동에 매진했다.

쿠사마 작품은 작가의 강박증과 환각 증세를 치료하기 위한 자신만의 치료법이라는 평가도 있다. 동일한 문양이나 요소를 끊임없이 반복하며 스스로를 해방시키고 카타르시스를 느낀 것이다. 실제로 쿠사마는 본인에 대해 "나는 나를 예술가라고 생각하지 않는다. 나는 유년시절에 시작되었던 장애를 극복하기 위해 예술을 추구할 뿐이다"라고 말하기도 했다.

이 때문에 쿠사마의 예술은 자전적, 자기발견의 과정으로 평가받기도 한다. 한편에서는 강박증의 환각에 시달리는 삶과 세상과 삶의 투쟁이 쿠사마의 작품에 담겨있다는 평가도 나온다. 그는 1993년 베니스비엔날레 일본관에 초대 일본 대표로 참여해 수상했다. 또 2003년 프랑스 예술문화 훈장을 받기도 했다.

1. 미술품 정보를 한눈에 볼 수 있는 사이트를 자주 방문하자

소수점투자를 통해 미술품 투자에 막 입문한 '아트 초보자'라면 어디서 미술품시장에 대한 정보를 얻어야 할지 막막할 수 있다. 갤러리나 아트페어를 간다고 해서 내가 관심갖고있는 작가의 작품을 바로 볼 수 있는 건 아니다. 그렇다면 어디서 어떻게 시장조사를 할 수 있을까. 답은 온라인 세계에 있다.

케이아트프라이스kartprice.net에서는 국내외 유명작가의 작품거래 내역과 작가별 낙찰총액순위, 낙찰건수 순위 등을 확인할 수 있다. 해당 사이트 내 '작품가격분석 리포트'라는 코너를 읽다 보면 미술품 시장의 흐름이 어느 정도 잡힌다. 이 사이트에서 작가 이름이나 작품명을 검색하면 관련 정보도 볼 수 있다. 시장을 읽기에 매우 유용한 정보들이 뜬다. 예를 들어 '이우환'을 검색하면 최근 5년간의 낙찰액, 낙찰 건수, 작품 등이 뜬다. 일반 검색포털에서는 작품 가격 등이 한꺼번에 다 뜨지는 않는데 이곳에서 검색해 살펴보면 빠른 시간 안에 많은 정보를 취합할 수 있다.

앞서 미술품 소수점투자 플랫폼으로 소개했던 아트앤가이드는 매주

뉴스레터를 통해 미술품 시장 소식을 전한다. 특히 월별로는 국내 경매 시장 흐름과, 아트앤가이드에서 진행된 공동구매 작가들의 경매결과를 전한다. 만약 아트앤가이드를 통해 공동구매에 참여했다면 특히 눈여겨볼 만하다.

이외에도 미술계 이슈와 관련된 기사도 첨부해 전송하는데, 추후 소수점 투자에서 한 발짝 더 나아가 미술품 경매 등에 직접 참여할 의사가 있다면 관련 기사 등을 유심히 살펴보자. 2021년 9월 월간 리포트에서 아트앤가이드는 '케이옥션'이 코스닥 상장에 도전할 예정이라는 소식과 백화점업계가 미술품 판매 사업을 확대하고 있다는 소식, 삼성문화재단이 운영하는 리움미술관과 호암미술관이 2021년 10월 8일 재개관한다는 소식 등을 전했다. 모두 미술품 시장에서 큰 이슈이니 꼭 챙겨 읽어보고 하나의 기사만으로 정보가 부족하다는 생각이 들면 추가 기사나 정보를 찾아보도록 하자. 모든 투자의 기본은 업계에 대한 사전 조사다.

2. 초보자라면, 걱정이 많다면 적은 금액의 작품을 노리자

투자 초보자라면 손실 위험에 대해 걱정도 더 클 것이다. 처음부터 많은 금액을 투자하려 하지 말고 부담스럽지 않은 작품에 소액만 투자해보자. 일례로 아트앤가이드에서 진행된 줄리안 오피Julian Opie의 〈Running〉 작품은 2021년 3월 26일 공동구매가 진행됐으며, 공동구매 금액이 110만 원이었는데 2021년 7월 16일 130만 원에 매각돼 18.2% 의 수익률을 올렸다. 보유기간도 112일로 4달 남짓에 불과했다.

2021년 2월 10일 공동구매가 진행된 문형태의 가지치기는 160만 원 에 공동구매가 진행됐는데 2021년 6월 18일 240만 원에 매각됐다. 이 역시 보유기간이 128일로 짧은 편이었으면 총 50.0%의 수익률을 올리 게 됐다. 이처럼 소규모 상품 역시 꽤나 높은 수익률을 올릴 수 있으므 로 무시하지 마시라. 하지만 소액상품의 경우 소수점 투자할 수 있는 금액 역시 적으니 수익금 자체는 적을 수 있다.

5장

왕초보
따라 하기:
한우 투자

투자난이도	★★★☆☆
자본금	★★★★☆
재미	★★★★☆

추천 대상

수익 실현 시점이 예상 가능하기를 바라면서 축산업과 생활물가에 관심이 있는 투자자

최소 자금

4만 원부터 투자 가능

성공사례

대학생 A씨는 12만 원으로 송아지 세 마리에 투자했다. 첫 투자이니만큼 분산투자가 좋을 것이란 생각에 한 송아지에 몰아서 투자하지 않고 일단 나눠서 투자한 것이다. 손실이 날 가능성이 낮은 안전한 투자를 선호하는 A씨는 한우투자의 경우 원금 보장 가능성이 높다고 생각해 이 투자처를 택했다. 특히 감염병 등 재해로 인해 송아지에 문제가 생기더라도 보험처리가 된다는 것이 매력적인 투자처로 느껴졌다. 송아지가 모두 성장해 경매에 넘겨지기 전까지 A씨는 투자금을 중간에

뺄 생각은 없다. 일단 소 도매가격 추세 등을 살피며 추가 공모에 참여할지를 결정할 예정이다.

30대 초반 직장인 B씨는 100만 원을 송아지에 투자했다. 각각 40만 원, 60만 원씩 두 마리에 투자했다. 할아버지가 축산업에 종사하고 있기에 소 산업이 특히나 친근하게 느껴졌다. 소에 대한 배경지식이 있는 건 아니지만 무엇보다 주식, 펀드 등과 달리 소 자체가 눈에 보인다는 것 자체가 안정적으로 다가왔다. 꾸준히 물가는 오르고 특히 올해 들어 각종 소비자물가가 오르는 것을 보며 소 가격 역시 장기적으로는 오를 수 밖에 없을 것이라고 판단했다.

마트에서 파는 그 한우에 '투자'를 한다?

한우 소수점 투자 뭐기에

"한우 먹자." "한우 쏴라." 누군가에게 좋은 일이 생기면 자주 하는 말이다. 좋은 일이 있을 때 먹는 음식의 대명사가 될 만큼 한우는 비싸고 고급스러운 음식이다. 이런 한우에 투자를 한다고? 신선식품인지라 보관기관도 짧을 텐데 어떻게 투자를 해서 묵혀둔다는 건지 이해가 안 갈 터. 한우 투자는 마트나 백화점에서 판매하고 있는 냉장고 안의 한우에 투자하는 것이 아니라 큰 소가 되기 전의 송아지에 투자하는 것이다. 한우 투자의 장점 중 하나는 명품·스니커즈와 같이 '송아지' '소'라는 투자 대상이 현물로 눈에 보인다는 점이다. 국내에서는 2020년 10월 설립된 스탁키퍼라는 회사가 운영하는 '뱅카우'라는 플랫폼이 한우

소수점투자 플랫폼으로 많이 쓰이고 있다.

한우는 주로 좋은 일이 있을 때 먹는 음식인 만큼 고가이기는 하지만, 이 고가의 대상에 투자하는 주체는 주로 2030이다. 2021년 9월 말 기준으로 뱅카우에서는 총 세 차례 공모가 진행됐는데 이 가운데 1차 펀딩에 참여한 투자자의 연령대는 20대가 33.3%, 30대가 48.9%였다. 2030이 82.2%를 차지한 셈이다. 2차 펀딩에서도 2030의 비율은 81.2%에 달했다.

뱅카우로 보는 한우 소수점 투자

평균 수익률 19.7%

뱅카우는 농가생산자와 일반 투자자소비자가 한우 사육에 공동으로 투자할 수 있도록 연결하는 플랫폼이다. 한우 사육에 왜 굳이 공동으로 투자하냐고? 한우를 키운다는 생각보다 많은 비용이 들어간다. 농가는 통상 한우 한 마리를 사육하는데 약 1,000만 원의 비용을 지출한다. 이 사육비를 감당하기 위해 농가는 대출제도를 이용하기도 한다. 농가 입장에서는 소수점 투자를 통해 이자 없이 돈을 조달할 수 있는 셈이고, 투자자 입장에서는 투자 수익을 공유할 수 있다는 장점이 있다.

특히 투자자가 송아지 한 마리에 드는 비용을 모두 투입할 필요가 없다는 점이 큰 장점이다. 갑자기 1,000만 원을 모두 투자하라고 한다

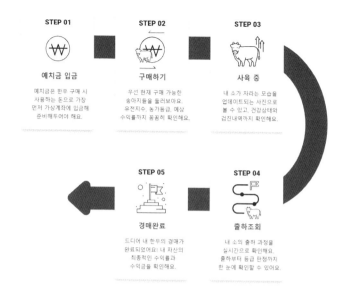

STEP 01

예치금 입금

예치금은 한우 구매 시 사용하는 돈으로 가장 먼저 가상계좌에 입금해 준비해두어야 해요.

STEP 02

구매하기

우선 현재 구매 가능한 송아지들을 둘러보아요. 유전지수, 농가등급, 예상 수익률까지 꼼꼼히 확인해요.

STEP 03

사육 중

내 소가 자라는 모습을 업데이트되는 사진으로 볼 수 있고, 건강상태와 검진내역까지 확인해요.

STEP 05

경매완료

드디어 내 한우의 경매가 완료되었어요! 내 자산의 최종적인 수익률과 수익금을 확인해요.

STEP 04

출하조회

내 소의 출하 과정을 실시간으로 확인해요. 출하부터 등급 판정까지 한 눈에 확인할 수 있어요.

면 투자 초보자에게 부담스럽겠지만 뱅카우에서는 최소 금액 4만 원부터 투자할 수 있다. 투자 가능한 최대금액은 따로 정해져 있지 않다. 2021년 9월 기준으로 뱅카우가 펀딩한 송아지가 큰 소가 되어 경매로 넘겨진 사례는 아직 없지만 뱅카우는 통계청 한우생산비조사를 기반으로 소 한 마리당 평균 수익률을 약 19.7%로 예상했다.

투자 대상이 되는 송아지는 6개월령의 송아지다. 투자자들이 공동으로 송아지를 구입하지만 송아지 사육은 농가가 전담한다. 농가는 투자자로부터 투자받은 금액을 토대로 약 2년간 송아지를 성체로 키우고 경매로 넘긴다. 이후 사료값 등 제반 비용을 제외한 수익을 투자자와 나눠 갖는다. 2021년 9월 기준으로 뱅카우에서 세 차례에 걸쳐 진행된 펀딩 금액은 약 4억 5,000만 원 규모이며 투자 대상 송아지는 총 89

마리다. 경매 시점에 내가 투자한 소의 품질에 따라 수익률은 투자자의 기대에 못 미칠 가능성도 있다.

서비스가 출시 초기 단계라 아직 수익이 실현된 사례는 없지만 반응은 뜨겁다. 2021년 5월 말 진행된 1차 펀딩은 12일 만에 완료됐고 7월에 진행된 2차 펀딩은 첫날에만 1억 원이 모였으며 같은 달 14일 한우 자산 2억 원이 완판됐다. 8월에 진행된 3차 펀딩은 23일과 30일에 각각 1억 원, 5,300만 원 규모로 진행됐다. 선착순으로 투자에 참여할 수 있는 탓에 기회를 놓친 투자자들도 있는데 뱅카우는 2021년 10월 중순께 진행되는 4차 펀딩 규모를 4억~5억 원 규모로 확대할 예정이다.

투자자는 본인이 투자한 소가 자라는 모습을 앱을 통해 사진으로 볼 수 있다. 또 건강상태와 검진 내역 등도 확인해 투자대상소의 가치 변화를 지켜볼 수 있다. 이후 앱에서는 소의 출하, 등급 판정, 최종 수익률과 수익금 등의 정보를 제공한다. 6개월령의 송아지는 2년 후 경매를 통해 현금화되는데 이때 투자에 따른 수수료는 2% 발생한다. 즉, 100만 원을 투자했다면 2만 원을 수수료로 뗀다는 얘기다. 주의할 점은 한우 경매가 이뤄지기 전까지 투자금을 빼면 손해가 발생한다는 점이다. 뱅카우는 경매가 이뤄지기 전 투자금을 빼는 투자자에겐 약 10%를 페널티로 차감하고 90%만 돌려준다. 뱅카우를 통해 한우에 투자하려면 약 2년간은 돈을 묶어둘 생각으로 투자해야 한다는 의미다.

뱅카우로
한우에 투자하기

회원가입 후 예치금 입금

뱅카우 플랫폼을 이용하기 위한 첫번째 단계는 회원가입이다. 회원가입 절차는 간단하다. 이동통신사와 휴대번호를 통해 본인인증을 한 뒤 이메일 주소를 입력하고 간편비밀번호 6자리를 설정하면 된다.

뱅카우 투자를 진행하려면 예치금을 미리 입금해야 한다. 앱 화면 내 우측 하단의 '내 정보' 페이지에 들어가면 국민은행 예치금 계좌가 뜬다. 이는 각 개인에게 주어지는 일종의 가상계좌로, 이 계좌번호에 예치금을 입금하면 추후 이 예치금을 투자에 사용할 수 있다. 투자에 사용하지 않은 예치금이나, 발생한 수익을 다시 내 계좌로 입금하려면 '출금계좌'를 입력해야 한다. '내 정보' 페이지의 '출금계좌'에 은행명과

계좌번호를 입력하면 된다. 예치금은 입금하는 즉시 투자에 사용할 수 있지만, 입금한 예치금을 인출하는 것은 예치 이후 다음 영업일부터 가능하다. 예치금을 즉시 인출할 수 없다는 점을 고려해 예치금으로 입금하는 금액을 터무니없이 높게 설정하지는 말자. 뱅카우의 최소 투자금액은 4만 원, 최대 금액 제한은 없다는 점을 다시 한번 강조한다.

투자 대상 살펴보기

이제 투자를 위한 시스템적인 준비는 끝냈다. 투자 결정에 앞서 어떤 소와 농가에 투자할지 상품을 살펴보자. 뱅카우는 내가 투자할 송아지와 이 송아지를 사육할 농가에 대한 정보를 제공한다. 펀딩이 시작되면 '구매하기' 페이지에 투자할 수 있는 상품이 뜬다.

소와 농가에 대한 정보를 확인했다면 이제 본격적으로 입금해 투자를 해보자. 투자대상별 상세페이지에는 송아지의 체중, 유전지수, 농가 등급 등이 뜬다. 유전지수는 소의 유전정보를 종합해 나타낸 수치다. 아빠 소와 할아버지 소의 유전등급을 바탕으로 평가한다. 농가 등급은 작년 한 해 해당 농가가 생산한 평균 육량·육질 등급을 나타낸다. 이 정보를 바탕으로 뱅카우에는 소의 예상 등급과 예상 수익률이 뜬다.

투자 대상에 대한 정보를 확인하고 구매할 지분 비율을 선택하면 구매가 완료된다. 이후 모집 달성률이 뜨는데, 펀딩이 100% 완료되기 전

까지는 구매변경이나 취소가 가능하다.

내가 투자한 송아지가 궁금하다면

투자가 완료된 건은 본격적으로 송아지 사육에 들어가는데, 투자자로서 내가 투자한 소가 잘 자라고있는지는 궁금할 수밖에 없다. 생업 등의 문제로 시간을 내 투자자가 농가를 직접 방문해 소를 보기는 어려울텐데 뱅카우는 소가 자라는 모습을 앱에서 제공한다. 한우는 일반적으로 생후 26~34개월까지 자라기 때문에 이 기간 동안 사육이 진행된

다고 볼 수 있다. 다만 모든 송아지가 같은 속도로 성장하는 것은 아니라는 점은 알아두자.

'사육 중 둘러보기'에서는 펀딩이 완료돼 사육단계에 들어간 소와 농가 리스트가 뜬다. 본인이 투자한 송아지 외에 다른 농가의 송아지 성장 과정도 지켜볼 수 있는데, 추후 송아지에 재차 투자할 가능성이 있다면 다른 소의 성상 과정도 눈여겨보자.

'사육 중' 페이지에서는 해당 소에 대한 나의 지분, 소의 건강상태 등을 점검할 수 있다. 구제역검사, 브루셀라검사, 결핵검사 등의 결과를 건강검진란에서 확인해 내가 투자한 송아지의 건강사태도 꾸준히 확인할 수 있다. 주의해야할점은 앞에서도 언급했듯 건강상태가 안 좋아지더라도 경매에 부쳐지기 전에 투자금을 빼면 10%의 페널티를 제외하고 돌려받을 수 있다는 점을 기억하자. 이 페이지에서는 송아지의 현재 모습이 담긴 사진과 출하, 도축, 경매 예상 일정도 모두 확인할 수 있다.

출하 과정

이후 송아지가 모두 자라면 출하가 진행되는데 '마이뱅크' 내 '출하 중' 페이지에서는 내 소를 옮긴 운송인명이 뜬다. 이어 도축과 판정이 이뤄지면 도축장명과 중량·육질·육량 등 판정정보를 확인하자. 이렇게 등급판정

과 경매가 모두 완료되면 '마이뱅크' 내 '경매완료' 페이지에서 내 한우의 경매금액, 부대비용, 구매원가, 수익금액, 수익률, 나의 투자 수익률 등을 모두 확인할 수 있다.

내가 키우는 소에
문제가 생겼다면?

손실 가능성을 높이는 요인들

어느 투자든 수익 가능성이 있는 만큼 손실 가능성도 있는 법이다. 한우 역시 예상보다 성장이 더디고 결과적으로 낮은 등급을 판정받는다면 투자자가 손해를 볼 가능성이 있다. 무엇보다 중간에 전염병이 돈다거나 농가에 문제가 생겨 소가 폐사될 가능성도 아예 없지는 않다. 소와 관련된 전염병은 어떤 것이 있고, 이때 내 투자금은 어떻게 되는 걸까.

우선 뱅카우는 소의 건강검진 내역을 구제역검사, 브루셀라검사, 결핵검사 검긴 결과를 세공안다. 그만큼 소와 관련된 흔한 질병들이기 때문이다. 구제역은 소·돼지 등 발굽이 둘로 갈라진 우제류 가축이 감염

될 수 있는 전염병이다. 소가 구제역에 감염되면 1~2일 뒤 입술, 혀, 잇몸, 콧구멍, 발 등에 물집이 생긴다. 다리를 절고 침을 흘리기도 하며 식욕도 잃는다. 구제역은 호흡이나 배설물을 통해 전파되며 바람을 타고 바이러스가 수십 km를 이동하므로 전염 속도도 매우 빠르다. 치사율은 최고 75%에 이르는 등 매우 치명적이라고 할 수 있다.

구제역은 한번 발생하면 아주 빠른 속도로 번지는 만큼 한 축산 농가에서 발생하면 다른 축산 농가로 피해가 옮겨갈 가능성이 높다. 이 때문에 구제역에 감염되지 않은 가축을 보호하기 위해 구제역에 감염된 동물을 살처분하기도 한다. 우제류 동물 중 소가 특히 구제역 바이러스에 취약한 것으로 알려져 있다. 안타깝게도 구제역에 대한 특별한 치료법은 현재까지 없으며 확산 방지를 위해서는 검역을 철저히 하고 백신을 주사하는 것이 방법이다. 우리나라에서는 1934년 처음 구제역이 발생했다. 구제역 발생률은 겨울에 특히 높기 때문에 국내 방역당국은 겨울을 앞두고 하반기에 구제역 백신 일제 접종을 실시한다.

브루셀라병은 소, 돼지, 양 등 거의 모든 가축에게서 발병될 수 있는 질병으로, 유산을 일으키는 가축전염병이다. 즉, 브루셀라병에 걸린 가축은 임신 후반기에 유산을 하거나 사산 등을 하게 된다. 농림축산식품부에 따르면 소 브루셀라병을 예방하기 위해서는 12개월령 이상의 한우는 매년 정기 검사를 받아야 한다. 유산과 관련된 질병인 만큼 거세우는 정기 검사 대상에서 제외된다.가축시장 또는 농장 간에 기래되는 소와 도축장에 출하하는 소는 브루셀라병 검사증명서를 반드시 휴대해야 한다. 브루셀라병 검사를 하지 않고 소를 출하하는 가축의 소유자와 가축운송업자는 가축전염병 예방법 제 60조에 따라 1,000만 원 이하의 과태료를 내야할 수 있다.

주로 브루셀라병에 감염된 소는 유산·사산·불임 증상을 나타낸다. 유·사산 태아·분만시 태반 및 양수 등에 의해 전파되는 경우가 많으며, 브루셀라균에 오염된 사료, 물, 우유 등에 의해 경구·피부·결막감염되는 경우도 있다. 자연교미 또는 인공수정에 의한 생식기 감염도 주요 감염 경로 중 한다. 브루셀라병이 발생하면 감염소와 감염의심소를 다른 소들과 격리하고 이동을 제한해야 한다. 또 유산태아·태반 등은 다른 소들과 접촉을 차단하고 즉시 소독후 소각·매몰해야 한다.

세계동물보건기구에 따르면 멕시코·베네수엘라·인도네시아·남아프리카공화국 등 소 브루셀라 발생률이 높은 곳은 예방접종과 살처분 정책을 병행하고 있다. 우리나라는 비교적 발생률이 낮은 편이라 살처분 정책을 추진하고 있다. 이유는 1998년 백신을 접종한 임신우에서 유산이 발생한 사례가 있어 부작용 우려가 있다는 이유에서다. 하지만 브루셀라는 항생제로 치료하는 것도 힘들고 살처분에 따른 농가의 경제적 손실도 큰 탓에 농가에서는 예방접종이 필요하다는 목소리도 나온다.

소 결핵병은 결핵균에 의해 발생하는 질병으로, 감염 초기에는 특징적인 증상을 보이지 않지만 이후 소가 쇠약해진다. 병이 중증으로 발전하면 기침, 호흡곤란 등의 증상을 보이기도 한다. 주로 결핵에 감염된 소와 접촉하며 감염되는 경우가 많다. 이 때문에 소를 구입할 때 결핵 비발생농가의 소인지 여부와 질병검진카드를 확인해야 한다. 사육단계에서는 정기적으로 축사를 소독하고 다른 농장의 소와 접촉하지 않도록 하는 것이 좋다. 또 야생동물이 농장에 접근하는 것도 차단하는 것이 바람직하다.

축산 농가가 있는 지방자치단체는 보통 기간을 정해 한우 전두수를 대상으로 일제검사를 실시한다. 검사는 채혈을 통해 이뤄지며 확진 시 격리·억류·이동제한명령·살처분 등의 방역 조치를 시행하게 된다. 뱅카우를 통해 투자한 소가 위의 질병에 걸렸다면 어떻게 할까. 결과적으로 수익은 못내더라도 원금은 보장될 가능성이 높다.

뱅카우는 구제역 등 제1종 법정가축전염병이 발생해 한우가 폐사할 경우 투자 원금을 100% 보장한다. 이러한 경우를 대비해 한우 농가가 가축재해보험에 가입했기 때문이다. 농가 부주의로 소가 폐사해도 투자 원금은 보장한다. 단 보장방식은 보험 80%, 농가 20%로 원금을 보장하는 구조가 다르다. 투자하기에 앞서 보험제도 및 보장방식을 살펴보길 권한다.

소의 등급과
유통 과정

축산업 관련 기관 살펴보기

　주식을 한 주라도 사본 경험이 있는 사람이라면 내가 투자한 종목의 매매가가 어떻게 변하는지 시시때때로 모니터링해 본 경험이 있을 것이다. 물론 당장 집 근처 대형마트만 가도 한우 가격이 어느 정도 선에 판매되고 있는지 소매가를 파악할 수는 있겠지만, 우선 투자자에게 중요한 건 한우의 경매가다. 한우 경매가와 관련한 정보는 어디서 얻을 수 있는지 알아보자.

축산물품질평가원

우선 축산물품질평가원www.ekape.or.kr/이라는 기관을 소개한다. 이곳은 농림축산식품부 산하 공공기관으로 축산물 등급판정 업무를 맡는 기관이다. 1894년 4월 설치된 농업협동조합중앙회 등급판정소가 현재의 기관으로 바뀐 것으로, 2001년 7월 '축산물등급판정소'라는 명칭의 별도 법인으로 독립했고 2010년 1월 현재의 명칭이하 품질평가원으로 다시 바뀌었다.

품질평가원의 주요 업무는 △축산물 등급판정 △축산물 등급에 관한 교육 및 홍보 △축산물 등급판정 기술의 개발 △축산물품질평가사의 양성 △축산물 등급판정·품질평가 및 유통에 관한 조사·연구·교육 홍보사업 △가축 및 축산물 이력제에 관한 업무 등을 담당한다. 축산업과

관련해서는 매우 중요한 업무들을 담당하는 셈이다.

마트나 정육점에서 고기의 상태만 보고 질 좋은 고기와 좋지 않은 고기를 식별할 수 있는 소비자가 얼마나 될까. 소비자의 현명한 소비를 돕기 위해 운영하는 제도가 바로 축산물등급제도다. 이 제도는 쇠고기·돼지고기·닭고기·오리고기·계란 등 축산물의 품질을 정부가 정한 일정 기준에 따라 구분해 품질을 차별화하는 제도다. 소에 투자하는 투자자 입장에서는 좋은 등급을 받아야 수익률이 높아지는 만큼 특히나 이 등급은 중요하다고 할 수 있다.

소고기 등급판정은 육질등급과 육량등급으로 구분한다. 모든 국내산 소고기는 등급판정을 받아야만 유통될 수 있다. 육질등급은 고기의 품질 정도를 나타낸다. 소비자 선택 기준으로 1++, 1+, 1, 2, 3등급으로 구분한다. 육량등급은 소 한 마리에서 얻을 수 있는 고기의 양이 많고 적음을 뜻한다. 육량등급은 A, B, C 등급으로 구분한다. 현재 등급제도는 과거 마블링 중심의 등급체계의 단점을 보완하기 위해 개편됐다.

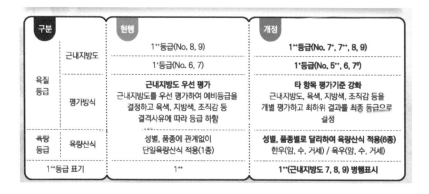

구분		현행	개정
육질등급	근내지방도	1++등급(No. 8, 9)	1++등급(No. 7+, 7++, 8, 9)
		1+등급(No. 6, 7)	1+등급(No. 5++, 6, 7+)
	평가방식	**근내지방도 우선 평가** 근내지방도를 우선 평가하여 예비등급을 결정하고 육색, 지방색, 조직감 등 결격사유에 따라 등급 하향	**타 항목 평가기준 강화** 근내지방도, 육색, 지방색, 조직감 등을 개별 평가하고 최하위 결과를 최종 등급으로 설정
육량등급	육량산식	성별, 품종에 관계없이 단일육량산식 적용(1종)	**성별, 품종별로 달리하여 육량산식 적용(6종)** 한우(암, 수, 거세) / 육우(암, 수, 거세)
1++등급 표기		1++	1++(근내지방도 7, 8, 9) 병행표시

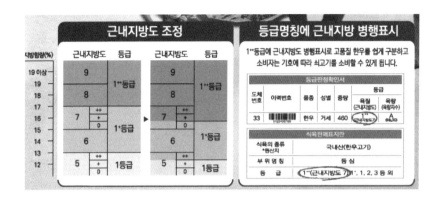

　품질평가원의 주요 사업영역 중 하나는 소고기 이력제다. 소고기이
력제는 소의 출생에서부터 도축·포장처리·판매에 이르기까지의 정보
를 기록·관리해 위생·안전 문제가 발생할 경우 그 이력을 추적해 대
처하기 위한 제도다. 이 제도와 관련해서는 농림축산식품부·시도지
사·국립농산물품질관리원·농림축산검역본부·축산물품질평가원·위
탁기관 등이 각 역할을 나누어 담당한다. 기관별 세부 역할에 대해서는
홈페이지에 접속하면 확인할 수 있다.

　축산물 이력제는 사육·도축·포장처리·판매단계에 따라 각 업무가
진행된다. 사육단계에선 출생^{수입·수출} 신고와 양도·양수 및 폐사 신고
가 이뤄진다. 도축 신청이 접수되면 개체식별번호를 확인하고 위생검
사 및 도축을 진행한다. 이후 등급 판정 등이 이뤄진다. 포장처리단계
에서는 발골·정형_{모양을 잡는 작업}이 이뤄지며 이어 부위별로 포장돼 판매
장으로 반출된다. 판매단계에선 소분할 작업이 신행되고 이어 이력번

호를 게시해 판매하게 된다. 이력 정보는 스마트폰 어플, 인터넷 등을 통해 모두 공개된다.

· 사육단계

출생(수입, 수출) 신고	양도·양수, 폐사 신고	변경 신고
·송아지 출생 시 위탁기관에 서면으로 신고(5일 이내)하고, 귀표 부착 (30일, 육우는 7일 이내) · 귀표부착 후 이력관리시스템에 정보 입력	·소의 양도·양수, 폐사 시 위탁기관에 신고 (5일 이내) · 도축을 위해 출하할 경우도 도축장에 출하농가 인적사항 및 이력번호 등 정보를 도축검사신청서에 기재 통보	·기 신고된 사항 중 개체식별대장의 내용을 변경, 누락 오류의 수정을 하고자 하는 경우 신고

· 도축단계

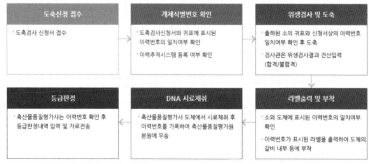

도축신청 접수	개체식별번호 확인	위생검사 및 도축
·도축검사 신청서 접수	·도축검사신청서와 귀표에 표시된 이력번호의 일치여부 확인 · 이력추적시스템 등록 여부 확인	·출하된 소의 귀표 및 신청서상의 이력번호 일치여부 확인 후 도축 · 검사관은 위생검사결과 전산입력 (합격/불합격)

등급판정	DNA 시료채취	라벨출력 및 부착
·축산물품질평가사는 이력번호 확인 후 등급판정내역 입력 및 자료전송	·축산물품질평가사 도체에서 시료채취 후 이력번호를 기록하여 축산물품질평가원 본원에 우송	·소와 도체에 표시된 이력번호의 일치여부 확인 · 이력번호가 표시된 라벨을 출력하여 도체의 갈비 내부 등에 부착

· 포장처리단계

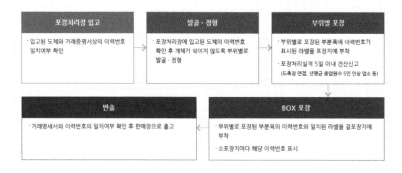

포장처리장 입고	발골·정형	부위별 포장
·입고된 도체와 거래증명서상의 이력번호 일치여부 확인	·포장처리장에 입고된 도체의 이력번호 확인 후 개체가 섞이지 않도록 부위별로 발골·정형	·부위별로 포장된 부분육에 이력번호가 표시된 라벨을 포장지에 부착 · 포장처리실적 5일 이내 전산신고 (도축장 연접, 년평균 종업원수 5인 인상 업소 등)

반출	BOX 포장
·거래명세서와 이력번호의 일치여부 확인 후 판매장으로 출고	·부위별로 포장된 부분육의 이력번호와 일치된 라벨을 겉포장지에 부착 · 소포장지마다 해당 이력번호 표시

- 판매단계

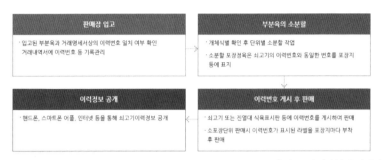

출처: 품질평가원 홈페이지

농협 축산정보센터

두 번째로 소개하는 사이트는 농협 축산정보센터livestock.nonghyup.com다.

이곳에서는 소 가격 동향과 각종 가축통계 등을 살필 수 있다. 가격 정보 카테고리는 월별가격동향, 일별가격동향, 축산물가격정보 카테고리로 이뤄져있는데 월별가격동향에서는 산지별가격동향, 서울도매가격, 소전국도매가격, 소비자가격 등을 살펴볼 수 있다.

일별가격동향 카테고리는 실시간 경락가격, 도매시장 지육 경매가격, 출하시 예상 수취가격을 볼 수 있다. 실시간 경락가격은 가축별 현재 경매 중인 가격을 조회할 수 있는데 소에 투자한 투자자라면 이 카테고리에 특히 관심이 많을 것으로 예상된다.

실시간가격

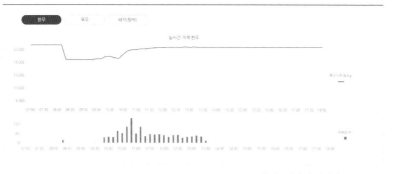

출처: 실시간 경락가격 화면 캡처

축산물가격정보 카테고리에서는 가축시장 소 거래현황란을 통해 전국의 한우거래가격과 출하 두수를 일자별로 제공하니 이 부분도 참고해보자.

1. 소의 생김새를 잘 살펴보자

뱅카우를 통해 소에 투자할 때는 통상 6개월령의 송아지에 투자하게 된다. 이때 송아지가 어떻게 생겼는지 보면 나중에 다 자라 어느 등급을 받을지 일정 부분 예상할 수 있다. 완전히 일치한다고 볼 수는 없지만 생김새와 등급의 연관성이 어느 정도 있기 때문이다. 그렇다면 어떻게 생긴 소가 높은 등급을 받을 가능성이 높을까.

얼굴을 봤을 때는 균형이 잘 맞는 얼굴이 좋은 송아지라 할 수 있다. 균형은 가로와 세로의 비율을 의미하는데, 얼굴이 가늘고 좁은 것은 그리 좋은 평가를 받지 못한다. 또 입과 콧구멍 역시 작은 것보다는 큰 것이 좋다. 소의 뒷모습을 살펴보면 또 힌트를 얻을 수 있다. 소의 넓적다리는 넓고 튼실한 것을 고르도록 하자. 일반적으로 어떤 모습의 소가 더 건강하게 보일지를 상상하면 쉽다. 등 모양은 평평하고 굴곡지지 않은 등을 가진 소를 고르자. 등이 볼록하거나 오목한 것은 좋지 않다. 배가 너무 늘어진 것 역시 좋지 않으며, 늑골 사이의 간격이 넓은 소가 좋다.

2. 송아지 몸무게를 살펴보자

송아지 몸무게는 그냥 '숫자'가 아니다. 송아지 체중은 송아지의 현재 발육 상태를 판단할 수 있는 척도로 사용되기도 한다. 통상적으로 체중이 높을수록 송아지 경매가격이 높을 가능성이 크다. 체중이 많이 나가면 도축 후 얻을 수 있는 도체의 양도 많을 가능성이 크기 때문이다. 다만 육질이 보장되는 것은 아니기에 무조건적인 기준이 되는 건 아니다. 뱅카우 '이용가이드'의 '좋은 송아지 고르는 법'에서는 송아지의 종류와 월령별로 어느 정도 체중을 보이는지 확인할 수 있도록 서비스하고 있다.

3. 송아지 가격의 흐름을 파악하려면 큰 소의 도매시장 가격을 살펴보자

통상 큰 소의 도매가격이 상승하면 송아지 가격 역시 상승하는 경향이 있다. 최근에는 코로나19로 내식 수요가 늘고 재난지원금 지급이 맞물리며 한우에 대한 수요가 늘어 소고기 가격 역시 상승세를 보이고 있는 추세다. 소 도매가격은 앞서 언급한 농협 축산정보센터를 통해 확인할 수 있다. 이를 통해 전반적인 시장 흐름을 파악해보자.

6장

왕초보
따라 하기:
부동산 투자

투자난이도	★★★☆☆
자본금	★★☆☆☆
재미	★★★★☆

추천 대상

건물매각으로 인해 시세 차익이 생기기 전에도 배당금을 통해 꾸준하고

안정적인 수익을 원하는 투자자

최소 자금

5,000원부터 투자 가능

성공사례

서울 강남구에서 일하는 A씨는 매일 회사를 출퇴근하며 그 많은 강
남 건물에 공실인 곳은 별로 없다는 점이 신기했다. 점심시간 밥을 먹
으러 나가보면 직장인이 많은 것이 그 이유인 듯싶었다. 회사가 많은
만큼 임차수요도 높기 때문이다. 본인 눈으로 항상 이 지역을 봐온 탓
에 이곳에 부동산 투자를 하고 싶다는 생각을 했지만 월급으로는 턱도
없다는 것을 깨달았다. 이후 A씨는 2020년 12월 카사의 1호 공모인
'역삼 런던빌' 공모에 참여했고 50만 원으로 부동산 소수점투자를 시

작했고 두 차례 배당금을 받았다. 총 100DABS를 보유하고 있는 A씨가 받은 배당금은 각각 세전 금액으로 4,700원^{2021년 4월 말},3,800원^{2021년 7월 말}이다.

카사 1호 공모에 참여했던 B씨는 카사 3호 공모인 '역삼 한국기술센터'에도 참여했다. 1호 공모 당시에는 처음 접하는 서비스인지라 10만 원만 투자했지만 이번엔 금액을 10배 늘려 100만 원을 투자했다. 이유는 1호 공모 이후 받은 배당금이 만족스러워서다. 1호 건물과 관련해 B씨는 두 차례 3%대의 배당금을 받았는데 배당주기를 계산해보니 3호 건물을 통해 배당금을 받는다면 격월 단위로 배당금을 받을 수 있을 것이란 계산이 나와서다. 그는 앞으로도 공모 건물을 살피며 다달이 배당금을 받을 수 있도록 포트폴리오를 구성할 예정이다.

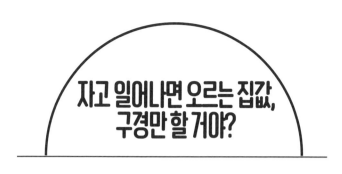

자고 일어나면 오르는 집값, 구경만 할 거야?

여러 사람이 모여서 집을 산다

우리나라 국민이라면 꼭 가지고 싶은 자산 중 하나가 부동산이 아닐까. 많은 사람들이 희망하고 있지만 실제로 내 집 마련을 하는 것은 쉽지 않은 일이다. 내가 사는 집을 구하는 것이 아니라 부동산에 투자하는 것 자체도 쉽지 않은 것이 현실이다. 부동산 조각 투자란 개인이 구매하기 어려운 고가의 빌딩 등 부동산을 다수의 투자자가 공동 구매해 소유권을 나눠 갖고, 나눠 가진 소유권만큼 발생한 수익도 나눠 갖는 것을 뜻한다. 다만 부동산 가격이 하락하면 원금 손실이 발생할 위험도 있다는 점을 기억하자.

모든 조각 투자가 그렇듯, 결국 투자 대상의 가격이 우리나 인 오르냐 여부가 수익률과 직결된다. 즉 부동산 조각 투자에서는 투자자가 투자한 부동산의 가격이 오르냐 안 오르냐가 중요하다는 의미다. 부동산 조각 투자 플랫폼 '카사'가 투자하는 부동산은 어떤 특징이 있는지 살펴보자. 부동산 시장에서 아파트 등을 분양받으려면 증거금이나 청약 금액이 있어야 한다. 하지만 조각 투자는 다르다. 증거금, 청약금액, 우선순위라는 것이 없다. 그저 선착순으로 투자할 뿐이다.

그만큼 접근성이 좋은 부동산 투자 방법, 조각 투자. 지금부터 '카사' 플랫폼은 무엇이고 어떤 시스템으로 돌아가며 어떻게 이용하는지 알아보자.

부동산만의 특징을 이해하라

카사람

건물지분
주식처럼
자유롭게
투자하라

모두를 위한 건물 투자 시장

카사는 국내 최초의 부동산 신탁 수익증권 거래 플랫폼이다. 금융위원회는 2020년 카사를 혁신금융서비스로 지정하기도 했다. 도심 상업용 빌딩은 소수의 고액 자산가와 기관투자자의 투자 영역이었는데 개인이 안전하고 편리하게 투자할 수 있도록 한 혁신적인 서비스라는 평가다. 이에 따라 2년간 하나은행, KDB산업은행 등 국내외 벤치 투자가로부터

약 200억 원의 투자금을 유치하기도 했다. 2021년 7월 기준 카사 플랫폼을 이용하는 투자자는 1만 1,200여 명으로 알려져있다.

현재 카사에서는 서울 지역의 건물 위주로 공모가 진행되고 있지만 조만간 부산 등 다른 지역의 건물에도 투자할 수 있을 것으로 보인다. 세종텔레콤은 2021년 11월부터 부산 블록체인 규제자유특구에서 블록체인 기반 부동산 DABS를 발행해 부산지역 부동산을 조각으로 투자할 수 있도록 상품을 내놓을 계획이다.

카사에서 거래하면 세금과 수수료는 얼마나 발생할까. 투자자는 임대수익 배당금에 대해서 배당수익의 15.4%를 소득세로 내야한다. 이 중 14%가 원천징수 소득세이며, 소득세의 10%인 1.4%가 지방소득세다. 이외에 플랫폼 수수료 0.2%도 별도로 발생한다.

DABS? 상장? 플랫폼에서 사용되는 기본 용어

카사에서 투자 및 거래를 하기 위해서는 몇몇 용어를 알아두는 것이 좋다. 다소 어색하게 느껴질 수 있지만 하나씩 살펴보면 그리 어렵지 않으니 단어의 뜻을 잘 익혀두고 거래할 때 진땀 빼는 일을 줄여보자.

우선 카사에서는 DABS맵스라는 단어를 사용한다. 카사는 '부동산 관리 처분 신탁계약에 따라 발생한 수익권의 공유지분'이라고 설명하는

데, 쉽게 말해 투자자가 구매한 '조각'이라고 생각하면 된다. 예를 들어 1억 원짜리 건물을 10만 원씩 1,000DABS로 나눠서 판매했다고하면, 한 조각당 10만 원의 가치가 있으며 총 1,000개 조각으로 나눠져 판매됐다고 보면 된다.

카사는 '상장'이라는 단어도 사용한다. 주식 시장에서 사용할 법한 단어를 왜 카사에서 사용하냐고? 실제로 비슷한 의미라고 보면 된다. 주식 시장에서 상장의 의미가 '주식을 거래하기 위해 거래소에 등록하는 일'이라고 한다면, 카사에서의 상장도 '카사 플랫폼에서 거래할 수 있는 자격을 부여하는 것'을 뜻한다. 거래 플랫폼·시장이 어디냐의 문제이지 결국 거래하기 위해 등록한다는 같은 의미다. 이 말은 결국 상장을 하면 거래할 수 있다는 얘기. 실제로 카사 공모에 참여해 DABS를 확보했다면 이후 카사에서 이 DABS를 사고팔 수 있다.

시스템 이해하기

미술품·명품·한정판 소수점 투자와 카사의 부동산 조각 투자 사이에는 크게 다른 점이 있다. 일반적으로 미술품·명품·한정판 제품의 경우 해당 플랫폼을 통해 결제하면 플랫폼을 운영하는 업체가 투자 물건이 재판매될 때까지 보관 및 관리하는 경우가 대부분인네 카사의 경우 업무가 나눠져 있다.

투자자 예탁금 관리는 하나은행이 맡으며, 카사는 디지털 수익증권 DABS의 공모 및 거래 서비스를 담당한다. 하나은행이 예탁금을 관리하는 만큼 카사 앱을 이용하려면 하나은행 계좌를 개설해야하고 해당 계좌를 앱과 연동시켜야 한다. 수익증권 발행 및 건물보증, 관리, 운영, 임대수익 집행은 등기부등본상 건물 소유자인 한국토지신탁 및 한국자산신탁 등이 맡는다.

대부분의 소수점 투자가 그렇듯, 소수점 투자자는 애초에 플랫폼이 선정한 소수의 매물에 투자하게 된다. '투자하느냐 마느냐'는 투자자가 결정할 일이지만 투자 대상을 플랫폼이 추려놨다는 얘기다. 그렇다면 카사가 추려놓은 건물의 가치는 어떻게 평가되어 있을까.

카사는 국토교통부가 인증하는 감정평가법인 두 곳의 감정평가서를 기반으로 투자 건물 가치를 평가한다. 여기에 더해 외부전문가로 구성된 상장심의위원회를 거쳐 투자 대상 건물을 선정한다.

카사 공모에 참여하면 3개월마다 임대수익을 배당금 형태로 받게 된다. 미술품, 명품 및 한정판 제품 등이 한 번 팔려서 수익을 얻고 나면 끝나는 것과는 다른 점이다. 또 카사 앱에서 본인이 가진 지분DABS을 판매해 시세차익을 얻을 수도 있다.

카사의 투자수익 포인트는 총 세 가지다. 첫 번째는 시세변동에 따라 부동산을 매도해 차익을 실현하는 것이다. 일반적으로 아파트나 빌라 등 부동산을 샀다가 시세차익을 누린 뒤 수익을 내는 것과 같은 시스템이다. 두 번째는 조각DABS 보유시 3개월마다 받는 배당금이다. 이는 부동산 임대수익에 따른 배당금인데, 카사가 첫 번째로 거래를 진행한 '역삼 런던빌'의 경우 약 3%의 배당 수익률을 내고 있다. 세 번째는 조각 자체를 투자자가 구매할 때보다 더 높은 가격에 판매하는 것이다. 주식을 사고파는 행위와 비슷하다고 보면 된다.

투자자에도 단계가 있다

카사는 투자자를 일반투자자, 소득적격투자자, 전문투자자 등 총 3가지로 분류한다. 투자자 분류에 따라 카사에서 부동산에 투자할 수 있는 금액의 한도가 달라진다. 일반적으로 가입한 다음 일반투자자로 분류되면 2,000만 원 한도 내에서 투자할 수 있다. 소득적격투자자는 소득액이 더 많은 투자자를 의미한다. 구체적으로 근로소득 1억 원 초과, 사업소득 1억 원 초과시 소득적격투자자로 분류하며 4,000만 원 한도 내에서 투자할 수 있다.

전문투자자는 최근 5년 중 1년 이상 금융위원회가 지정한 금융투자상품의 월말 평균잔고가 5,000만 원 이상인 투자자를 뜻하며, 투자한도는 제한이 없으며 다만 청약 공모시 5% 한도로 투자할 수 있다. 예를

소득적격투자자

아래의 투자자격 요건을 확인하시고 6가지 중 고객님께 맞는 유형을 선택해주세요.

유형	투자자격 요건
근로소득	연간 근로소득이 1억원을 초과하는 경우
사업소득	연간 사업소득이 1억원을 초과하는 경우
근로, 사업소득	근로/사업소득의 합이 1억원을 초과하는 경우
이자배당소득	이자배당소득이 2천만원을 초과하는 경우
온라인 투자경험	최근 2년간 온라인소액투자중개(사모 제외) 5회 이상 투자 및 누적투자금액이 1천5백만원 이상인 경우
금융전문가	금융전문자격시험에 합격하여 금융투자전문 인력으로 협회에 3년 이상 등록되어 있는 경우

전문투자자

아래의 투자자격 요건을 확인하시고 투자자격 변경을 진행해주세요.

필수 요건	최근 5년 중 1년 이상 금융위원회 지정 금융투자 상품의 월말 평균잔고 5천만원 이상
	본인 소득액 1억원 이상 (부부합산 1억 5천만원 이상)
선택 요건	거주 부동산을 제외한 순자산 5억원 이상(부부 합산 가능)
	금융관련 전문지식 보유자

들어 공모 총액이 100억 원인 빌딩이 투자 상품으로 나온다면 5억 원 한도로 투자할 수 있는 것이다. 본인이 소득적격 투자자 또는 전문투자자의 요건에 해당되며, 더 많은 금액을 투자하고 싶다면 투자자격 변경을 신청하자. 카사가 투자 한도를 선정한 이유는 뭘까. 카사는 2020년 혁신금융서비스로 지정되며 투자자 자산을 보호하고 이상 과열을 사전에 예방하겠다며 이같이 한도를 설정했다.

투자자격을 변경하기 위해서는 투자자 본인이 관련 요건을 충족한다는 사실을 서류로 증빙하면 된다. 이를 위해서는 카사 앱 우측 상단의 '인물 모양 버튼'을 눌러 '계정'에 들어간 뒤 '투자자격 변경 신청'에 들어가 본인이 원하는 투자자격을 누르면 된다. 이후 본인이 어떤 투자자격 요건에 해당하는지 선택한 뒤 필요 서류를 제출하면 된다. 제출한

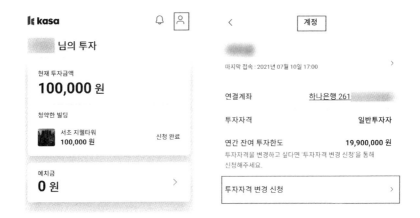

투자 자격을 선택해주세요.

변경을 원하시는 투자자격을 선택해주세요.

- 일반투자자
  투자한도: 연 2,000만원

- 소득적격투자자
  투자한도: 연 4,000만원

- 전문투자자
  투자한도: 제한없음, 단 청약 공모 시 5% 한도

필요 서류를 제출해주세요

아래의 구비 서류를 확인하시고 파일을 제출해주세요. 개인정보 보호를 위해 증빙서류 내 주민등록번호 뒷자리를 가리신 후에 제출해주시기 바랍니다.

근로소득증빙 (택 1)	본인 서명이 포함된 직전 과세연도 근로소득원천징수영수증 1~2 페이지
	소득금액증명원

파일 첨부 (최대 50MB)   +

0MB

파일 첨부는 pdf, jpg, png 형식만 가능합니다.

증빙서류는 접수 이후 최대 3영업일 이내에 심사가 완료되며 심사 결과는 문자를 통해 안내 받을 수 있다. 서류를 제출할 때는 개인정보 보호를 위해 증빙서류 내 주민등록번호 뒷자리를 지운 뒤 제출해야한다. 제출된 서류는 투자자격 변경 용도로만 사용되며 내부 방침 및 관련 규정에 따라 일정기간 후 파기된다.

부동산 조각투자 실제 사례 둘러보기

어떤 거래가 이뤄졌나

카사의 1호 상장 건물은 '역삼 런던빌'이다. 서울시 강남구 역삼동에 위치한 지하 1층, 지상 8층 규모의 100억 원대 신축 빌딩인 이 건물은 2019년 10월 완공됐다. 우선 미국 명문 사립학교 '프로비던스 크리스천 아카데미'의 첫 글로벌 분교인 'PCA 코리아'가 5년 장기임대로 단일 임차하고 있다. 특히 PCA코리아가 학교라는 점에서 임차인 역시 장기적인 관점에서 안정적인 교육여건 조성을 강조할 것이므로 빌딩의 임대수익 측면에서 안정성이 확보될 것으로 카사 측은 평가하고 있다.

공모 총액이 101억 8,000만 원이었던 이 공모에는 최소 5,000원부터 투자할 수 있었으며 총 7,000명 가량이 참여했으며 완판됐다. 이번 공

역삼 런던빌

📍 서울 강남구 역삼동 797-24

공모기간	20.11.25 ~ 12.04
공모대상	런던빌 101동 (수익증권)
공모금액	101억 8,000만 원
공모가	5,000 원

모에는 5,000원을 투자한 투자자부터 1억 원을 투자한 투자자까지 다양했다. DABS는 총 203만 6,000개로 나눠져 발행됐다. 특히 공모에 참여한 절반 이상[54%]가 20~30대 투자자인 것으로 알려졌다.

두 번째로 진행된 거래는 서울 서초구의 지웰타워 공모다. 공모 총액은 40억 원이며 총 80만 DABS로 발행됐다. 1DABS당 5,000원에 판매된 셈이다. 공모는 투자 시작 약 3시간 30분만에 완료됐다. 서초 지웰타워는 지하철 2호선과 신분당선의 환승역인 강남역과 교대역이 있는 더블 역세권에 위치한다. 2008년 9월 완공된 상업용 빌딩이며 건물 규모는 지하 5층~지상 15층 규모다. 이 가운데 카사가 상장한 건 건물 전체가 아닌 12층 한 층이다. 이 층에는 법률사무소 등이 입주해있으며 7년간 공실이 없었다.

서초 지웰타워

📍 서울 서초구 서초동 1678-4

공모기간	21.07.07 ~ 07.16
공모대상	지웰타워 12층 (수익증권)
공모금액	40억 원
공모가	5,000 원

카사로 부동산 조각투자 참여하기

카사 플랫폼을 이용하기 위해서는 우선 회원가입을 한 뒤 은행 계좌를 연결해야 한다. 현재 연결되는 은행은 하나은행뿐이므로 기존 하나은행 계좌가 없는 사람은 하나은행 계좌부터 개설해야 한다. 하나은행 계좌를 카사 계정과 연결하면 '일반 투자자' 자격이 주어진다. 앞서 말했듯 일반 투자자의 연간 투자한도는 2,000만 원이다. 본인의 소득 수준, 투자 성향 등에 따라 원할 경우 투자자격 변경 신청을 하자.

카사 부동산 조각투자에 참여하려면 카사 계정에 예치금을 미리 입금해놔야 한다. 카사 메인페이지의 '예치금'을 누른 뒤 '입금'을 선택해 입금할 금액을 입력하면 ARS 인증 작업이 진행된다. 전화가 오면 안내에 따라 숫자를 입력하자. 그럼 예치금 입금이 완료되고 해당 금액만큼

카사 부동산 투자에 참여할 수 있다.

이후 카사에서 진행되는 공모 일정을 잘 챙겨보자. 카사 플랫폼에 공모 일정이 미리 올라오기도 하지만 문자나 카카오톡 메시지를 통해 서도 일정을 전달받을 수 있다. 조각투자자는 대부분이 전업 투자자

공모 예정인 빌딩

가 아닐 터. 본업에 치이다 보면 투자 일정을 놓치기에 십상이니 문자나 카카오톡을 통해 일정을 문자로 안내받는 것을 추천한다. 보통 카사는 공모 이틀 전, 하루 전, 당일에 공모 소식을 문자 및 카카오톡으로 일정을 안내하며 예치금을 미리 입금해놓을 것을 권한다.

공모가 시작되면 카사 플랫폼 화면에 '공모중'이라는 컷이 붙은 투자 매물이 공개된다. '청약하기'를 눌러 공모에 참여해보자. 투자 금액을 입력하고 '투자설명서 확인'을 누르면 투자설명서가 문서로 뜨고 다

100,000 원
청약신청 완료

청약 처리 과정에서 수 초에서 최대 수 분
소요될 수 있습니다. 처리가 완료되면 알림을
보내드립니다.

빌딩명   서초 지웰타워
청약수량   20 DABS

확인

확인

시 '확인'을 누른 뒤 '청약 신청하기'를 누르면 투자 참여가 완료된다. 이후 카사 앱 메인 화면에는 투자자의 투자 내역이 뜬다. 또 카카오톡 채널을 통해서도 투자자가 몇 개의 DABS를 보유하게 됐는지 메시지를 보내주며 이후 청약 진행 상황을 계속 메시지로 보내준다.

부동산 펀드 '리츠'와의 차이점

리츠와의 차이점

부동산 소수점 투자를 보다 보면 '어디선가 들어본 거 같은데'라는 느낌이 들 수도 있다. 그도 그럴 것이 이미 '리츠'라는 이름으로 부동산 소수점 투자와 비슷한 형식의 투자가 이뤄지고 있기 때문이다. 리츠는 소액투자자들의 자금을 가지고 부동산에 전문적으로 투자하는 뮤추얼 펀드를 뜻한다. 부동산투자회사나 부동산투자신탁은 소액투자자들로부터 자금을 모아 부동산이나 부동산 관련 대출에 투자한 뒤 수익을 투자자들에게 배당한다.

리츠는 주로 안정적인 임대수익이 발생하는 상업용 부동산에 투자한다. 이유는 투자자에게 정기적으로 배당수익을 제공해야 하기 때문이다. 부동산이라는 실물자산에 투자했기 때문에 주식보다 가격이 안정적이라는 특징이 있다.

한국에서 리츠제도가 시행된 건 2001년 7월부터다. 올해로 20년이 된 셈인데, 그동안 리츠는 성장세를 보이며 나름 안정적인 부동산 투자의 한 축으로 자리잡았다. 국토교통부와 한국부동산원에 따르면 2021년 7월 기준 국내에는 307곳의 리츠 회사가 운영되고 있으며 자산 규모는 69조 원에 이르는 것으로 나타났다.

지난해 말 운용 중인 리츠의 평균 배당 수익률은 8.33%였다. 다른 금융 상품인 국고채$^{3년\ 만기,\ 0.99\%}$, 회사채$^{3년,\ 2.13\%}$, 은행 예금금리$^{1.05\%}$ 등과 비교하면 훨씬 높은 수익률이라 할 수 있다. 리츠는 정부의 주력 사업으로 각종 혜택도 받을 수 있다. 현재 정부는 리츠 배당소득에 9%의 낮은 분리과세를 적용해 세제 혜택을 주고 있다. 2022년부터는 뉴딜 인프라 리츠에 투자하는 경우 최대 투자금액 2억 원까지 저율 분리과세를 적용할 예정이다.

소액으로 상업용 부동산에 간접투자한다는 점에서 카사의 부동산 조각투자와 리츠는 매우 비슷해보이지만 이 둘은 약간의 차이가 있다. 리츠는 투자할 건물을 수탁사가 고르지만 카사에서는 투자자가 직접 본인이 투자할 건물을 선택할 수 있다는 차이가 있다. 투자 대상에도 다소 차이가 있다. 카사는 100억 원 단위의 중소형 빌딩을 주로 다루지만 리츠는 통상 1,000억 원이 넘는 대형 부동산을 다룬다.

리츠는 국내보다 해외에서 더욱 발달해 있다. 특히 미국 리츠시장은 전 세계 리츠시장 중 가장 큰데, 2021년 6월 기준으로 리츠 상장 종목은 300개, 규모는 2,000조 원에 달했다. 미국 상장 리츠의 지난 10여 년간 연평균 수익률은 13.59%였다.

강남, 서초 도대체 어떤 곳이야?

카사에서 진행된 초기 두건의 투자 건물은 서울 강남과 서초에 위치한 상업용 건물이다. 서울, 그중에서도 이 지역이 좋은 건 알지만 '부동산 투자'적인 관점에서 이 지역에서 무슨 일이 일어나고 있는지, 어떤 의미가 있는 곳인지 한 번 살펴보자.

2021년 1분기 기준으로 봤을 때 강남 상업용 빌딩은 그야말로 '돈이 몰리는 곳'이었다 정부가 주택규제 정책을 잇달아 내놓으며 아파트에 투자하는 것이 힘들어지자 그 투자수요가 상업·업무용 부동산에 몰리는 효과가 나타난 것이다. 특히 강남에는 사무실이 밀집해 있고 유동인구가 많은 만큼 지가상승률이 높고 향후 처분하기에도 편리하다는 장점이 있다.

실제 국토교통부 실거래 자료에 따르면 2021년 1분기 서울 상업·업무용 건물 거래액은 7조 2,537억 원을 기록했했다. 이는 전년 동기 대비 46.7% 늘어난 수치며, 2006년 이후 15년 만에 최대치인 셈이다. 거래량 역시 945건을 기록하며 전년 동기 대비 35.2% 증가한 것으로 나타났다.

1분기 빌딩거래를 건수별로 분석해보면 중소형 빌딩 거래가 450건으로 가장 많았다. 중소형 빌딩은 가격 10억~50억 수준의 빌딩을 가리킨다. 50억~100억 원 수준의 빌딩 거래는 187건, 10억 미만 수준의 빌딩 거래는 120건, 300억 원 이상의 빌딩 거래는 40건이었다.

그렇다면 가장 빌딩 거래가 활발했던 지역은 어디일까? 단연 강남구다. 강남구의 빌딩 거래량은 124건으로 가장 많았고 이어 종로구82건, 마포구76건, 중구68건 순으로 나타났다. 거래액 역시 강남구가 가장 많았다. 강남구 빌딩의 총 거래액은 1조 9,281억 원으로, 전체 거래액의 26.6% 수준이다.

거래액은 강남구가 1조 9,281억 원으로 가장 많았다. 전체 거래액의 26.6% 수준이다. 이어 서초구가 거래액 9,675억 원으로 뒤를 이었다. 두 자치구에서만 시내 전체 거래액의 약 40%를 차지했다.

그야말로 '억' 소리나는 거래. MZ세대는 목돈이 적어 적은 돈으로 소수점 투자를 하고 있는데, 온전히 빌딩 자체를 사거나 파는 거래는 도대체 누가 하고 있을까. 서울 상업용 건물을 매매하는 이들 중에서 이름만 대면 알 만한 연예인도 적지 않다.

다만 최근 많은 연예인들이 상업용 빌딩 처분에 나서며 부동산 업계에서는 '서울 상업용 빌딩이 정점에 달한 것이 아니냐'는 분석도 나온다. 아무래도 자산 운용 전문가의 조언을 받으며 재테크를 하는 이들인 만큼 연예인들이 건물을 판다는 건, 전문가들이 '지금은 건물을 팔 때'라고 풀이하는 것이 아니겠냐는 분석인 셈이다.

가수 비^{본명 정지훈}는 최근 서울 강남구 청담동의 본인 소유 빌딩을 495억 원에 매각한 것으로 알려졌다. 비는 이 빌딩을 2008년 7월 약 168억 5,000만 원에 사들인 것으로 전해진다. 이후 신축비용, 취득세, 등록세, 중개수수료 등 70억~80억 원에 달하는 각종 비용을 지출했음에도 결과적으로 큰 차익을 거둔 셈이다. 건물에는 카페, 식당, 미용실 등이 입주해 있었으며 비가 소유 당시 이 빌딩은 한 달 임대 수익만 1억 원에 달했던 것으로 전해진다.

비의 아내인 배우 김태희는 2014년 132억 원에 샀던 서울 역삼동 빌딩을 2021년 3월 203억 원에 매각했다. 개인 명의로 이 건물을 매입했던 김태희는 이후 2018년 12월 자신이 설립한 부동산임대업 법인으로 건물 소유권을 이전해 빌딩 수익을 관리해왔다.

강남·서초가 아닌 다른 지역의 건물에 투자한 배우도 물론 있다. 배우 하정우는 2018년 73억에 사들인 강서구 화곡동 스타벅스 건물을 2021년 3월 119억 원에 매각했다. 지하 1층, 지상 3층 규모인 이 건물은 스타벅스 입점 효과를 크게 본 것으로 전해진다. 특히 지하철 9호선 등촌역과 5호선 목동역 사이에 있어 유동인구도 많았던 곳이 긍정적인 영향을 미쳤다.

배우 전지현도 최근 건물 매각으로 수백억 원의 시세차익을 남겼다. 전지현은 2007년 86억 원에 매입한 서울 논현동 빌딩을 최근 230억 원에 매각했다. 14년간 발생한 시세차익은 144억 원. 이 건물은 지하철 7호선 학동역에서 도보로 5분도 채 안 걸리는 위치에 자리해 접근성도 좋은 것으로 알려졌다. 이 지역은 공실률이 낮은 지역인 덕에 매각하는 데 시간도 오래 걸리지 않은 것으로 전해진다.

가히 '상업용 빌딩 시장의 변곡점에 봉착한 것이 아니냐'는 지적이 나올 만한 연예인들이다. 실제로 정부가 비주택 담보대출도 LTV^{담보인정비율} 규제를 하기로 하면서 투자자들의 접근이 보수적으로 바뀌었다는 해석도 존재한다. LTV 규제가 없던 비주택 담보대출은 2021년 5월부터 LTV 70%로 제한됐고 토지거래허가구역에선 7월부터 LTV가 40%까지 줄어들었다.

다만 연예인들의 잇따른 빌딩 매각을 상업용 빌딩 투자 '끝물'로 바라보기에 무리가 있다는 의견도 있다. 이들이 매각한 빌딩이 이미 가격이 많이 오른 만큼 그저 차익실현을 하려는 매각이었을 뿐이라는 분석이다.

실제로 비는 최근 서초구 서초동의 빌딩을 920억 원에 매입했다. 청담동 빌딩은 처분했지만 다른 빌딩을 산 것이다. 이번에 비가 매입한 건물은 강남역 도보 2분 거리에 위치했으며 지하 2층, 지상 8층 규모다. 건물에는 병원과 한의원, 카페, 주얼리전문점, 신발가게 등이 입주해있으며 한달 임대료 수익만 2억 원이 넘는 것으로 알려졌다.

세입자가 아니라
투자가의 눈으로 보는 세상

부동산과 기술을 접목한 플랫폼, 뭐가 있을까

프롭테크는 부동산 자산property과 기술technology가 합쳐진 단어로, 첨단 정보기술IT과 부동산 서비스가 결합한 것을 말한다. 카사 플랫폼은 프롭테크의 대표적인 예시라고 할 수 있다. 주택 분양 홈페이지에서 일반적으로 볼 수 있는 사이버모델하우스도 프롭테크에 해당한다.

대통령 직속 4차산업혁명위원회는 2021년 6월 데이터특별위원회를 열고 중개인 소재지 정보를 포함해 공장·창고 등 건축물에 대한 실거래기 등 부동산 데이터를 순차적으로 공개하기로 했다. 또 그동안 민간이 활용하기 어려웠던 건축물 평면도 등 핵심적인 정보도 공개하기로 결정했다.

재테크는 정보 싸움이다. 앞으로 부동산 관련 정보가 플랫폼을 통해 공유될 예정인 만큼 이번 장에서는 프롭테크 플랫폼 몇 군데를 소개하고자 한다. 이 플랫폼들을 잘 활용해 부동산 정보를 얻고, 직접 계약하고 투자하는데도 활용해보자.

다방

다방은 2013년 7월 출시된 부동산 플랫폼으로 이미 국내에 많이 알려져 있다. 원룸, 오피스텔 등 부동산 매물을 찾아주는 부동산 애플리케이션이다. 다방은 2021년 중 언택트로 부동산 계약을 할 수 있는 전자계약서비스 '다방싸인' 도입을 준비 중이다. 이 서비스를 통해 다방 앱 사용자들은 앱을 통해 매물을 찾고 계약까지 진행할 수 있는 것이다.

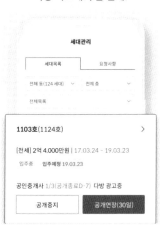

매물관리 업무 편리성

임대관리는 물론 광고관리도
다방 허브에서 한 번에!

우선 집주인이 임대인 전용 앱 '다방허브'에 전자계약 매물을 올리면 중개사는 해당 매물을 공인중개사 전용앱인 '다방프로'에 전송해 해당 매물을 다방 앱을 통해 광고할 수 있다. '다방'앱 사용자가 이 매물을 접한 뒤 계약을 요청하면 계약이 이뤄진다.

앱 사용자와의 신뢰도를 높이기 위해 디방은 사전 매물 검증절차와 계약서 위조 방지 기술 등을 도입한다. 우선 이 매물이 전자계약 매물로 접수되면 다방 측이 부동산 공적장부를 검토해 계약 가능한 매물인지를 사신에 확인힌디. 이후 사용자가 매물 상태를 비대면으로 확인할 수 있도록 동영상, 3D, VR 등 다양한 시각 정보를 제공한다. 계약에는 본인인증 및 전자서명 등의 기술이 활용된다.

간편 본인인증 절차만 거치면 사용자는 계약서에 바로 서명할 수 있다. 또 카카오톡 알림톡을 통해 매 과정을 실시간으로 메시지로 받아보며 확인할 수 있으며 계약서는 최대 5년간 앱을 통해 조회할 수 있어 분실의 염려가 없다는 장점이 있다. 다방은 향후 계약금이나 잔금 송금도 다방 앱에서 이뤄질 수 있도록 플랫폼을 구축할 예정이다.

직방

직방은 2012년부터 서비스를 시작한 부동산 앱 서비스다. 2015년 10월 부동산 앱 최초로 1,000만 다운로드를 넘어섰으며 2017년 4월에

는 2,000만 다운로드를 돌파했다. 임차인과 임대인을 연결하는 플랫폼을 모바일 앱 형태로 구현한 것은 직방이 최초다.

2021년 6월 직방은 프롭테크 모델로 '온택트파트너스'를 발표했다. 부동산 전문가들이 직방을 디지털 도구로 활용해 이용자들에게 편의를 제공한다는 의미가 담겼다. 이를 위해 직방은 청소전문가, 수리·보수 전문가 등 집 관련 각 분야 전문가들과 파트너십을 맺을 계획이다.

직방이 생각하는 첫 번째 파트너십 대상은 공인중개사들이다. 직방은 아파트를 3D와 VR로 둘러보며 몇 동 몇 호 매물인지 등을 정확히 확인할 수 있는 서비스를 제공할 예정인데, 이를 위해 공인중개사와 손잡겠다는 계획이다. 실제 직방은 2020년 중개인과 주택 수요자에게 실제와 비슷한 가상 매물을 3D와 VR로 접할 수 있는 '집뷰'를 출시한 바 있다.

2020년 5월 분양을 시작한 GS건설 DMC리버시티 자이는 직방의 프롭테크 기술을 활용해 분양한 첫 사례다. 당시 GS건설은 코로나19 확산 상황을 고려해 오프라인 견본주택을 열지 않았다. 대신 직방을 통해 온라인 견본주택을 구축했다. 이후 서울 동대문구 래미안 엘리니티, 강원도 속초 디오션 자이 등도 모바일 모델하우스를 선보였다.

직방에서는 가 지역별 인구 유입과 이동 현황도 간편하게 볼 수 있다. 시장에서는 수요와 공급의 변동이 중요한 만큼 매우 유용한 정보라 할 수 있다. 앱 이용자는 관심 지역의 인구 흐름 정보를 다양한 기준에 따라 살펴볼 수 있다. 제공하는 기준은 연도별, 세대수별, 가구 단위별, 연령대별 등 다양하다. 또 지역 공인중개사가 내놓은 매물과 주변 시세를 종합적으로 비교 분석해 시세를 알려주는 '직방 시세'도 제공한다.

음성 서비스를 활용해 직방 서비스의 효율을 높이겠다는 계획도 있다. 직방은 KT와 협업해 음성인식·음성합성 인공지능AI 등을 활용해 AI 보이스봇이 사람을 대신해 매물 확인 등 고객과 상담하는 시스템을 구축할 예정이다.

루센트블록

LUCENTBLOCK

루센트블록은 블록체인 기술을 바탕으로 고가의 부동산을 소액 투자할 수 있는 플랫폼을 준비 중이다. 카사와 유사한 서비스를 준비하고 있는 셈이다. 최근에는 부동산 투자전문가를 영입하며 서비스 개시에 박차를 가하고 있다. 2021년 하반기쯤 플랫폼을 선보일 계획인 만큼 부동산 조각 투자의 장이 더욱 커질 것으로 기대된다.

루센트블록이 영입한 사람은 안명수 전 우리은행 부동산투자지원센터장이다. 안 전 센터장은 루센트블록에서 부동산 총괄이사로 일하게 된다. 그는 연세대 도시공학과 석사 및 박사과정을 수료하고 부동산 기자, 부동산 정보회사 부동산연구소장 등을 역임하며 25년 이상을 부동산 전문가로 활동해왔다. 2005년부터는 우리은행 부동산투자지원센터에서 자산가들의 부동산 투자 전략을 제시하는 일을 담당했다.

2021년 2월 루센트블록은 사이버보안 전문기업 티오리와 협력해 안정성 평가 및 보안 취약점 점검을 완료했다고 밝혔다. 티오리는 미국에 본사를 둔 사이버보안 R&D 업체다. 높은 수준의 보안 기술력을 기반으로 페이스북, 네이버, 토스, 카카오뱅크 등 다수의 IT및 금융 기업을 고객사로 확보하고 있다.

루센트블록 역시 카사처럼 일반인들이 상업용 부동산에 쉽게 투자할 수 있도록하는 것이 목표인 만큼 주요 투자 대상은 상업용 빌딩이 될 것으로 보인다. 카사 플랫폼과 부동산 조각투자에 관심을 가지고 있는 투자자, 예비 투자자라면 2021년 하반기 출시할 루센트블록의 서비스도 주목하고 있자.

1. 소수점 투자를 통해 부동산 투자에 관심을 갖게됐다면 이런 것도 추가로 고려해보자

우선 리츠REITs · Real Estate Investment Trusts다. 리츠는 소액투자자들의 자금을 가지고 부동산에 전문적으로 투자하는 부동산투자회사 또는 부동산투자신탁을 뜻한다. 주식 등 유가증권에 투자해 수익을 내는 뮤추얼펀드와 비슷하게 운영된다. 부동산에 투자해 수익이 발생하면 수익을 투자자들에게 배당한다. 자금이 모이면 직접 부동산을 매입해 개발 임대사업을 하거나, 부동산개발에 자금을 지원하는 프로젝트 파이낸싱PF에 참여하는 등 부동산을 통해 자금을 운용하게 된다.

다만 리츠 투자는 부동산 소수점투자보다 최소 투자단위가 커 통상 100만~200만 원부터 시작하는 경우가 많다. 특히 공모리츠는 주식처럼 유가증권시장에 상장해, 언제든지 사고팔 수 있어 환금성이 좋은 편이다. 2021년 9월 14일에는 SK리츠가 상장했는데 SK그룹의 기업공개IPO 사상 최고 경쟁률을 기록할 만큼 높은 인기를 보였다. 당시 청약 경쟁률은 552.01대 1에 달했다. SK리츠가 인기를 끌었던 이유 중 하나로는 분기배당 리츠라는 점이 작용했다. 대부분의 상장 리츠는 6개월마다 배당을 실시하는데 SK리츠는 더욱 짧은 텀으로 배당을 실시한 것이다. 최근 부동산 가격이 크게 오르고 있어 리츠를 상장하는 그룹사가 추가로 나올 가능성도 제기된다.

다음으로 리츠 ETF^{Exchange traded fund}가 있다. 또 생소한 단어가 등장했다. 이 단어를 이해하려면 'ETF'를 이해해야한다. ETF를 한글로 풀면 '상장지수펀드'라고 한다. 특정 주가지수와 연동돼 수익을 얻을 수 있도록 설계됐으며, 거래소에서 주식처럼 거래된다. 지수에 연동해 수익률이 결정된다는 점에서 인덱스펀드와 유사하지만 증권시장에 상장해 주식처럼 실시간으로 사고팔 수 있다는 특징이 있다. 다만 우리나라는 미국 및 일본과 달리 국내에 리츠 자산으로만 구성된 ETF는 출시되지 않은 상태다. 이는 유가증권시장에서 거래되는 리츠의 수가 부족한 탓인데, 금융투자업규정에 따르면 ETF의 지수를 구성하는 종목이 10종목 이상이어야 한다. 2019년까지 우리나라의 상장 리츠는 8개를 밑돌아 10개가 채 되지 않았지만 2020년 6개 리츠가 새롭게 증시에 입성했고 위에서 언급했듯 2021년에는 SK리츠 역시 상장했다. 이에 따라 우리나라에서도 국내 리츠로만 종목이 구성된 리츠 ETF가 탄생할 가능성이 커진 상태다. 다만 종목이 모두 국내 리츠라는 이유로 안정성이 높아진다거나, 수익률이 높아진다는 이미는 아니므로 투자할 때는 여러 가지를 고려해야 한다.

2. 성향 따라 배당금vs시세 차익 목표를 정해보자

아파트 거래를 위해 상담을 받는다고 치자. 아마 '임대수익을 바라냐, 시세 차익을 바라냐'는 질문을 받게 될 것이다. 물론 많은 투자자들이 '둘 다'를 외친다. 이왕이면 두 마리 토끼를 다 잡는 것이 좋기는 하겠지만 이왕이면 어느 쪽에 더욱 비중을 두고 투자를 이어갈지 생각해놓는 것이 좋다. 카사의 경우 임대수익을 배당금으로 받는 방식과 추후 건물이 매각됐을 때 시세 차익을 지분에 따라 나눠 받는 방식으로 이익을 낼 수 있다.

물론 건물이 팔릴 때까지 지분을 보유하고 있다면 배당금을 받게 되겠지만, 만약 장기간 기다릴 수 없다면 DABS를 통한 시세 차익을 고려하는 것도 하나의 방법이다. 카사가 현재 투자하고 있는 강남 상업형 건물의 경우 꾸준히 임차수요가 있는 데다가 건물 가격 역시 쉽사리 떨어지지 않는 곳이기도 하다. 꾸준히 수익이 들어오길 바라는지, 아니면 시세 차익을 실현한 뒤 또 다른 투자처를 물색할지 등을 고려해보자. 배당금을 노리는 투자자라면 카사 건물의 배딩금 시급일이 건물마다 다르니 '물레방아' 형태로 배당금을 받는 것도 계획해보자.

7장

왕초보
따라 하기:
코인 투자

투자난이도 ★★★★☆

자본금 ★★☆☆☆

재미 ★★★★☆

추천 대상

원금 보장보다 높은 수익률 창출이 주목적인 투자자

최소 자금

0.0001BTC^{비트코인/빗썸 기준}부터 투자 가능

성공사례

　지난해 1월 첫 직장에 입사한 20대 B씨는 회사에서 유명인사다. 신입사원 티도 못 벗은 어리숙한 모습이지만 수중에 1억 원 넘는 자산을 보유한 인물로 알려지면서다. 흔히 말하는 금수저는 아니다. B씨는 지난해 초 이른바 코인 열풍이 본격적으로 드리우기 전 비트코인 시장에 진입해 1년 8개월 만에 200% 이상의 수익률을 거둔 전설의 사원이다. 첫 도전은 가벼운 마음이었다. 처음으로 손에 쥔 월급을 굴릴만한 투자처를 고민하던 B씨는 친구들의 권유에 큰 고민 없이 비트코인을 매수했다.

가상이라는 이미지에 위험성이 높은 투자처일 수 있다는 생각이 들기도 했지만, 한 달만 자금을 넣어보고 불안정한 투자처라고 판단되면 바로 나와야겠다는 가벼운 마음이었다. 당시 1비트코인의 가격이 820만 원에 불과했기에 100만 원 이하의 자금으로 0.1주를 살 수 있다는 것도 진입 장벽을 낮추는 요인이었다. 첫 도전의 결과는 꽤 만족스러웠다. 1주당 820만 원에 불과하던 비트코인은 그해 2월 1060만 원으로 뛰어 있었다. 적어도 적금보다는 좋은 수익률을 가져다줄 것이란 확신이 생긴 B씨는 3월 비트코인 가격이 620만 원으로 떨어질 때 0.3주를 사들였다.

이후에는 상승장과 하락장에 큰 구애 받지 않고 매달 0.1주씩만 매수하는 원칙으로 중장기적인 투자 전략을 세웠다. 외부 요인에 따라 가격 변동이 큰 시장인 만큼 일시적인 가격 동향에 휩쓸리지 말아야겠다는 결단에서다. 그러나 2020년 하반기 비트코인 가격이 오르면서 매달 0.1주씩 매수하는 것에 부담을 느낀 B씨는 그해 8월부터 하락장에 들어섰을 때 집중적으로 매수 주문을 넣는 전략을 세웠다. 이렇게 자금 사정에 따라 투자 시기를 결정해온 B씨는 최근 수익률을 확인하고 입을 다물 수 없었다. B씨가 이제껏 사 모은 비트코인 2주의 2021년 9월 6일 종가 기준 평가금액은 1억1911만4,000원. 전체 원화 매입 금액 3963만 원으로 200.56%의 수익률을 거둔 B씨는 자신의 연봉을 훌쩍 넘은 이익 규모에 엄청난 만족감을 숨길 수 없었다.

현시점
가장 뜨거운 재테크는 '코인'

'일확천금' 키워드 된 코인, 소수점 투자 대표주자라고?

현재 국내외 자산시장에서 가장 핫한 키워드를 꼽자면 단연 '코인'일 것이다. 하루에 수천만 원의 수익을 봤다는 투자자부터 반년 만에 수억 원을 벌어 퇴사했다는 투자자까지 믿기 힘든 성공 사례가 연일 터지면서 코인은 '일확천금'의 아이콘으로 부상했다. 근로소득만으론 자산 증식이 불가하다고 판단한 MZ세대가 '영끌' '빚투'까지 불사하며 들어온 탓에 이제 가상자산^{암호화폐} 시장은 전 세계 금융당국이 예의주시하는 반열까지 오른 상태다.

가상자산 시장에 젊은 층이 빠르게 유입된 배경은 뭘까. 자산을 크게 키울 수 있는 막차 시장이라는 기대감에 소액으로 투자가 가능하다는

디지털 자산		기간별 상승률		시가총액	
		시가총액 ⇕	거래대금(24H) ⇕	업비트거래	
1	Ⓑ 비트코인	7,261,990 억원	379,429 억원	거래하 ▾	
2	◆ 이더리움	2,551,677 억원	220,855 억원	거래하 ▾	
3	☀ 에이다	487,166 억원	34,663 억원	거래하 ▾	
4	Ⓓ 도지코인	389,945 억원	53,918 억원	거래하 ▾	
5	✕ 리플	337,843 억원	30,538 억원	거래하 ▾	
6	℗ 폴카닷	169,423 억원	12,876 억원	거래하 ▾	
7	🦄 유니스왑	112,366 억원	3,845 억원	거래하 ▾	
8	[◎] 비트코인캐시	100,626 억원	15,756 억원	거래하 ▾	
9	Ⓛ 라이트코인	99,752 억원	20,147 억원	거래하 ▾	
10	◉ 체인링크	90,317 억원	10,049 억원	거래하 ▾	

전체보기 ▾

특성이 만난 결과라는 게 중론이다. 주식시장의 경우 시총이 큰 SK그룹, 현대차그룹 주식 1주를 사기 위해선 20만 원대의 자금이 필요하지만 가상자산 시장에서 기축통화로 불리는 비트코인은 단돈 100원으로도 살 수 있다.

소수점 투자가 가능한 자산이기 때문이다. 코인은 시장에서 소수점이하 8자리 숫자까지 쪼갤 수 있게 설계됐다. '0.00000001'을 최소단위로 두고 있는 셈이다. 이 최소단위의 명칭은 비트코인의 창시자 나카모토 사토시의 이름에서 따온 '사토시'다. 투자 진입장벽 자체가 낮은 덕분에 현 기준 가상자산 시장에서의 전체 거래량은 유가증권시장 거래 규모의 4배에 달한다.

거래소 선택

가상자산이 전 세계 자산시장을 뒤흔들 공룡으로 성장하면서, 거래소의 수도 빠르게 증가하고 있다. 국내 거래소만 수십 개로, 해외까지 포함한 거래소 수는 1~2만 개에 달한다. 거래소마다 코인 가격에 차이가 있고 취급하는 코인 종류가 다르기에 투자에 나서기 전 자신에게 적합한 거래소를 찾는 일은 필수다. 어떤 거래소를 선택하느냐에 따라 자신의 수익률이 더 올라갈 수도, 리스크가 줄어들 수도 있다는 점 명심하자.

거래소 선택 시에 눈여겨볼 첫 번째 요소는 '서버 보안성'이다. 최근 여러 매체를 통해 가상자산 거래소에서 해킹 또는 개인정보 유출 사고가 발생했다는 소식을 심심치 않게 들었을 것이다. 가상자산 시장의 근간을 이루고 있는 블록체인 기술의 경우 현재 해킹이 불가능한 게 사실이다. 그러나 해킹 관련 기사에 오르내리는 거래소는 투자자 심리를 움직여 시장이 요동치는 환경을 만들기 쉽다. 그 때문에 서버 보안성에 우위를 가진 거래소를 통해 매매에 나서는 것이 안전성을 담보할 수 있는 최소한의 선일 수 있다.

그다음으로는 '서버 안정성'과 '거래량'을 눈여겨볼 필요가 있다. 먼저 서버 안전성의 경우 투자자가 이익을 얻을 수 있다고 생각하는 시점에 즉시 거래에 나설 수 있도록 하는 기본적 요소다. 서버 불안으로 투자자가 원하는 시점에 코인을 팔 수 없고, 살 수 없다면 이는 수익은커녕 크나 큰 손실로 되돌아올 수 있다.

'거래량'도 원활한 거래를 위한 요소라는 점에서 맥락을 같이 한다. 투자자가 원하는 가격대에서 제때 물량을 사들이려면 이에 맞는 물량이 충족된다는 공급 조건이 갖춰져야 한다. 풍부한 거래량은 보유 중인 코인을 적절한 가격대에서 빠르게 팔고, 추가 투자에 나서기 위한 전제 조건이기도 하다. 이 때문에 단기 투자자라면 각 거래소의 안정성과 거래량 정보를 확인하는 것이 무엇보다 중요하다.

'수수료'는 투자 수익에 직접적인 영향을 미치기에 철저히 비교해야 할 요소다. 모든 투자가 그렇듯 코인 시장에서 우리가 바라는 것은 적은 손해와 큰 이익이다. 국내외 거래소는 원화 출금, 가상자산 입출금 시 수수료를 떼간다. 매매 시에도 수수료를 책정한다. 장기 투자자의 경우 부담이 적은 부분이나 단기 투자자에겐 반드시 살펴야 할 조건이다. 거래소마다 수수료율이 상이하고, 쿠폰 발급 및 기간 이벤트를 진행하는 시기가 다르니 각 거래소 홈페이지를 통해 관련 정보를 확인해볼 것을 권한다.

현재 국내 거래소 중에서는 빗썸, 업비트, 코인원, 코빗이 '빅4' 거래소로 꼽힌다. 해외의 경우엔 코인베이스Coinbase, 바이낸스Binance, 비트파이넥스Bitfinex가 거래량이 많은 대표적인 거래소에 불린다. 우리는 적은 금액으로 투자가 용이한 거래소를 찾고 있는 만큼 접근성이 좋은 국내 거래소를 중심으로 살펴보고자 한다.

필자가 선택한 거래소는 국내 대형 가상자산 거래소 중 하나인 '빗썸'

이다. 기본적으로 거래량이 많고 수수료 관련 혜택이 많아 초보 투자자에게 적합할 것이라고 판단했다. 매매 방법이나 차트, 보조지표 분석 방법 등은 타 거래소도 유사한 만큼 자신이 원하는 거래소에서 투자를 진행해도 무방하다.

회원가입 및 로그인

코인 투자에 나서기 위해 자신의 계정부터 만들어보자. 빗썸 인터넷 공식 홈페이지www.bithumb.com에 접속해 화면 우측에 위치한 '회원가입' 버튼을 누르면, '휴대폰 본인확인' 창을 확인할 수 있을 것이다. 여기서 자신이 사용 중인 휴대폰을 통해 본인확인을 마친 뒤 이용약관에 동의하면, 자신이 보유 중인 이메일을 통해 다시 한번 본인 인증 단계를 거치게 된다.

이후 빗썸 페이지 접속 시 사용할 비밀번호를 등록하게 된다. 비밀번호는 영문 소문자, 대문자, 숫자, 특수문자를 포함한 8자 이상으로 설정이 이뤄진다. 이후 출금, 송금, 상품권구매, 비밀번호변경, OTP 인증 등 가상자산 거래와 밀접한 처리가 진행되는 단계에서 보안성을 담보하기 위한 비밀번호를 추가로 설정하게 된다. 중복 및 연속 숫자, 휴대폰 번호, 이메일 주소의 숫자, 비밀번호 등 추측이 가능한 번호는 전부 등록이 제한된다. 모바일 앱을 통한 회원가입 절차도 이와 동일하다.

계좌연결 및 원화 입금

회원가입이 됐다고 바로 투자에 나설 수는 없다. 빗썸에서 입출금계좌 인증/등록을 거쳐야만 코인 투자가 가능하다. 입출금계좌 인증을 하려면 NH농협은행의 입출금계좌가 필요하다. 빗썸이 NH농협은행과 실명계좌 발급 제휴를 맺고 있어서다. 코인원도 NH농협은행이며, 업비트는 케이뱅크, 코빗은 신한은행과 연계돼있단 점도 기억하자. ^{추후 재계약} 여부에 따라 제휴 은행은 변경될 수 있다. 단, 한 거래소에서 구매한 가상자산은 '전자지갑'을 통해 다른 거래소로 옮길 수 있기 때문에 다양한 거래소를 이용하고자 관련 은행 계좌를 모두 만들 필요는 없다.

만약 NH농협은행 입출금계좌가 없다면 NH스마트뱅킹 또는 올원뱅크 앱을 설치하고 계좌를 새로 만들어야 한다. 앱 첫 화면에서 회원가입을 거친 뒤, 우측 상단에 있는 메뉴 창으로 들어가 보자. 이후 '상품' 창에서 '입출금계좌개설' 버튼을 누르게 되면 다양한 입출금계좌들이 소개된다. 여기서 'NH x 카카오페이통장'을 눌러 신청하기를 클릭하면 된다. 이후 휴대폰을 통한 본인 인증, 신분증 확인을 거치면 계좌 개설이 완료된다.

이후 빗썸 페이지로 돌아가서, 화면 상단에 있는 '원화 입금' 버튼을 누르면 '계좌 연결하기' 화면에 들어서게 된다. 이용 동의 안내 사항을 확인한 뒤 '동의합니다' 버튼을 누르면 입출금 계좌 연결 1단계인 '농협은행 입출금 계좌번호 확인' 창을 살필 수 있다. 이 창에 생년월일, 주소, 농협은행 계좌번호를 누른 뒤 계좌를 조회하면 본인 인증이 자동 적용된다. '다음 단계로 이동' 버튼을 누른 뒤 입출금 계좌 연결 2단계 장에서 발급 신청 계정을 확인한 뒤, 하단에 있는 '빗썸 원화 입출금 계

좌번호 신청'을 누르면 약 1~2분간의 시간이 흐른 뒤 빗썸 원화 입출
금 계좌번호가 발급된다.

　이 절차를 마치면 농협 계좌의 잔액을 빗썸 원화 계좌로 이체하는
원화 입금이 가능해진다. 1인당 1개의 원화 입출금 계좌가 발급되며,
해당 계정으로만 원화 입출금이 허용된다. 원화 입금 시 24시간 동안
가상자산 출금은 제한되며, 원화 출금만 가능하다. 또 농협 점검 시간
인 23:00~02:10까지는 원화 입금, 실명 확인 입출금 번호 발급 및 초기
화가 불가하다. 입금은 인터넷 뱅킹, 모바일 뱅킹, ATM을 통해서 가능
하다. 은행 창구, 텔레뱅킹, 간편송금토스, 카카오페이 등을 통한 입금은 제
한된다는 점 유의하자.

연결된 <u>입출금 계좌</u>에서
아래 계좌로 입금해 주세요.

NH　　노.월.799 1980 생73 48◼ ▯
예금주 : ◼◼◼ ·◼◼◼◼

　　이제 코인 투자에 나서기 전 사실상 마지막 절차만 남았다. 농협은행 계좌에 있는 현금을 거래소로 옮기는 단계다. 방법은 매우 간단하다. 내가 가지고 있는 농협은행 계좌에서 빗썸이 발급한 고유 원화 입출금 계좌로 원하는 금액을 입금하면 된다. 농협은행의 '올원뱅크'에 접속해 메뉴 창에서 '금융-송금하기' 버튼을 누른 뒤 빗썸으로부터 받은 계좌번호를 입력한 뒤, '바로 송금' 버튼을 누르면 된다. 이후 금액과 받는 계좌, 출금계좌 등 송금 관련 정보를 확인한 뒤 '송금하기' 버튼을 누르면 즉시 빗썸 페이지에 원화 금액이 채워지게 된다. 총 보유자산은 빗썸 홈페이지 '지갑관리-자산현황' 창에서 바로 살필 수 있다. 입금 시각과 금액 등 상세 내역은 '지갑관리-거래 내역' 창에서 확인할 수 있다.

거래소 200% 활용하기

기본 정보 파악

이제 코인 투자를 위한 준비는 모두 마쳤다. 구체적인 투자 방법에 대해 살펴보자. 차트 및 그래프, 보조지표를 보는 방법은 복잡하기 때문에 다음 파트에서 설명토록 하고, 이번 파트에서는 거래소 화면에 나타나는 기본 정보를 보고 매매 주문을 넣는 기본적인 절차부터 익히고자 한다.

먼저 홈페이지 화면 상단, 앱 하단에 나타나는 '거래소' 화면에 들어가 보자. 가장 먼저 보이는 창은 빗썸에서 사고팔 수 있는 모든 가상자산이 열거된 표다. 이곳에서 원하는 코인 종류를 찾아서 매매에 나서면 된다. 만약 자신이 원하는 코인 종류를 찾기 힘들다면 홈페이지 좌측, 앱 상단에 있는 '코인명/심볼 검색' 창에 직접 명칭을 검색하면 된다.

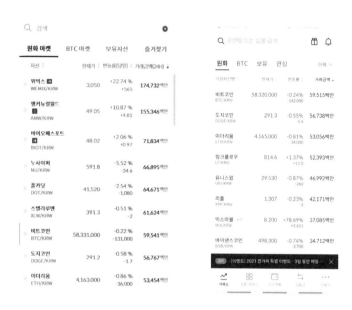

검색창 아래에 뜨는 '원화^{KRW} 마켓' 'BTC 마켓'이라는 탭은 매매 가능한 자산으로 구분된 각각의 시장을 나타낸다. 원화 마켓은 말 그대로 원화로 가상자산을 거래할 수 있는 시장이고, BTC 마켓은 비트코인으로 다른 가상자산을 매매할 수 있는 시장이다. 또 다른 대형 가상자산 거래소 업비트에서는 'USDT 마켓' 창도 추가돼 있는데, 이는 미국 달러와 시세가 맞춰진 자산으로 다른 가상자산을 사고팔 수 있는 시장이라고 이해하면 된다.

국내 거래소에서 가장 많이 사용되는 기초 자산이 원화인 만큼 이를 통한 비트코인 거래에 나서보자. 홈페이지 상단에 있는 '거래소' 화면을 누르면 바로 원화로 비트코인을 매매할 수 있는 창이 우측에 뜨게 된다.

앱으로는 거래소 화면에서 '비트코인' 창을 누르면 바로 매매 주문을 넣을 수 있는 창이 열린다.

해당 화면에선 기본 시세 창을 볼 수 있다. 실시간 시세가 좌측에 가장 큰 숫자로 나타나며, 그 우측엔 전일 종가 대비 현재가의 등락률이 나타난다. 전일 대비 등락률의 기준은 UTC 0시로, 한국시간 오전 9시업비트 거래소 적용 시간라고 기억하면 된다.

그 아래에는 당일 고가와 저가, 최근 24시간 기준 누적 거래량과 거래금액, 시장 내 매매 체결 강도를 한눈에 볼 수 있다. 이를 통해 현재 시세가 전일 대비 높은 수준인지 낮은 수준인지, 당일 거래 기준 고점에 근접한 수치인지 저점에 가까운 수치인지 등을 판단할 수 있다.

하단에는 시장 내 매매 체결 상도와 실시간 거래 가격과 체결량 등을 한눈에 살필 수 있는 차트와 체결 내역이 제공된다. 특히 차트를 통해서는 최근 거래 가격 동향을 한눈에 살필 수 있어 주문 가격을 결정하는 데 도움을 받을 수 있나. 딘, 앱이 경우 거래 창 첫 화면에 현시세와 전일 대비 등락률이 기본 세팅으로 설정되어 있으며, 변동률 기간 설정이 가능하다. 전일/24시간/12시간/1시간/30분

다시 홈페이지로 돌아가면 시세 창 우측에 호가창과 주문창이 각각 뜨
는 것을 확인할 수 있다. 사실상 호가창 구성과 매매 주문을 넣는 방식 등
은 주식 시장과 매우 유사하다. 호가창을 간단히 살펴보면, 가운데 선을
기점으로 빨간색을 나타내는 매수 호가창과 파란색을 띠는 매도 호가창
으로 나뉜 것을 살필 수 있다.

기본적으론 매수 호가창에서 매도 호가창과 맞닿은 곳의 가격이 시장
거래가 이루어지는 단가라고 이해하면 된다. 그 아래로 나타나는 값이 시

238

장 가격보다 낮게 매수하기 위해 대기 중인 물량이며, 위로 보이는 값이 시장 가격보다 높은 가격에 팔기 위해 대기 중인 물량이다. 각 가격대 우측에는 매도·매수 대기 물량이 게재된다. 이는 매매 주문을 넣을 때 참고하면 된다.

매수 주문

이제 매수 주문에 나서보자. 호가창 우측을 보면 바로 매수 주문 창을 찾을 수 있다. 기본으로 설정돼 있는 '매수' 창을 보면 '지정가' '시장가' '자동'이라고 적힌 판을 볼 수 있는데, 이는 매수 주문을 넣을 수 있는 3가지 방식을 뜻한다.

먼저 지정가 주문은 주문가격과 수량을 직접 적어 매수하는 것으로 원하는 거래 가격이 명확할 때 주로 사용한다. 적어낸 가격에 맞는 매도 주문이 나와야 거래가 체결되기 때문에, 신속한 매매 체결보단 얻게 될 이익의 극대화가 우선인 투자자가 주로 쓰는 방식이다.

BTC 매수	BTC 매도
주문형태 ● 지정가 ○ 시장가 ○ 자동 ?	
주문가능 303,000 원	상승장 렌딩 ⓘ
주문가격 55,088,000	
최대 주문 가능 수량 0.0054	
주문수량	최소 ≈0.0001 BTC
○ ○ ○ ○ 0% 최대	
주문금액	최소 금액500 원
수수료 ?	정액 쿠폰 구매
BTC 매수	

시장가 주문은 빠른 매매를 원할 때 사용하는 방식이다. 현재 시세로 바로 주문을 넣기 때문에 매수 시엔 주문금액만 설정하면 바로 거래가 체결된다. 예약-지정가 주문은 시세가 원하는 가격에 도달하면 설정된 주문을 자동으로 실행시키는 방식으로, 손실 위험을 줄이고 보다 안전하게 수익을 창출할 수 있는 주문 방식이다.

쉽게 풀어서 설명해보자면, 지정가 주문은 '단가 4,000원일 때 10만 원어치 살게요'라는 의미고, 시장가 주문은 '지금 가격으로 10만 원 어치 주세요', 예약 주문은 '내가 잠들었을 때 단가가 5,000원을 찍으면, 단가 4,800원에 5만 원 어치 사는 주문 넣어주세요'라는 뜻이다.

①지정가 매수

지정가 매수부터 실행해보자. 먼저 사고 싶은 가격대를 결정해 '주문 가격' 칸에 입력하면 된다. 주문 가격을 정하면 현재 내가 가지고 있는 원화인 주문 가능 금액으로 최대 주문이 가능한 비트코인 수량이 아래에 뜨게 된다. 이제 결정할 것은 주문 금액과 주문 수량 중 기준으로 삼을 수치를 정하는 것이다. 매수가격이 바뀌지 않는 한둘 중 하나의 조건만 골라 적으면 된다. 구매를 원하는 총액을 '주문금액' 칸에 적으면 이에 맞는 수량이 계산되고, 자신이 원하는 주문 수량을 입력하면 이에 맞는 주문금액이 산출된다. 기준은 투자자가 1비트코인에 대해 매수를 원한다고 적은 '주문 가격'이다.

주문 수량의 경우 1비트코인을 소수점 단위로 자른 수치이기 때문에 직접 적기엔 어려움이 있다. 이럴 땐 그 아래에 보이는 '0%'부터 '100%'까지 직접 조절이 가능한 선을 이용하면 된다. 이는 자신이 보유한 주문 가능 금액 중 주문을 원하는 일정 비율을 설정하는 것으로, 투자자가 보다 쉽게 매수 주문에 넣을 수 있도록 돕는다.

가장 간단한 방법인 '주문금액'을 통해 매수 주문해보자. 먼저 1비트코인을 사고 싶은 가격인 5,510만 원을 '주문 가격'에 입력하고, 주문하고 싶은 총액인 '5만 원'을 주문금액 칸에 적으면 주문 수량이 자동으로 '0.0010'개라고 설정되는 것을 확인할 수 있다. 이때 주문금액도 5만 5,100원으로 변경되는데, 이는 빗썸 시스템이 고정된 주문 수량에 따라 금액이 변경되는 형태를 갖추고 있어서다. 빗썸에서는 주문이 가능한 수량의 최소 단위가 0.0001BTC이기 때문에 특정 금액을 적으면 이에 근접한 BTC 단위로 자동 산출되는 식이다. 여기서 '매수' 버튼을 누르면 매수 주문 확인 팝업이 뜨게 되는데, 여기서 수량과 가격 등 주문 내용을 확인하고 '매수' 버튼을 누르면 매수 주문이 정상 완료된다.

주문 가능 금액 중 일정 비율을 지정하는 거래도 가능하다. 위와 동일하게 1비트코인을 매수하고 싶은 가격인 5510만 원을 '주문가격'에 입력하고, 주문 수량 바로 아래에 있는 선에서 25%를 선택하면 주문 수량^{0.0011 BTC}과 주문금액^{6만 610원}이 바로 산출된다. 그 이후 절차는 동일하다.

앱에서는 현재가 대비 비율을 선택하는 방법으로도 매수가 가능하다. 여기서는 현재가를 기준으로 −90%부터 300%까지 가격으로 1비트코인을 매수를 하겠다는 '주문 가격'을 설정할 수 있다. 자신이 특정 금액을 직접 결정하는 것이 아니라 현재가를 기준으로 100%, 120% 금액에서 매수한다는 내용을 매수 체결 이전에 확인할 수 있기 때문에, 처음 가상자산 투자에 나서는 이들에게 특히 편리한 서비스가 될 수 있다.

주문 체결 여부는 탭 하단에 있는 '미체결 주문' 창에서 확인할 수 있다. 지정가 주문의 경우 시세보다 아래의 금액을 제시하기 때문에 미체결 주문으로 먼저 뜨게 된다. 비트코인의 경우 거래량이 워낙 많기 때문에, 시세보다 지나치게 낮은 금액이 아니라면 빠르게 거래가 체결되니 걱정할 필요는 없다. 단, 미체결 주문이 있을 경우 주문 가능 금액에서 해당 금액이 제외되기 때문에 거래에 제한이 있다는 점 기억하자. 미체결 주문을 취소하려면 '미체결 주문' 창에서 해당 주문 우측에 보이는 '취소' 버튼을 누르면 된다.

② 시장가 매수

시장가 매수는 정말 쉽다. 매수 주문 탭에서 '시장가'로 설정하면 현시세를 기준으로 매수 주문을 넣는 창이 생성된다. 간단히 지정가 주문에서 매수 가격을 정하는 단계가 빠졌다고 생각하면 된다. 이외 주문 금액 또는 주문 가능 금액 중 일정 비율을 선택하는 절차는 동일하다.

③ 자동 매수

자동 매수는 자신이 24시간 시장 상황을 살피지 않아도, 시장 전반에 등락 폭이 커지고 강세 또는 약세장으로 전환되었을 때 바로 거래를 체결할 수 있도록 돕는 방식이다. 자동 매수 기능은 주로 평균 매수를 낮추기 위해 사용된다. '자동' 칸을 누르면 자동주문에 대한 주의사항이 뜨는데, 이를 확인했고 내용에 동의한다는 칸에 체크한 뒤 '확인'을 클릭하면 관련 기능을 이용할 권한이 주어진다.

구체적으로는 하나의 기준 가격을 설정하고, 이보다 시세가 떨어질 경우 늦성 액수로 매수 주문을 넣겠다는 명령을 미리 걸어두는 것이다. 화면에 보이는 '감시가격' 란이 주문 기준으로 삼는 가격대고, 그 아래 '주

문 가격' 란이 실제로 매수 주문을 넣는 가격대다. 감시가격은 직접 입력 하는 것 외에도 평균매수가를 조정해 감시가격을 설정할 수도 있다. 현재 위 사례를 풀이하면 '1비트코인 가격이 5510만 원에 도달하면 5505만 원 으로 매수 주문을 넣어라'는 명령을 나타낸 것이다. 이 뒤로는 지정가 매 수와 동일한 절차를 밟는다. 주문 총액 또는 주문 가능 금액 중 일정 비율 을 선택하고 BTC 매수를 누르면 주문이 완료된다.

자동 주문의 성질은 현시점에서 사고팔고자 하는 금액을 적는 지정가 매수와 다르다. 특히 매수하기 위한 자동 주문의 경우 자신이 자는 동안 코인 가격이 오를 것이란 생각이 들면서도 손실을 감수하고 싶진 않을 때 유용하다. 자기 전 시세에 맞춰 일정 물량을 매수하면, 수면 시간 동안 시세가 급락할 경우 큰 손실을 볼 수 있다. 그러나 투자자가 특정 가격대 를 넘어설 경우 이보다 더 높은 가격대에서 매수 주문을 넣겠다는 자동

244

주문을 걸어놓으면, 하락장에선 손실을 보지 않고 상승장에선 이익을 얻을 수 있다.

설정된 주문의 현재 가격이 감시 가격에 도달하지 못했을 경우 주문은 '감시 중' 상태로 노출된다. 이는 미체결 내역에서 확인할 수 있으며 취소가 가능하다. 감시 중 상태의 주문은 전체 가상자산 대상 계정당 최대 25개까지만 생성이 가능하기 때문에, 이에 주의해 각 가상자산의 주문 건을 적절히 조정하는 것이 필요하다. 또 설정된 자동주문의 경우 감시에 대한 유효기간이 없다는 점을 주의해야 한다. 주문 접수 전까지 감시 상태가 지속된다는 점을 감안해 자신이 걸어둔 주문이 현재 가격 동향과 부합하는지 수시로 확인하는 것이 중요하다.

자동 주문 시 주의사항도 있다. 시세 급등락 또는 비정상적인 거래량 폭증 시 자동 주문이 접수되지 않을 수 있단 점과 자산의 하드포크, 스와프가 발생할 경우 대상 자산에 한해 자동주문이 취소될 수 있다는 점에 유의하자. 또 당사 시스템 점검 등으로 서비스 중단 발생 시 자동주문이 취소될 수 있는 만큼 자동주문 조건, 주문 및 체결 여부를 수시로 확인하는 것을 권한다.

④기타 주문

또 다른 대형 가상자산 거래소 업비트에서는 '호가 주문'과 '간편 주문'이라는 형식의 수분 방식도 추가해놓고 있다. 기본 매수 주문 화면을

일반호가　　　누적호가　　　호가주문

○ 가능　◉ 금액　+10만　+100만　+1000만　　80,000 KRW

매도	0.019	39,066,000	-6.63%	52주 최고	매수
				81,994,000	
				(2021.04.14)	
매도	0.156	39,065,000	-6.64%	52주 최저	매수
				10,700,000	
매도	0.403	39,061,000	-6.65%	(2020.07.05)	매수
매도	0.010	39,052,000	-6.67%	전일종가	매수
				41,842,000	
	0.692	39,051,000	-6.67%	당일고가	매수
매도				42,048,000	
				+0.49%	
매도	0.239	39,050,000	-6.67%	당일저가	매수
				37,900,000	
매도	0.236	39,029,000	-6.72%	-9.42%	매수
매도	체결강도 +83.35%	39,028,000	-6.73%	0.069	매수
매도	체결가 체결량	39,025,000	-6.73%	0.222	매수
	39,028,000 0.000				
매도	39,028,000 0.000	39,024,000	-6.73%	0.122	매수
매도	39,029,000 0.002	39,023,000	-6.74%	0.126	매수
매도	39,029,000 0.003	39,021,000	-6.74%	0.947	매수
매도	39,029,000 0.019	39,020,000	-6.74%	0.060	매수
매도	39,029,000 0.001	39,019,000	-6.75%	0.005	매수
	39,029,000 0.128				
일괄 취소 (0)	3.518	수량(BTC)	3.526	일괄 취소 (1)	

보면 기본 주문 방식 외에도 2개의 특수한 주문 방식을 찾을 수 있다. 바로 호가창 우측 탭에 보이는 '호가주문'과 매수 주문 창 우측 탭에 보이는 '간편주문'이다. 주문 절차가 단축된 방식으로 편리하지만 거래 안정화 등 업비트 측의 판단에 따라 기능 지원이 일시적으로 중단될 수 있다. 또 이로 인한 문제에 대해 사측이 책임지지 않는다는 점은 염두에 두자.

　호가주문은 말 그대로 호가창에서 바로 주문을 넣는 방식이다. '호가주문' 창에 들어가 '금액' 칸에 주문총액 또는 '가능' 칸에 주문 가능 금액 중 비율을 선택한 뒤 가격대 우측에 제시된 '매수' 버튼을 누르면 된다. 이후 주문 내역 창을 다시 한번 확인하고 '매수확인' 버튼을 누르면 주문이 완료된다. 매도의 경우도 같다. 현시세에 근접할수록 빠르게 거래가 체결된다는 점을 감안하고 가격대를 설정하면 된다.

　간편 주문은 단축키를 통해 빠르게 주문을 넣는 방식으로, PC에서만

246

지원하고 있다. 자신이 자주 사용하는 주문 조건을 미리 저장해둘 수 있기에 단기 매매를 선호하는 투자자에게 적합한 주문 방식이다.

먼저 '간편주문' 화면 탭에 들어가면 기본 설정을 볼 수 있다. '시장가 전액 매수', '시장가 전액 매도', '지정가 전액 매수', '지정가 전액 매도'를 비롯해 최근 주문한 미체결 주문을 지우는 '일반 주문 취소', '평단가 도달 시 전액 매도' 유형이 저장돼 있다. 각 설정의 우측에 단축키가 제시돼 있다. 단축키는 거래소 화면이 켜있는 상태에서만 사용할 수 있다.

긴편 주문 내용은 자신의 투자 성향에 맞게 바꿀 수 있다. 우측 상단에 보이는 '편집' 버튼을 누르면 시장가, 지정가, 주문 수량, 주문 가격 종류 등을 변경할 수 있다. 간편주문 편집을 통해 주문 리스트 순서를 변경하는 경우, 단축키도 함께 변경된다는 점 유의하자.

'등록' 버튼을 통해선 아예 새로운 주문 명령과 단축키를 생성할 수 있다. 단, 비율%을 선택하는 사안은 무조건 주문 시점을 기준으로 진행된다는 점 기억하자.

간편주문은 실수로 매매 주문을 넣는 경우가 잦기 때문에, 긴급한 경우가 아니라면 권하지 않는다. 굳이 사용하겠다면 주문 내역 확인이 뜰 때 정확히 살피자. 간편주문 단축키의 경우 IE^{인터넷 익스플로러}, Edge 브라우저에서는 불가능하다. 단축키를 이용하려면 크롬 브라우저를 이용해야 한다는 점도 염두에 두자.

사는 것보다 중요한 '파는 것'

매도를 해야 수익이 실현된다

적절한 시점에 수익을 내기 위해 매수 주문보다 중요한 것이 매도 주문을 넣는 것이다. 매수 주문법을 익혔다면 매도 주문은 쉽게 이해할 수 있다. 주문 창 상단에 있는 '매도' 창을 눌러보자. 매수 주문과 동일하게 '지정가' '시장가' '자동'이라고 나와 있는 판을 볼 수 있을 것이다. 각각의 특성은 매수 주문 설명에서 언급했으니, 간단히만 살펴보기로 하자.

지정가 주문은 주문 수량과 가격을 직접 적어서 매도하는 방식으로, 원하는 가격대의 매수 주문이 나와야 거래가 체결된다. 신속한 매도보다는 이익을 우선할 때 사용한다. 시장가 주문은 현 시세로 판매할 물량만 정해서 넣는 방식으로 절차가 단순하다. 주문 즉시 거래가 체결되

기 때문에 물량을 빠르게 매도할 때 주로 이용한다.

자동 주문은 시세가 원하는 가격에 도달하면 설정된 주문을 자동으로 실행시키는 방식이다. 자는 동안에도 손실 위험을 줄이는 매도 주문을 하고자 하는 투자자가 주로 실행한다.

① 지정가 / 시장가 매도

지정가 매도 주문부터 살펴보자. 지정가 매도 주문 시 1비트코인에 대한 매도 가격을 '주문 가격' 칸에 입력하는 것이 우선이다. 이후 주문금액과 주문수량 중 편한 기준으로 주문서를 채우면 된다. 기준은 '주문가격' 칸에 직접 적은 가격이다. 좌측과 같이 주문 가격 '5528만 원'에 주문수량 '25%'를 잡아서 주문금액을 움직여도 되고, 우측처럼 같은 주문 가격에 주문금액에 '6만 원'을 적어 주문수량을 설정해도 된다. 물론 이때도 매수 주문과 마찬가지로 비트코인의 최소 주문 단위인 0.0001BTC 단위에 맞춰 6만808원으로 금액이 조정된다.

이후 '매도' 버튼을 누르면 매수 때와 마찬가지로 매도주문 확인 창이 뜨고, 여기서 주문 수량과 가격을 확인한 뒤 '매도' 버튼을 누르면

주문이 완료된다. 주문 체결 여부는 탭 하단에 있는 '미체결 주문' 창에서 볼 수 있는데, 지정가 주문의 경우 시세를 웃도는 금액을 주문서에 넣는 만큼 일정 기간 미체결 주문에 머물 수 있다는 점 염두에 두자.

시장가로 매도하는 방식은 더 쉽다. 매도 탭에서 '시장가'를 선택하고 주문금액 또는 그 밑에 있는 주문 가능 금액 중 비율 탭을 고르면 된다. 현 시세로 자동 매도 체결되기 때문에 가격이 빠르게 하락하는 장에서 손실을 줄이기 위해서 주로 이용된다.

② 자동 매도

자동 주문은 자신이 24시간 시장의 상황을 살피지 않아도 시장에 변동성이 커졌을 때 바로 거래를 체결할 수 있도록 하는 것이다. 구체적으로는 자신이 잡은 하나의 기준 가격에 시세가 도달했을 경우 특정 금액으로 판매하겠다는 주문을 미리 넣어두는 것이다. 매도에서는 주로 이익을 유지하거나 보다 큰 이익을 실현하기 위해, 또는 손실을 막기 위해 사용된다.

빗썸의 자동 매도 주문에서는 감시 타입을 설정할 수 있는 기능이 있다. 감시 조건에서 '지정가'를 선택하고, 아래 감시 타입에서 '이익실현'과 '직접입력^{손실 제한}' 중 원하는 매도 목적에 따른 조항을 고르는 식이다. 감시 타입 칸에서 '직접입력'을 선택할 때 손실 제한 목적으로 기본 설정된다.

이익 실현이란 이익을 위한 주문 타입으로, 평균매수가보다 매우 높은 감시가격을 설정한 뒤 이에 도달 시 주문가격으로 주문이 걸리는 형태다. 손실 제한은 기본적으로 손실률을 낮추기 위한 것으로, 평균매수가보다 낮은 감시가격이 설정되고 이에 도달하면 주문가격으로 주문이 자동 시행된다.

감시 타입을 별도로 설정하지 않고 감시조건에 '직접입력' 칸을 선택한 뒤 감시가격과 주문가격, 주문수량 모두 투자자가 원하는 수치로 정하는 방법도 있다. 감시가격은 원하는 금액을 직접 입력하는 방법도 있으나, 우측에서 확인할 수 있는 '평균매수가%' 창을 통해 평균매수가 대비 일정 비율을 정해 감시가격을 설정할 수도 있다.

위 사례처럼 감시가격에 5,500만 원, 매도가격에 5,600만 원을 적으면 '1미드코인 기격이 5,500만 원에 도달하면 5,600만 원으로 매도 주

문을 넣어라'는 명령을 입력한 것이다. 이후엔 지정가 매도와 똑같은 절차를 밟는다. 주문금액 또는 주문 가능 금액 중 일정 비율을 선택한 뒤 'BTC 매도-매도' 버튼을 누르면 자동 매도 주문이 완료된다.

자동 매도 주문은 숙면 중에도 가상자산 가격이 빠르게 상승하는 시점이 발생할 때 큰 이득을 얻고자 할 때는 물론, 손절가에 가격이 도달할 경우 신속히 물량을 팔고자 할 때 유용하다. 1비트코인 시세가 5,400만 원인 상태서 5,200만 원을 손절가로 두고 있는 투자자가 있다고 가정해보자. 그가 자기 전에 5,400만 원에 물량을 구매한 뒤, 자는 동안에 가격이 급하게 하락하면 손실은 그대로 투자자 몫으로 남게 된다. 그러나 자동 매도 주문을 5,200만 원 기준으로 걸어 놓으면 하락세에서 자신이 감안한 손실만 부담하고, 상승세에에선 투자자가 원하는 이익을 계속해서 창출할 수 있다.

자산현황

모든 주문이 체결되면 화면 상단에 보이는 '지갑관리-자산현황'에 들어가 보는 것도 좋다. 매도 물량이 체결되면 보유 원화는 늘어나고, 보유 코인이 줄어드는 것을 실시간으로 확인할 수 있다. 자산현황 창에선 총 보유자산과 보유 원화, 보유 코인 금액은 물론 총 매수금액과 총 수익률, 총 평가손익까지 표시된다. 이는 원화 비중을 늘리는 게 좋을지 코인 비중을 늘리는 게 좋을지 판단하는 근거가 된다. 상단에는 원화와 비트코인 비중이 시각화된 그래프가 있어 보다 직관적으로 자신의 자산 상태를 점검할 수 있다.

현명한 투자자의 수수료 전략

매매 주문을 넣을 때 고려해야 할 요소 중 하나가 바로 '수수료'다. 우선 빗썸 원화마켓에서의 기본 거래 수수료는 0.25%로 타 거래소에 비해 저렴한 편은 아니지만 빗썸에서 판매하는 수수료 무료

쿠폰을 이용하면 최대 0.04%까지 수수료를 저렴하게 이용할 수 있다. 이 때문에 운영 방침만 현명히 잘 이용한다면 오히려 수수료 관련 이득을 챙길 수 있다. 빗썸은 현 기준^{2021년 9월}으로 모든 신규 가입자에게 거래 금액 3,000만 원 한도의 30일 수수료 무료 쿠폰을 제공하고 있다.

국내 4대 거래소 중 수수료율이 가장 저렴한 곳은 업비트다. 기본 거래 수수료가 0.139%인데, 현 기준^{2021년 9월}으로는 한도 없이 0.05%로 낮춘 수수료를 제공하고 있다. 빗썸의 경우 쿠폰 구매를 통해 0.04%로 낮춘 수수료율 가능 단, 예약 주문의 경우 예외로 둔다. 매매 주문을 넣은 창을 보면 수수료에 차이가 있다는 것을 확인할 수 있다. BTC 마켓과 USDT 마켓은 기본 거래 수수료가 0.25%로, 원화 마켓보다 약간 높은 편이다.

3. 거래수수료 할인 이벤트!

	일반주문		예약주문
	Maker	**Taker**	
KRW 마켓	0.139% → 0.05%		0.139%
BTC 마켓	0.25%		0.25%
USDT 마켓	0.25%		0.25%

코빗이 0.15%, 코인원이 0.20%로 낮은 수수료를 매기고 있다. 모든 거래 수수료에는 부가세가 포함된다. 거래 수수료는 체결금액$^{주문수량×}$ ^{주문가격}×거래수수료율%을 산출해 반영된다.

투자를 이제 막 시작해 시행착오를 거쳐야 하는 이용자의 경우에는 국내 4대 거래소 중 빗썸이 가장 적절한 선택지가 될 수 있다. 일정 기간 쿠폰을 통해 거래 수수료를 매기지 않아서다. 거래량이 아주 많고 투자금이 1,000만 원대 이상인 투자자에게도 쿠폰을 이용해 수수료를 절약할 수 있다는 점에서는 동 거래소가 유리할 수 있다. 다만 투자금이 소액이고 거래량도 적은 투자자에겐 기본 수수료가 가장 저렴한 업비트가 수수료를 절약할 가장 적합한 거래소가 될 수 있다.

10분이면 끝나는
차트 벼락치기

차트 및 보조지표 활용

가상자산 투자 전문가들은 시세와 거래량의 동향을 시각화하고, 그 안에서 특정 양식이나 유형, 추세 등을 찾아내 앞으로의 가격 움직임을 전망한다. 그러나 같은 차트를 가지고도 분석하는 사람에 따라 이견이 나올 수 있기에 100% 들어맞는 분석법이란 없다. 이에 이 책에서는 가상자산 시장의 전반적인 흐름을 읽는 데 꼭 필요한 요소만 골라 전달하고자 한다.

캔들 차트

홈페이지 '거래소' 창에 들어가서 가장 먼저 발견할 수 있는 차트가
바로 '캔들 차트'다. 주식 시장에서도 쉽게 접할 수 있는 캔들 차트는
양초처럼 생긴 막대기가 지정한 시간 단위로 그려지는 차트라고 보면
된다.

가상자산 시장에서 가장 많이 쓰이는 캔들 차트를 이해하기 위해선
캔들의 형태부터 인지하는 것이 필요하다. 캔들은 쉽게 시장의 핵심 요
소를 뽑아 시각화한 모형이라 보면 된다. 쉽게는 장 시작 가격인 시가,
장 마감 가격인 종가, 당일 최고가, 당일 최저가를 하나의 그림으로 축
약한 것이라 이해할 수 있겠다. 캔들의 모양만 잘 파악해도 그날의 매
도세와 매수세의 상세한 움직임은 물론 시상의 선반석인 흐름까지 살

양봉과 음봉

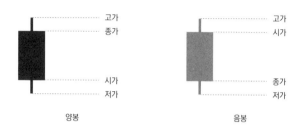

필 수 있는 만큼 보다 자세히 살필 필요가 있다.

캔들은 먼저 상승세를 나타내는 빨간색 막대기 '양봉'과 하락세를 알려주는 파란색 막대기 '음봉'으로 나뉜다. 우선 두 막대의 몸통이 보여주고 있는 건 시가와 종가다. 양봉은 가격 상승세를 나타내는 지표인만큼, 아랫변이 시가를 윗변이 종가를 기록한다. 음봉은 가격 하락세를 보여주는 지표이기에 윗변이 시가를 아랫변이 종가를 나타낸다.

그렇다면 위아래로 길쭉하게 삐져나온 선은 무엇을 의미할지 궁금할 것이나. 이는 지정한 기간 내 고가와 저가를 이은 선을 보여주는 것이다. 즉, 위꼬리가 달린 형태는 최고가를 찍고 하락한 상태라는 것을, 밑꼬리가 이어진 모형은 최저가를 찍고 다시 상승한 상태라는 것을 보여준다.

위 예시가 가장 기본적인 캔들 모양이다. 그러나 모든 캔들이 해당 모양을 지키진 않는다. 위꼬리 또는 아래꼬리만 있는 경우도, 꼬리 자체가 없는 경우와 몸통이 거의 없는 경우도 있다. 모양 변화에 따라 캔들이 의미하는 바는 달라지기 때문에 꼬리가 아예 없는 유형과 꼬리만으로 이루어지는 유형도 추가로 설명하고자 한다. 극단적인 예시만 정확히 이해해도 다양한 유형을 지닌 캔들의 의미를 유추할 수 있는 만큼 집중하길 권한다.

장대양봉과 장대음봉

장대양봉   장대음봉

먼저 꼬리가 없고 캔들 몸통만 길게 나타나는 경우부터 살펴보자. 명칭은 장대양봉과 장대음봉이다. 이 두 유형은 고점과 저점이 없이 시가부터 종가까지 쭉 상승세 또는 하락세를 이어왔단 의미를 지닌다. 상승세 혹은 하락세가 아주 강하게 나타나고 있는 시장이란 것을 알리는 셈이다.

그 때문에 앞으로도 일정 기간 상승세 또는 하락세가 지속할 것이라 전망하는 근거가 되기도 한다. 특히 상승장 중 장대음봉이 나타날 경우 이익 실현 매물이 시장에 쏟아져 나오는 신호로 읽히는 경우가 잦기에, 적절한 매도 시점이라 판단하는 투자자가 많다는 점 기억하자.

반대로 몸통이 일자─선으로 나타나고 꼬리만 길게 나타나는 경우를 십자형† 캔들이라고 부른다. 일자선이 중앙에 찍히는 장족 십자가형의 경우 매수세와 매도세의 균형이 팽팽한 시점이기에 시장 상황을 조금 더 살필 필요가 있다는 뜻으로 이해하면 된다. 다만 상승세 또는 하락장에서 십자형 캔들이 나타나는 경우 곧 추세 전환이 이루어질 수 있다는 신호로 해석되기도 한다.

적삼병과 흑삼병

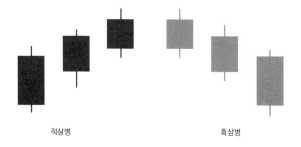

적삼병   흑삼병

하나의 캔들보다는 2개가, 그보다는 3개가 더 정확하게 시장 흐름을 예측도록 돕는다. 특히 붉은색 양봉이 3개 연속으로 나다나는 '적삼병'

이 하락세 이후 낮은 가격대에서 형성됐다면 상승세를 미리 알리는 시그널로 해석된다. 특히 꼬리가 짧다면 상승세가 강하게 나타나고 있다고 이해하면 된다. 반대로 고점에서 파란색 음봉이 3개 연속 나타나는 '흑삼병'이 나타나면 하락세로 시장 상황이 변하고 있다는 것을 뜻하는 것이다. 이 경우에도 꼬리가 짧아질수록 설득력이 높다는 점 기억하자.

캔들 봉은 기간에 따라 분봉, 일봉, 주봉, 월봉, 연봉 등으로 분류된다. 가상자산 시장에선 30분 간격인 30분봉으로 기본 차트가 나타나는데, 이는 차트 좌측 상단에서 조정할 수 있다. 보통 장기 투자자의 경우 전반적인 시장 흐름을 보기 위해 일봉이나 주봉으로 설정하는 경향이 짙고, 단기 투자자의 경우 적절한 매매타이밍을 빠르게 잡기 위해 분봉을 선택하는 경우가 많다.

이동평균선 골든크로스/데드크로스

기본 차트에서 캔들 다음으로 발견할 수 있는 게 바로 이동평균선이다. 이동평균선은 단위 기간 찍히는 가상자산 가격의 평균값을 차례로 연결해 만든 선이다.

이동평균선은 일정 기간 평균 단가를 이어놓은 지표이기에 최근 가격 동향을 보다 직관적으로 보여준다는 강점을 지닌다. 일반적으로 가

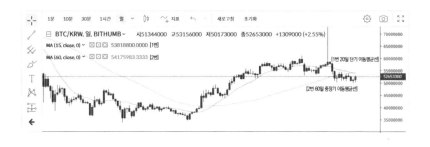

상자산 시장이 주식 시장보다 더 빠르게 움직이기 때문에 5일, 10일, 15일, 20일 이동평균선을 단기로 50일, 60일, 120일 이동평균선을 중기로 활용한다. 200일, 300일 이동평균선은 장기로 고려한다. 모든 이동평균선에서 가장 주목해야 할 부분이 20일 이동평균선이다. 빗썸 기본 화면에서는 주황색 선이 15일 단기 이동평균선을, 하늘색 선이 60일 중장기 이동평균선을 나타내는 선으로 설정돼있다.

이동평균선의 기간은 조정이 가능하다. 홈페이지 화면 차트 상단을 보면, 장기·단기 이동평균선을 각각 표시한 창을 볼 수 있다. 각 이동평균선 설명 창에 있는 톱니바퀴 모양의 설정 버튼을 누르면 기간, 색깔 등을 바꿀 수 있다. 앱에서는 차트 창 상단에 있는 [+] 모양의 설정 버튼을 눌러, 이동평균선 설명 창을 띄우고 같은 방법으로 설정을 변경하면 된다.

이동평균선에서 눈여겨봐야 할 부분은 중장기 단기 지표가 교차하는 지점이다. 먼저 단기 이동평균선이 중장기 이동평균선을 상향 돌파할 경우를 '골든크로스'라 칭한다. 이는 급격한 가격 상승 전환을 의미하는 것으로, 투자자 사이에서는 매수 신호로 통한다. 위 사례에서는 주황색 선이 하늘색 선을 치고 올라서는 교차 지점을 골든크로스라고 칭할 수 있다.

반대로 단기 이동평균선이 중장기 이동평균선을 하향 돌파할 경우는 '데드크로스'라는 명칭이 붙는다. 급격한 가격 하락 전환을 뜻하며, 통상적으로 매도 신호로 해석된다. 위 사례에서는 주황색 선이 하늘색 선을 뚫고 떨어지는 교차 지점을 데드크로스로 인식하면 된다.

단, 추세 전환과 시차가 존재한다는 점은 염두에 둬야 한다. 따라서 골든크로스와 데드크로스 모두 대량거래를 수반하는 큰 양봉 또는 음봉이 나타나는 것을 살핀 뒤에 매매에 나서는 것이 현명하다.

거래량

거래량 지표는 캔들 차트 바로 아래에서 확인할 수 있다. 일정 기간 거래된 물량을 집계해 막대그래프로 보여주기 때문에, 투자자가 시장

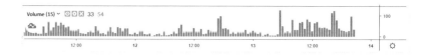

의 유동성을 직관적으로 파악할 수 있도록 돕는다. 가상자산 시장의 경우 캔들 차트의 색과 거래량의 색에 큰 차이가 나타나지 않기 때문에 색깔은 신경 쓰지 말고, 온전히 양에만 집중하면 된다.

우선 거래량은 적절한 매수 또는 매도 타이밍을 잡는 데 신뢰도를 확보하는 지표로 활용된다. 통상적으로 상승세에 거래량이 많다면 매도 우세 타이밍, 반대로 하락세에 거래가 많다면 매수 우세 타이밍으로 해석된다. 시점을 놓칠 경우 고점에 물리는 상황이 발생할 수 있기에 거래량 추이에 주의를 두고 시장을 살필 필요가 있다.

지지선 / 저항선 / 추세선

차트에 선을 그려서 시장의 흐름을 분석하는 것은 투자자들이 가장 많이 사용하는 분석 방법이다. 과거로부터 현재의 흐름을 통해 미래의 가격 흐름을 파악한다고 생각하면 이해하기 쉽다. 차트에 작도하는 가장 기본적인 방법인 지지선, 저항선, 추세선을 그려서 적절한 매매 시점과 손절가를 잡는 데 도움을 받도록 하자.

모든 선을 그릴 때 캔들의 몸통과 꼬리 중 어떤 점을 기준으로 삼을 지는 본인이 선택하면 된다. 일정 기간 가석의 움직임이라는 공통 기준이 있기 때문에 몸통은 몸통끼리 꼬리는 꼬리끼리만 긋는다면 문제 될 건 없다.

① 지지선 / 저항선

우선 지지선이란 가격이 하락하는 중에 일정 가격대에서 머물거나 반등하는 가격대를 나타내는 선이다. 반대로 저항선은 가격이 상승하는 중에 일정 가격대에 머물거나 하락하는 가격대를 나타내는 선이라 인지하면 된다.

자, 그럼 직접 지지선과 저항선을 그려보자. 빗썸 차트에선 좌측에 선을 긋기 위한 도구들이 열거된 것을 볼 수 있다. 이중 위에서 두 번째에 나와 있는 대각선 표시 옆 '〉' 버튼을 눌러 '가로줄'이라는 도구를 눌러보자.

이제 직접 지지선과 저항선을 만들면 된다. 저항선은 고점이 많이 찍힌 곳을 중심으로 표시하고, 지지선은 저점에서 반등이 잦았던 지점을 그으면 된다. 가격이 특정 지점을 결정해 움직이지 않기 때문에 최대한 설득력이 높은, 최대한 많은 가격이 겹치는 곳을 짚으면 된다.

필자의 경우 분홍색으로 저항선을, 연두색으로 지지선을 그었다. 위 그래프에서 6개 안팎의 고점을 연결해 가격대 '5,529만 2,696원'을 가리키고 있는 선이 필자가 그린 저항선이다. 지지선 역시 10개 안팎의 저점이 찍힌 '5,434만 2,296원' 가격대에 맞춰 표기했다.

저항선과 지지선을 찾았다면 2개의 선을 중심으로 가격이 오를 것인지 내릴 것인지 판단하면 된다. 단순히 언급하자면 지지선은 가격 반등을 하는 구간, 저항선은 가격이 내려가는 구간이라고 이해하는 것이다.

다만 같은 그래프를 가지고도 모든 투자자가 보는 설득력 높은 고점과 저점이 다르다는 점은 인식해야 한다. 모든 지표가 그렇듯 지지선이 무너지면 무조건 떨어지고, 저항선을 뚫으면 무조건 오른다는 정답은 없다는 뜻이다.

저항선의 경우 '과거에 5,529만 원대에서 머물다가 떨어졌으니까, 이번에도 비슷한 가격대 위로 올라가긴 쉽지 않겠네' 또는 '이를 기점으로 떨어질 가능성이 높고, 만약 이를 넘어선다면 더 오를 수 있겠네' 정도로 매매 시 참고하면 된다. 지지선의 경우에도 마찬가지로 '과거에 5,434만 원대에서 올라왔으니, 이번에도 여기서 상승하겠네' 또는 '이보다 떨어진다면 장기간 하락세를 탈 수 있겠네' 정도로 인식해 거래에 나서는 게 좋다

② 추세선

추세선은 가격이 일정 기간 같은 방향으로 움직이는 경향을 직선으로 표시한 것이다. 상승 추세선은 상승 추세에서 보이는 저점과 저점을 모아 연결한 선이며, 하락 추세선은 하락 추세에서 나타나는 고점과 고점을 연결한 선이다.

앞서 언급했던 지지선과 저항선의 응용 버전이라 보면 쉽다. 먼저 고점을 잇는 게 하락 추세선이기에 다수의 저항을 잇는 것과 동일한 성격을 보인다고 생각하면 된다. 반대로 저점을 잇는 게 상승 추세선인 만큼 다수의 지지를 하나로 긋는 선과 유사한 특성을 갖는다고 인식하면 된다.

즉, 추세선의 경우에도 하나의 선에서 재차 지지를 받았다면 '이선에 근접하면 이번에도 지지를 해주겠구나' 정도로, 재차 저항이 있었다면 '이번에도 저항을 맞고 하락하겠구나' 정도로 이해하고 매매에 나서면 된다.

이제 추세선을 그려보자. 도구 창에서 이번엔 '추세줄'이라는 도구를

선택하고 좌측에 있는 자석 모양을 누르면 마우스가 근처에 도달 시 자동으로 꼭짓점을 찾아준다.

상승 추세선을 그리려면 최저점에서 만들어지는 반등 자리를 체크하고, 그다음 만들어지는 반등 자리까지 선을 이으면 된다. 위 차트에선 진녹색 선이 상승 추세선을 나타낸 선이다. 이 선 밑으로 떨어지기 전까지 상승 추세를 이어갈 것이라 예상하면 된다. 이 선을 뚫고 떨어진다면 상승세가 하락세로 전환되는 시점이라 인식하면 된다.

반대로 하락 추세선은 최고점과 그보다 낮은 고점을 연결하면 된다. 위 차트에선 보라색 선이 하락 추세선을 그린 선이다. 이 선을 뚫고 올라가기 전까지 하락 추세가 이어진다고 생각하면 된다. 만약 이 선을 상향 돌파한다면 하락세가 상승세로 전환되는 시점이라 인지하면 된다.

일반적으로 상승 추세선은 언제 가격이 다시 오르는지 매수 시점을 알고 싶을 때, 하락 추세선은 언제 가격이 내려가는지 매도 시점을 잡고 싶을 때 주로 이용한다. 만약 상승 추세선에서 반등을 이어가지 못하고 아래로 뚫린다면 손절매 시점이라고도 이해할 수 있다.

추세선의 신뢰도는 3개 이상의 고점 또는 저점이 존재할 때 높아진다. 시간 단위를 넓히는 것도 추세선의 신뢰도를 높이는 방법 중 하나다. 분봉보다는 시간봉이, 일봉보다는 월봉이 더 믿을만한 추세선을 형성한다는 의미다.

보조지표

가상자산 시장의 경우 투자를 돕는 보조지표의 종류가 매우 많은 편이다. 이를 차트에 표시하고 싶다면 홈페이지 '거래소' 창에서 원하는 지표를 검색해야 한다. 빗썸에서는 기본 차트 창 상단에 '지표'라고 적힌 칸에서 원하는 지표를 검색해 적용할 수 있다. 이 책에서는 초보자들이 쉽게 사용할 수 있는 MACD^{Moving Average Convergenceand Divergence} 이동평균수확산지수와 볼린저밴드 지표에 대해서만 언급하고자 한다.

① MACD 지표

MACD는 단기 이동평균선과 장기 이동평균선 사이에서 보이는 수렴, 확산 등의 관계를 나타내는 지표다. 원리는 두 이동평균선이 서로 멀어지면 다시 만나고자 해 어느 시점에서 마주치게 된다는 성질을 기반으로, 추세 변화의 신호를 감지하려는 것이다. 두 이동평균선의 격차가 가장 커지는 시점을 활용해 매매 시기를 잡는 방법이라 이해하면 쉽다.

보는 방법은 간단하다. 빗썸 지표에선 단기적인 값인 MACD선이 파란색 선으로, 장기적인 값인 시그널선이 빨간색 선으로 나타난다. MACD선이 이 시그널선을 상향 돌파할 때, 즉 골든크로스를 내면 매수 지점으로 해석하면 된다. MACD선이 시그널선 밑으로 떨어졌을 경우엔 데드크로스를 낸 것으로, 매도 시점이라 판단하면 된다.

단, 일반적으로 MACD 지표의 경우 횡보장에서 정확도가 떨어지기 때문에, 해당 지표만 보고 다량의 물량을 매매하는 것이 위험할 수 있다는 점은 기억하자. 모든 보조지표는 절대적인 답이 아니란 점을 염두에 두자.

또 MACD 지표에서는 투자자의 특성에 맞게 기간을 설정하는 것도 중요하다. 단타를 원하는 투자자의 경우 분봉, 일봉으로 중장기 투자를 목적으로 하는 투자자는 주봉, 월봉 기준으로 보는 것을 권한다.

② 볼린저밴드

볼린저밴드는 가격 변동에 따라 위아래 폭이 같게 움직이는 밴드를 형상화한 것으로, 특정 범위에서 고점매도와 저점매수를 찾도록 하는 지표다. 시장 가격이 특정 상한선과 하한선 내에서 오르내린다는 경향을 바탕으로 마련된 표라고 보면 쉽다.

지표는 가운데 선인 이동평균선, 싱단밴드, 하단밴드로 이뤄서 있나. 볼린저밴드 지표는 전체 밴드 내에서 가격이 움직일 것이란 짐을 전세

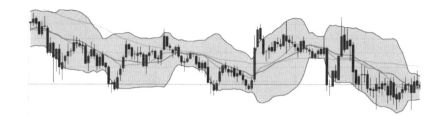

로 하고 있기 때문에, 중심선을 기준으로 시세가 올라갈 경우 상승세를 타는 것으로, 중심선보다 시세가 내려갈 경우 하락세로 판단한다. 마찬가지로 시세가 밴드의 상한선에 다다르게 되면 저항을 받고, 밴드의 하한선에 도달하면 지지를 받는 시점으로 진단한다. 때문에 볼린저밴드를 활용하는 투자자의 경우 밴드의 상한선에서 팔고 밴드의 하한선에서 매수하는 것을 기본으로 둔다.

통장으로 돈을 옮기기

수익이 났다면 통장으로 옮겨보자. 출금은 크게 원화를 은행 계좌로 옮기는 방식과 가상자산을 가상자산 지갑으로 송금하는 방식으로 나뉜다. 먼저 원화 출금에 대해 알아보자. 홈페이지 상단 '지갑관리-출금' 창을 누르면 중간에 자리한 '원화KRW' 출금 화면을 볼 수 있다. 출금 창에 늘어서면 일일 출금 한도와 월 출금 한도를 가장 먼저 확인할 수 있

1. 금액

출금 가능액: 132,070 KRW

출금요청 금액: 100,000   [최대]

1일 잔여 한도: 50,000,000KRW 현재 레벨 2

총 출금 금액 (수수료 포함):   101,000 KRW

2. 출금계좌

출금 은행:

출금 계좌번호:

예금주:

3. 인증

인증번호발송: [인증요청]

등록된 전화번호

보안비밀번호: ••••

[KRW 출금요청]

다. 회원가입까지 인증 절차를 거쳤다면 인증 2단계에 해당해 일일 출금 한도 5,000만 원, 월 출금 한도 3억 원으로 기본 설정된다.

만약 출금 한도를 늘리고 싶다면, 홈페이지 상단에 뜨는 자신의 아이디를 클릭한 뒤 '계정 관리-인증센터' 창으로 이동하면 된다. 서약서를 작성하는 3단계 인증 절차를 거치면, 일일 출금 한도 3억 원, 월 출금 한도 10억 원으로 확대된다. 빗썸 내 최고 인증 수준인 4단계는 거주지 증명서를 제출하는 절차를 밟아야 한다. 4단계에서는 일일 출금 한도가 20억 원으로 설정되고 월 출금 한도의 제한은 모두 해시된다.

다시 출금 절차로 돌아오면 일일 출금 한도 화면 바로 아래 현재 출금이 가능한 금액이 적혀있는 것을 확인할 수 있다. 그 하단에 출금 요청 금액을 적고, 자동 설정된 농협은행 계좌가 입금 시 사용됐던 계좌가 맞는지 다시 확인하면 된다. 이후 휴대폰을 통한 인증 단계를 거친 뒤 보안 비밀번호를 적고 'KRW 출금 요청' 버튼을 누르면 된다. 이후 출금 요청 신청 관련 '승인' 버튼까지 클릭하면 출금 요청이 등록된다. 출금 내역 및 상태는 출금 신청 판 좌측에 있는 '거래 내역'에서 확인할 수 있다.

출금 수수료는 빗썸, 업비트, 코인원, 코빗 모두 1,000원이다. 때문에 수익이 났다고 바로 출금하기보단 자신이 정한 수익선에 도달했을 때 한 번에 계좌 출금하는 것을 권한다.

다음으로는 보유 중인 가상자산을 타 거래소 또는 개인 지갑에 출금하는 방법을 알아보자. 먼저 '출금' 창을 열면 구분란에 '원화'로 기본 설정돼있는 것을 볼 수 있다. 여기서 출금을 원하는 코인 종류를 클릭하면 '주소로 보내기' 창이 아래에 뜨는 것을 확인할 수 있다. 비트코인 출금 주소란에 자신의 코인을 보낼 지갑 주소를 입력하고, '출금 주소 체크'를 통해 주소를 한 번 더 확인한다. 이후 보안 비밀번호를 적은 뒤 본인 휴대전화를 통해 ARS 인증 단계까지 마치면 비트코인 출금을 요청할 수 있다.

가상자산의 경우 출금 신청이 완료되면 취소할 수 없다. 주소를 잘못 기재해 출금이 제대로 진행되지 못해도 거래소 측에서 복구 시도가 불가하다. 서로 다른 가상자산이더라도 유사한 주소 체계를 가진 자산의 주소라면 송금이 가능하다는 점도 유의해야 할 부분이다. 또 자산마다 네트워크 업데이트 등으로 입출금 기능 여부가 시시각각 변할 수 있기

에 입출금 관련 현황과 공지사항 등을 면밀히 살핀 뒤 가상자산 출금을 신청하는 것을 권한다.

출금 신청이 정상 완료되면 심사가 진행된다. 심사 결과는 최대 72시간까지 지연될 수 있으며, 부정거래가 의심될 경우 출금이 제한될 수 있다. 만약 이상 금융거래 감지 시스템 심사 과정에 따라 출금이 차단될 경우 출금 신청한 가상자산 거래에 대한 심사 시간이 추가로 소요된다. 이 기간 내 코인 매수 및 매도 거래 서비스는 정상적으로 이용할 수 있다. 출금을 신청하는 것을 권한다.

세금

그렇다면 가상자산으로 얻는 수득에 대한 세금은 어떻게 부과될까.

사실상 지금까지 가상자산은 비과세 혜택을 받아온 투자처였다. 소득세법에 마땅한 규정이 없었기 때문이다.

그러나 작년 12월 소득세법이 개정되면서 2022년 1월부터 과세 대상에 묶이게 됐다. 정부는 내년부터 가상자산을 양도하거나 대여해 발생한 소득을 기타소득으로 분류해 20%의 세율로 분리과세한다. 기본공제금액은 250만 원이다.

내년부터 투자자가 비트코인으로 1,000만 원 차익을 보게 되면, 수익에서 250만 원을 뺀 나머지 750만 원의 20%인 150만 원을 세금으로 납부해야 하는 셈이다. 다만 이는 계산을 단순화한 것으로, 실제론 거래 수수료 등 경비를 뺀 순수익 금액에 대해 세금이 물어진다. 가상자산을 자녀에게 물려줄 경우에도 상속·증여세가 부과된다는 점 기억하자.

일단 올해까지는 보유한 가상자산의 가격 상승분에 대해 세금을 매기지 않는다. 실질적으로 가상자산 양도 및 대여 등으로 소득을 얻은 투자자는 2023년 5월 종합소득세 신고 때 첫 납부를 하게 되는 셈이다. 이때 1년간 여러 가상자산에서 낸 소득과 손실을 합산해 순이익에 대해서만 세금을 매기는 손익통산을 적용한다는 점 염두에 두자.

내 돈이 한순간 사라질 수 있다?

소비자 보호장치 전무

가상자산 투자 시 가장 먼저 주의해야 할 점은 제도권 밖의 투자처라는 것을 인지하는 것이다. 현재 우리나라는 가상자산을 법적 보호 대상 자산으로도 두고 있지 않다. 특정금융정보법^{이하 특금법}의 경우 가상자산의 자금세탁방지에 대해서 규제할 뿐 명확한 투자자 보호 방안을 포함하고 있지 않다. 즉 하루에 20조원 거래대금을 가지는 국내 대규모 가상자산 거래소라도 공인된 거래소가 아닌 민간사업자에 그친다는 뜻이다. 때문에 거래서 내에서 시세 조종, 다단계 사기, 유사수신 등 심각한 사고가 발생하더라도 이에 대한 피해는 고스란히 고객에게 전가된다. 거래소가 폐업한다고 해도 소비자가 받을 수 있는 보호 조치는 없다는 얘기다.

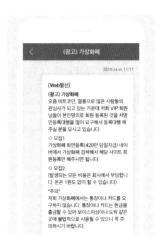

*구매 대행 사기 예시 (계정 대여 요청 문자)

24시간 시장 리스크

24시간 내내 거래가 진행된다는 점도 투자자가 적응하기 어려운 요소다. 한국, 미국 등 전 세계 증권시장은 일정한 운영 시간대를 가진다. 장이 시작하고 끝나는 시점이 정해져 있기에 손실을 보더라도 기존의 투자 전략을 수정하는 시간을 가질 수 있고, 시세 급변에 대응하는 전략도 세울 수 있다. 그러나 가상자산 시장의 경우 세계 각국의 투자자들이 각 시차에 맞춰 끊임없는 거래를 이어가고 있기에, 자신의 수면 시간에 자산 가치가 폭락하는 위험을 피할 수 없다.

원금 손실 가능성

가상자산 시장은 원금 손실 가능성이 큰 시장이다. 반등세와 폭락세가 수십%씩 움직이는 높은 가격 변동성을 지녔는데, 24시간 끊임없이 거래가 이뤄지니 어쩌면 당연한 특성일지도 모르겠다. 여기에 국내주식에 도입된 상·하한가 등 기본 가격 제한선도 없다. 당장 오늘이라도 자신의 자산이 반토막 나는 일이 전혀 이상하지 않은 시장이란 뜻이다. 실제로 2013년 12월 6일 1,000달러를 웃돌던 비트코인은 다음날인 7일 500달러대까지 곤두박질친 바 있다.

재무제표 등 투자 가치에 대해 객관적으로 평가할 요소가 없다는 점도 외부 영향으로부터 가격이 빠르게 요동치도록 하는 최적의 조건을 마련하기도 한다. 최근 영향력이 있는 인사가 비트코인에 대해 언급만 하면 매일 시장이 롤러코스터를 타는 양상을 보면 피부로 와닿을 것이다. 대표적인 이가 바로 일론 머스크 테슬라 최고경영자CEO다. 최근 각국 경제 수장들이 가상자산의 위험성을 경고할 때마다 비트코인 가격이 폭락한 점은 아직 가상자산 시장이 큰 불안정성을 내포하고 있다는 방증이기도 하다. 투자자들에게 보다 신중하게 진입해야 하는 시장이라 말하는 이유다.

상장폐지 위험

알트코인의 경우 한순간에 휴짓조각으로 돼버릴 수 있단 점도 유의할 점이다. 최근 금융당국이 가상자산 관련 규제를 대폭 강화할 것을 예고하면서 주요 거래소들이 코인을 무더기로 상장폐지하는 사태가 벌어졌다. 당시 코인 가격은 상장폐지 소식에 대부분 폭락했다.

갑작스러운 상폐에 타격을 입은 투자자가 억울함을 토로했으나, 금융당국에서는 이에 개입할 수 없단 뜻을 분명히 밝혔다. 가상자산 시장 자체가 관련 법이 전무하기 때문에, 제도상 투자자 보호 조치가 불가하단 점을 밝힌 것이다.

거래소가 거래를 중단하겠다고 결정만 해버리면 막을 방법이 없다는 뜻이기도 하다. 이는 거래소가 상폐를 발표하면 바로 상폐돼버리며, 이에 대한 피해는 고스란히 투자자 몫이라는 것을 알린 대표적인 사례였다. 9월에 특금법이 시행되더라도 거래소가 자체적으로 상폐 결정을 내리는 데 대한 제재는 불가능하다는 게 업계 중론이다. 특금법에도 상장이나 상폐에 관한 규정 자체가 명시되어 있지 않기 때문이다. 이 때문에 코인의 상장이 쉽지만, 그만큼 하루아침에 없어질 가능성도 높다는 점 유의하자.

1. 비트코인에 투자한다면 반감기를 고려해라

비트코인 투자자라면 약 4년에 한 번씩 돌아오는 반감기를 염두에 두는 것이 필수다. 비트코인 반감기를 간단히 설명하면, 컴퓨터 프로그램으로 코인을 채굴할 때 보상으로 받게 되는 비트코인의 양이 평소의 절반 수준으로 줄어드는 시기를 의미한다. 지금까지 총 3번의 비트코인 반감기가 있었는데, 해당 시기를 거칠 때마다 비트코인의 가격은 큰 폭의 상승세를 기록해왔다. 비트코인으로 큰 이익을 거두기 원하는 투자자라면 중장기적 관점에서 비트코인의 반감기와 시장 흐름을 분석하는 일이 필요한 이유다.

첫 반감기는 2012년 11월에 있었다. 당시 보상금은 1블록당 50개 비트코인에서 25개로 축소됐다. 눈여겨봐야 할 것은 반감기 이후 비트코인의 가격 변화다. 2012년 말 12~13달러에 머물렀던 비트코인의 가격은 2013년 11월 1160달러선을 돌파하면서 1년만에 약 9,000%의 상승률을 기록하게 된다. 비트코인 가격은 두 번째 반감기 이후에도 약 3,000%의 경이로운 성장률을 보였다. 2016년 7월 반감기 당시 600달러 승반내에 그쳤던 비트코인 가격은 2017년 12월 1만9783달러까지 상승세를 이어갔다.

가장 최근에 있었던 반감기는 2020년 5월 1블록당 채굴 보상 코인이 12.5개에서 6.25개로 줄어든 시기다. 현재 비트코인 시장은 세 번째 반감기 영향권 아래에 있다. 가격 동향 역시 이전과 유사하다. 지난해 5월 1비트코인당 9600달러대에 머물던 가격은 올해 4월 6만4800달러 역대 최고치를 찍은 뒤 등락을 거듭하고 있다. 짧으면 1년, 길면 1년 6개월까지 이어지는 반감기가 코인 가격에 미치는 영향이 뚜렷한 만큼 이를 활용해 장기적인 전략을 세우는 것을 추천한다. 단, 반감기가 코인 가격에 미치는 영향이 최고조에 달한 뒤엔 거센 하락장이 드리웠다는 점에 주의해 매매 시점을 판단하는 것을 권한다.

2. 코인으로 수익률을 높이고 싶다면 거래량에 눈을 뜨자

모든 시장에서 가격은 수요와 공급 원칙에 따라 결정된다. 코인을 팔고 싶은 사람보다 구매하고 싶은 사람이 많을 때 가격은 오르고, 코인을 사고 싶은 사람이 처분하고자 하는 사람보다 적으면 가격은 내려간다. 그렇다면 시장 내 거래량이 증가한다는 것은 무슨 의미를 지닐까. 시장 참여자 규모의 확대, 즉 시장 자체가 활성화되고 있음을 알리는 신호다. 매매 주문을 거는 이들이 증가하고 체결되는 수량 자체가 빠르게 늘고 있다는 것. 이는 코인을 사고자 하는 이들과 팔고자 하는 이들의 균형이 맞춰지면서 한쪽으로 향하던 가격의 방향성이 변한다는 것을 의미한다.

코인 가격과 시장 활성화 정도를 나타내는 거래량이 밀접한 관계를 갖고 움직인다는 것이다. 더 간단히는 시장에 변화가 일어나는 상황을 감지해 가격의 상승 또는 하락의 전환점을 파악한다고 생각하면 쉽다. 가격이 낮은 구간에서 코인의 거래량이 증가하는 경우 매매 주문이 활발해지고 있다는 뜻으로, 가격이 곧 상승세로 변할 것을 전망하는 식이다. 가격이 높은 지점에서 거래량이 떨어지는 경우 가격이 하락세로 돌아설 것이라 인식하는 것도 같은 방식이다. 이를 활용하면 저점 구간에서 가격과 거래량이 동시에 오를 때 매수 주문에 나서고, 고점 구간에서 가격과 거래량이 동시에 하락할 때 매도 주문을 넣는 전략을 세울 수 있다.

나만 믿는는 있다. 거래량이 증가하는데도 가격이 더 오르지 않거나,

거래량이 감소하는데도 가격이 내려가지 않을 때다. 전자의 경우에는 자신이 모르는 외부 악재가, 후자의 경우엔 외부 호재가 자리했을 가능성이 있다. 또는 현재 가격 유지를 원하는 특정 세력이 손을 쓰고 있는 상태일 수 있다. 따라서 단순히 거래량만 보고 매매 주문에 나서는 것이 아닌, 투자 코인에 대한 정보를 충분히 습득하고 리스크 정도를 판단한 뒤 거래에 나서는 것이 필요하다. 위 두 사례 외에도 특정 코인의 거래량이 매우 짧은 시간 큰 폭으로 오르거나 내릴 경우 성급히 매매에 나서지 않을 것이 권한다. 코인 시장의 경우 가격 상·하한폭 제한이 없는 만큼 일시적으로 가격이 올랐다가 순식간에 떨어지는 경우가 잦기 때문에, 이를 고려한 매매 전략을 세울 필요가 있다.

3. 모든 투자 성공 신화는 정보 습득에서 비롯된다

전문가들의 심층적인 분석을 기반으로 안정된 투자 전략을 세우는 기관투자자의 동향은 개인 투자자가 활용할 수 있는 핵심 정보 중 하나다. 이를 확인할 수 있는 대표적인 사이트가 바로 'www.bybt.com'다.

간단히는 가상자산 시장에 막대한 영향력을 지니는 업계 대표 기관투자자 그레이스케일의 펀드 포트폴리오와 보유 코인에 대한 정보가 제공되는 사이트다. 펀드 포트폴리오 구성 변화와 코인별 자산가치 등을 중심으로 파악할 수 있다. 그레이스케일 투자 포트폴리오에 담긴 코인별 수량 변화를 통해서는 시장 흐름에 대한 이해도를 높일 수 있다. 시가총액 변동 요인으로 작용할 수 있어서다. 단, 기관투자자의 경우 장외 거래 시장OTC 마켓에서 거래가 진행되기에, 일반 거래소 호가에 즉시 반영되지는 않는다는 점은 유의할 필요가 있다.

코인은 외부 요인에 매우 빠른 속도로 반응하는 자산 중 하나다. 코인으로 큰돈을 벌고 싶다면 일상에서 코인 관련 정보를 실시간으로 전달받는 것은 매우 중요한 일이다. 대형 프로젝트 또는 재단의 사업 확대 및 축소 관련 소식을 얻는 것이 핵심이다. 정보 습득 통로로는 텔레그램, 트위터 등 SNS를 활용하는 것을 추천한다. 이미 주요 코인 프로젝트와 재단은 자체 텔레그램 채널을 운영하면서 코인 관련 정보를 적극적으로 올리고 있다. SNS별 활용 방법에는 약간의 차이가 있다. 텔레그램에는 가상자산 관련 분석 자료, 거래소 뉴스 등을 확인하는 용도로 사용하는 것을 권한다. 유명 투자자들이 업계 관련 발언을 내놓는 트위터에서는 이들의 투자 의견과 가격에 미치는 파급력을 전망하는 용도로 활용하는 것을 추천한다.

8장

왕초보
따라 하기:
주식 투자

추천 대상

소액으로 안정적인 수익률을 거두길 바라는 장기 투자자

최소 자금

1,000원부터 투자 가능

성공사례

밀레니얼 세대에 속하는 C씨는 해외주식 소수점 투자 서비스로 1년 8개월 만에 67.8%의 수익률을 거뒀다. 그의 투자 포트폴리오는 누구보다 단순했다. 젊은 층의 소비 패턴이 곧 기업의 미래 성장 가능성과 직결된다고 판단한 C씨는 밀레니얼 층에서 가장 화제성이 높은 '애플'과 구글의 모회사 '알파벳A$^{CLASS\ A}$' 두 종목에 집중하는 투자 전략을 세웠다. 이들 기업이 4차 산업혁명을 선도하는 종목이란 점도 투자에 확신을 더하도록 하는 요소였다.

다만 1주씩 덜컥 사들이기엔 이들 종목 모두 금액적으로 부담되는 면이 있었다. 특히 주당 100만 원 돈을 훌쩍 넘는 알파벳A의 경우는 투자 엄두를 내기도 힘들었다. 이에 C씨는 매달 소량씩 해외주식을 매수하는 소수점 투자를 활용했다. C씨는 2020년 1월부터 2021년 8월까지 매월 25일 알파벳A와 애플 주식을 5만 원씩 사들였다. 한 달에 10만 원씩 적금을 들고 있는 것과 다를 바 없었다. 시대가 멈추지 않는 한 절대 망하지 않을 것이라 믿는 이들 기업의 주주가 된다는 사실 자체로도 뿌듯했는데, 경제적 부담도 전혀 없으니 투자하는 것 자체에 재미가 붙었다.

투자 자체에 번거로움이 없어 수익률에 대한 기대감이 크지 않았던 C씨는 최근 수익률을 확인하고 눈이 동그래졌다. 총 납입 원금 230만 원으로 C씨가 사 모은 주식의 현 평가금액_{2021년 9월 8일 기준}은 386만 원에 달했다. 1년 8개월 새 구글이 74.34%, 애플이 61.75% 오르면서 총 수익률은 67.8%를 기록했다. 은행 적금만큼이나 안정적인 투자처인데 벌어들이는 수익은 비교 자체가 불가하다 보니 또래보다 자산을 더 잘 활용하고 있다는 생각에 만족감이 매우 컸다. 재테크 자체에 대한 흥미와 자신감이 붙은 것은 덤이었다.

주식도 0.01주 투자 열풍

삼성전자 1주 사는 값으로 애플과 구글, 테슬라 3개 기업의 주주가 될 수 있다면 어떨까. 한낱 상상이 아니다. 원한다면 당장이라도 누구나 국내에서 실현할 수 있는 일이다. 금융당국이 지난 2019년에 1주당 수백만 원에 달하는 해외 우량주식을 1,000원 단위로 매매할 수 있도록 하는 '소수점 투자' 서비스 국내 운영을 허용해주면서다. 이미 미국, 영국 등 선진국 주식시장에서 소수점 매매는 거래가 활성화된 투자 방식이기도 하다.

서비스 출범 초반엔 커피 한잔 값으로 스타벅스의 주식을 살 수 있다는 매력 요소로 자금이 넉넉하지 않은 2030세대에서 각광받았지만,

이제는 해외 주식시장에 첫발을 디디려는 40대 이상 개인투자자까지 흡수하는 시장으로 몸집을 키우고 있다. 한국투자증권 해외주식 소수점 투자 플랫폼 '미니스탁'이 서비스 출시 9개월 만에 가입자 80만 명을 쓸어모으며 무서운 성장세를 증명한 것이 일례다.

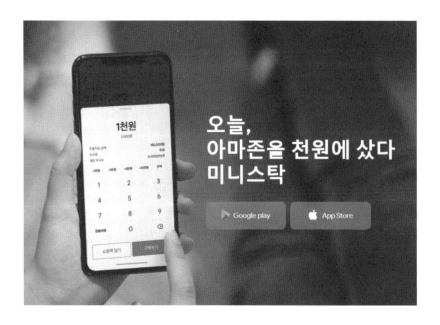

현재 국내에서 해외주식 소수점 투자 서비스를 제공하고 있는 증권사는 신한금융투자와 한국투자증권, 단 두 곳뿐이다. 다만 향후 시장이 확대될 여기는 충분하다. 최근 해외주식 소수점 매매가 주식시장의 새로운 트렌드로 자리 잡으면서 대형사는 물론 카카오페이증권, 토스증권 등 빅테크 증권사까지 서비스 출시 의지를 밝힌 상태다. 소수점 투자 시스템이 국내 주식시장에 도입될 가능성도 커지고 있다. 최근 금융투자업계는 국내 주식시장에서의 소수점 매매 필요성을 적극적으로 주장하고 있다. 해외뿐만 아니라 국내시장에서도 투자의 저변을 넓히고 장기적인 우량 고객을 육성해야 한다는 취지에서다.

이에 현재 금융당국은 소수점 매매 관련 혁신금융서비스 신청을 중단하고, 주식 소수점 매매 전반에 대한 제도화를 모색하고 있는 상태다. 머지않은 시기에 애플은 물론 삼성전자 주식도 1,000원이면 살 수 있는 시대가 도래할 수 있다는 의미다.

증권사 확인

우선 현시점에서 국내 증권사에서 합법적으로 이용할 수 있는 소수점 투자 방식이 해외주식에 한정돼있는 만큼, 이를 제공하고 있는 플랫폼을 가지고 체계를 이해해보도록 하자. 추후 국내시장 소수점 매매가 허용된다고 하더라도 시차 외에 기본 운영 체계에서 유사한 서비스 구조를 지닐 것이니만큼, 해외주식 소수점 거래 플랫폼에 익숙해지는 것은 향후 큰 자산이 될 수 있다.

자, 그럼 어떠한 플랫폼을 이용해야 국내주식보다 다소 복잡한 해외주식을 보다 쉽게 이해할 수 있을까. 사실 국내에서 해외수식 소수섬 투자 서비스를 제공하는 증권사가 2곳 뿐이기에 선택지의 폭이 넓지는 않다. 단, 두 증권사의 플랫폼이 비슷한 서비스를 갖추고 있지만, 매매 시스템과 서비스 형식이 완전히 다르다는 것은 짚고 가야 할 요소다.

긍정적인 것은 두 플랫폼 모두 직관적인 사용자경험UX과 사용자환경UI 체계를 갖추고 있단 점이다. 해외주식은 물론 국내주식 시장 관련 홈트레이딩시스템HTS, 모바일트레이딩시스템MTS보다도 이용하기 쉬운 편이기에 투자 난도에 대해 걱정할 필요는 없다.

먼저 한국투자증권은 해외주식 소수점 매매를 위한 별도의 애플리케이션앱을 두고 서비스를 제공하고 있다. 기존 MTS나 HTS와 연관성이 없는 독자적인 체계를 구성하고 있기 때문에, 초보자도 쉽게 이해할 수 있는 정보와 매매 시스템을 갖춘 점이 특징이다. 앱 자체가 가지는 프로그램 수가 많지 않기 때문에 반응 속도도 빠른 편이다. 종목별 아이콘 구성과 단순한 매매 절차를 지니고 있어 주식 자체를 처음 접하는 소비자라도 쉽게 접근할 수 있는 플랫폼이라 할 수 있다.

■■■님의
투자현황입니다
149,201원
▲ 2,293원 (+1.56%)   7월 11일 기준

보유 주식   평가금액순 ∨

3개의 주식에서 배당이 나올 예정이에요 ⋯

G   알파벳 C주   20,726원
     0.006995주   738원 +3.69%

     프로그레시브   20,394원
     0.179032주   410원 +2.05%

N   넷플릭스   20,235원
     0.03302주   247원 +1.23%

     애플   17,449원
     0.105171주   1,460원 +9.13%

     월트디즈니   10,188원

⌂   ⌕   ⬈   ▭   ⋯

신한금융투자의 소수점 투자는 기존에 운영 중인 MTS 내에 관련 메뉴를 삽입한 형태로 이뤄진다. 따라서 자사에서 주식을 이용해본 적이 있다면 추가로 앱을 다운받을 필요가 없다. 소수점 투자 서비스가 거대한 플랫폼 요소 중 한 부분만을 담당하고 있다고 보면 된다. 때문에 소수점 매매 화면에서 얻을 수 있는 정보가 한정돼 있다. 같은 플랫폼 내에 있는 해외주식 매매 시스템에 접속하면 미니스탁보다 더 상세한 정보를 얻을 수도 있으나, 관심 종목 정보 확인 시마다 매매 창이 아닌 별도의 창을 이용해야 한다는 번거로움이 있다. 또 해외주식을 해보지 않은 투자자라면 소수점 투자가 가능한 종목만 따로 분류하기에도 어려움이 있을 수 있다.

다만 국내외 주식 매매를 주로 이용하면서 해외소수점 투자를 병행해보려는 투자자에겐 가장 적합한 선택지가 될 수 있다. 투자 관련 모든 정보를 파악하고 매매 주문을 넣는 모든 서비스가 한 플랫폼에서 진행된다는 면에서다.

증권사를 선택하기 전 추가로

짚어야 할 요소는 두 증권사의 주문 단위가 다르다는 점이다. 우선 한투증권의 경우 최소 주문 금액이 1,000원으로, 주문 단위도 1,000원씩 올라간다. 반면 신한금투는 최소 주문 단위가 0.01주다. 최소 주문 금액도 한투증권보다 약간 높은 4달러로 형성돼 있다. 1주에 400만 원짜리 주식을 매매할 경우 최소 4만 원의 자금이 필요하며, 1주에 30만 원인 주식을 소수점 매수하고 싶다면 0.01주 값에 해당하는 3,000원이 아닌 4달러를 웃도는 금액이 요구된다는 얘기다.

투자 개념

본격적인 투자에 들어가기 전, 마지막으로 짚고 넘어가야 할 부분이 있다. 바로 해외주식 소수점 매매의 경우 단기보다는 장기 투자자에게 적합한 투자 형식이라는 점이다.

기본적으로 현재 국내 도입된 소수점 투자 시스템은 실시간 매매를 지원하지 않는다. 현행법에 따른 주식 예탁 단위가 1주로 정해져 있기 때문이다. 이에 따라 증권사들은 정해진 시간에 소수점 단위로 받은 주문을 취합해 한꺼번에 처리한 뒤, 체결 완료된 주식을 주문금액 비율만큼 각 고객에게 배분하는 형식을 갖추고 있다.

이들 투자자 입장에서 해석해보면, 원하는 매매가를 제시하거나 최고점에 팔고 최저점에 사려는 모든 거래 주문이 차단된다는 의미다. 우상향 추세를 예상했더라도 당일 주가 변동에 따라 주식 주문 가격이 달라질 수 있기에 단기적인 시세 차익을 노리는 경우엔 적절치 않다. 지금 당장 요동치는 장의 상승, 하락 추세보다는 장기적인 관점에서의 투자가 필요한 시장이라는 이유다.

시가총액 높은순 ⑦

애플 AAPL	2,733조원 165,919원
마이크로소프트 MSFT	2,389조원 317,797원
아마존 닷컴 AMZN	2,152조원 4,252,693원
알파벳 C주 GOOG	956조원 2,963,110원
페이스북 FB	947조원 400,670원
알파벳 A주 GOOGL	860조원 2,870,357원
테슬라 TSLA	719조원 751,157원

1개월 대비
해외주식 시가총액 TOP10

1	애플	165,918 원	▲ 14.14%
2	마이크로소프트	317,796 원	▲ 9.60%
3	아마존	4,252,693 원	▲ 13.35%
4	페이스북	400,670 원	▲ 6.11%
5	구글	2,870,357 원	▲ 4.25%
6	테슬라	751,156 원	▲ 9.71%
7	타이완 반도체 ...	137,848 원	▲ 2.93%
8	알리바바	235,471 원	▼ 3.46%
9	엔비디아	917,018 원	▲ 15.51%
10	제이피모건	178,107 원	▼

장기 투자를 선호하는 자라면 일부 투자자의 전유물로 여겨졌던 해외시장 우량주를 싼값에 차곡차곡 늘려 안정적이면서도 단단한 수익을 창출할 수 있다는 면에서 기회일 수 있다. 해외시장 우량주의 경우 매

년 발표되는 실적이 우수하고 혁신성과 성장성이 증명된 종목이기 때문에 장기적 관점에서 우상향 곡선을 이어갈 가능성이 크다. 또 작고 큰 리스트가 생기더라도 자산 기반이 워낙 두터우므로 때문에 주가가 요동치는 경우도 드물다. 즉 불안 요소는 적은데 기대할 수 있는 수익은 큰 시장이라는 것이다.

투자 포트폴리오 다각화 측면에서도 활용하기 좋은 방안이다. 연준의 기준금리 인상 가능성 등 세계 주식시장이 불안정한 시기에 상대적으로 가치 평가 기준이 모호한 중소형 주식과 테마형 주식 등은 특정 이슈에 따라 빠르게 요동칠 수 있다. 따라서 검증된 재무지표를 지닌 우량주에 투자하는 것이 손실을 줄이고 이익을 키우는 현명한 방안이 될 수 있다.

또 미국 기업의 경우 국내 기업과 달리 배당에 충실한 편이기에 매달 이익을 거두는 기쁨도 누릴 수 있다. 배당이란 회사의 주식을 가지고 있는 사람들에게 일정 기간 영업활동으로 벌어들인 이윤을 나눠 주는 것을 뜻한다. 국내 기업의 경우 종목 대부분이 1년에 한 번 배당을 실시하나, 미국 기업은 분기 배당을 기본으로 한다. 때문에 종목별 시기를 다르게 포트폴리오를 구성한다면 매달 배당금을 챙길 수 있다. 장기적 관점에서 투자 이익이 클 수 있다고 보는 이유다.

자, 소수점 투자 개념에 대한 개괄적인 이해를 마쳤다면 이제 본격적인 투자에 나서보자.

간편하게 시작하고 싶다면: 미니스탁

계좌 개설

책의 목적이 초보도 따라 할 수 있는 투자에 있는 만큼, 사용이 간편한 한국투자증권의 미니스탁을 중심으로 투자 절차를 상세히 설명하고자 한다. 신한금투 파트에서는 미니스탁 거래와 차이가 있는 계좌 개설, 매수 주문, 매도 주문 등을 중심으로 설명을 이어갈 것이니만큼 해외주식 소수점 투자에 대한 기본적 내용은 한국투자증권 파트에서 익히고 넘어간다고 생각하자.

앞서 말했듯 한국투자증권의 미니스탁은 자체 앱을 통해서만 거래가 진행된다. 미니스탁으로 소수점 투자에 나서고 싶다면 앱스토어이애플, 구글플레이스토어안드로이드에서 '미니스탁'을 검색한 후 설치해보자.

앱을 설치한 뒤 전화, 저장, SMS 등 권한을 허용하고 '시작하기' 버튼
을 누르면 통신사를 통한 본인인증 절차가 진행된다. 이후 서비스 신청
및 약관 동의를 마치면 화면이 한국투자증권 주식거래 계좌 개설 페이
지로 넘어간다. 한국투자증권 계좌를 이미 보유 중인 투자자라면 '○○
님 신청 가능한 한국투자증권 계좌가 0개 있어요'라는 문구가 뜬다. 이
경우 추가 계좌 개설 단계를 거칠 필요가 없다. 자신의 계좌를 선택한
뒤 본인인증, 계좌 등록 절차만 마치면 된다. 단, 자신의 계좌 투자 유형
이 일반형이 아닌 특수 목적일 경우 사용이 제한된다는 점 기억하자.

한국투자증권 주식거래 계좌가 없는 경우엔 계좌를 개설해달라는 문구를 확인할 수 있다. '개설하는 계좌가 ○○○님 본인의 계좌임을 확인합니다'라는 창이 뜨면 이에 확인한다는 내용의 버튼을 누르고, '계좌개설 및 서비스 신청하기' 창으로 넘어가면 된다. 비대면 계좌개설은 발급기관 정보와 일치하는 신분증 확인, 본인 명의 계좌 확인, 고객정보 입력, 투자자^{성향} 정보 순으로 진행된다. 비대면으로 간소화된 절차이기에 신분증만 가지고 있다면 긴 시간이 소요되지는 않는다.

해당 절차 이후에 투자 권유 여부를 선택하고, 모바일 OTP까지 등록하면 계좌 개설이 완료된다. 모바일 OTP는 6자리 간편 비밀번호와 동일한 숫자로, 별도의 OTP나 보안카드 없이도 사용할 수 있다. 모바일 OTP는 1인 1기기로 발급 및 이용이 허용된다. 이체 한도는 1회 5,000만 원, 1일 2억 5,000만 원으로 책정돼 있다.

미니스탁 준비 완료!
이제 인증을 등록하고 시작해볼까요?

세 가지 특별 혜택을 드릴게요.

애플 + 켈로그 + 수수료 무료

로그인시 총 8천원 상당의 해외주식이 제공됩니다.
무료 수수료 혜택은 미니스탁 거래 시에만 적용됩니다.

이렇게 계좌가 개설되면 한국투자증권 홈페이지, MTS, HTS에서 국내주식, 해외주식, 금융 상품 등 모든 거래에 나설 수 있다. 한국투자증권에서 계좌를 처음 개설할 경우, 개설일부터 5일 동안 1일 이체 한도가 50만 원으로 제한된나는 점만 유의하면 된다. 토요일 및 공휴일을 제외한 기준이다. 본인 명의 계좌로의 이체는 별도의 제한이 없기에 거래에 큰 어려움은 없다.

위 창에서 보이는 총 8,000원 상당의 해외주식을 제공하는 혜택은 2021년 7월까지 진행되는 행사로, 추후 혜택 제공 여부는 미정이라는 점을 염두에 두자.

카카오뱅크 활용 가입

카카오뱅크 계좌가 있다면, 이를 활용해 미니스탁 가입 신청을 하는 방법도 있다.

먼저 카카오뱅크 앱에 들어가서 우측 하단에 있는 '…' 메뉴 창을 눌러보자. 그러면 창 아래에 '제휴 서비스' 판이 나오는데, 여기서 '해외주식 투자' 버튼을 선택하면 미니스탁 관련 내용과 실시 중인 이벤트 내역이 뜨게 된다. 이 창에서 '미니스탁 시작하기' 버튼을 누르고 우측에 뜨는 '미니스탁 가입'을 클릭하면 신청이 완료된다. 한국투자증권 계좌가 없는 경우엔 이 창에서 계좌 개설 절차를 밟을 수 있다.

또 다른 방식은 카카오뱅크 첫 화면에서 위와 동일하게 '…' 판을 띄운 뒤, '증권사 주식계좌' 창으로 접속하는 것이다. 다음 창에서 한국투자증권을 선택한 뒤 '주식계좌 개설하기' 버튼을 누르면 한국투자증권

주식계좌와 연결할 카카오뱅크 입출금 계좌를 바로 선택할 수 있다. 이

단계까지 마쳤으면, 계좌 비밀번호와 신분증 촬영 등 비대면 계좌 개설
절차를 진행하면 된다.

투자금 입금

　계좌 개설까지 마쳤다면, 주식 매매에 나서기 전 마지막 단계인 자산
채우기에 돌입해보자.

　먼저 앱 하단에 보이는 지갑 모양 탭을 누르면 가장 위에 '총 자산'
그래프를 볼 수 있다. 가입 이벤트 혜택을 받는다면 위 좌측 사례처럼
첫 화면임에도 보유 주식 자산이 집계될 수 있다는 걸 염두에 두자.
해당 자산은 매수 주문 시 사용할 수 없는 자산이 아니기에, 투자자의

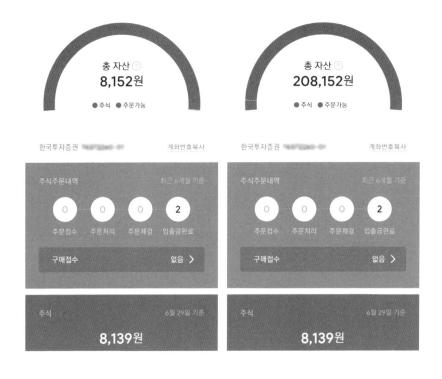

자산을 추가로 넣어야 한다. 방법은 매우 쉽다. 그 바로 아래에 보이는 자신의 증권 계좌에 자신이 투자자금으로 쓰겠다는 금액을 이체하면 된다.

이체 완료 후 5분 이내로 미니스탁 앱에서 자금을 확인할 수 있다. 우선 지갑 탭 가장 위쪽에 보이는 '총 자산' 화면에 보라색의 '주문가 능' 금액이 채워지게 된다. 화면을 아래로 내려 '주문가능 금액-거래내 역' 칸에 들어서면 입금 시간과 금액을 더 상세하게 살필 수 있다.

종목 정보

소수점 투자에 나서기 위한 실질적 준비는 마쳤다. 매수 주문을 넣고 매도 주문을 넣는 방법은 회원가입 절차보다 간단하다. 그 전에 익혀야 하는 것이 투자 종목 선택에 도움이 될 만한 정보들이다. 앞서 말할 듯 해외주식 소수점 투자의 경우 단타가 사실상 불가능한 시장이기에, 1분 1초마다 변하는 시세보다는 기업의 매출과 성장성, 수익성 등을 살피는 것이 중요하다.

이번 챕터에서는 소수점 투자 시 살펴야 할 두 가지 중요 정보인 '종목 정보'와 '배당 정보'를 나눠 살펴보도록 하자.

기업의 장기적 수익성을 살피기 위해선 주가 흐름뿐만 아니라 매출, 순이익 등 재무제표를 살피는 단계를 거쳐야 한다. 미니스탁의 경우 하나의 앱에 해외주식 소수점 투자 관련 서비스가 모여 있는 형식이기에, 내부만 잘 살펴도 종목 관련 정보 상당 부분을 습득할 수 있다.

먼저 홈 화면에서 아래로 스크롤을 내리게 되면 주식이 나열된 창을 하나 발견할 수 있나. '상승'이라는 단어로 기본 창이 설정된 화면이다. 이 창에는 '상승' '하락' '배당' '조회급등' '인기검색' '시가총액' 등 각각의 기준을 적용해 시장 동향을 간단히 나타내는 화면이라고 이해하면 된다

'상승' 창에서는 전일 대비 주가 상승률이 높은 주식부터 10개 종목

이 배열된 것을 확인할 수 있다. 반대로 '하락' 창에서는 같은 기간 하락률이 높은 주식부터 10개 종목을 차례대로 살필 수 있다. 만약 더 긴 흐름에서의 종목 상승·하락률을 알고 싶다면 창 왼쪽 위에 보이는 '전일 기준' 버튼을 눌러 '1개월' '3개월' '6개월' '1년' '3년'으로 적용 기간을 변경하면 된다.

우측 판에 보이는 '조회급등' '인기검색' 창을 통해서는 비교적 가까운 시점에서 투자자 관심이 큰 주식을 순서대로 보여준다고 이해하면 된다. 두개의 창에서는 주식 조회 횟수 증가율과 검색 횟수 증가율이 가장 높은 주식이 10위까지 차례로 집계된다. 좌측 상단을 보면 '00시 기준 조회 증가순' '00시 기준 검색 증가순'이라 뜨는 문구를 살필 수 있는데, 1시간마다 시점 기준이 변하기 때문에 투자자 흐름을 보다 직관적으로 알고 싶다면 자주 확인하는 것도 좋은 방법이다.

가장 우측에 있는 '시가총액' 창의 경우 해외주식 시가 총액이 높은 10위권을 나타낸다. 미국 시상을 내뵤하는 우량주가 대다수

전일 기준 ∨		ETF만 보기 ∨
버진 갤럭틱 홀딩스 SPCE	+4.05% 50,881원	
오라클 ORCL	+2.87% 92,637원	
힐튼 월드와이드 홀딩스 HLT	+2.58% 143,574원	
카맥스 KMX	+2.48% 151,511원	
업워크 UPWK	+2.35% 66,177원	
알파벳 A주 GOOGL	+2.30% 2,836,331원	
아마존 닷컴 AMZN	+2.27% 3,975,132원	

이기에 순위의 변동이 크지는 않다.

자, 각 종목에 대한 세부 정보를 살피고 싶다면 한 종목을 눌러 구매 창을 펴야 한다. 종목을 누르면 가장 위에 원화로 환산된 주가가 나오고, 그 아래 전날 대비 상승액과 상승률이 나타나게 된다. 이는 미국 거래소 마감 주가에 환율을 적용해 원화로 환산한 주가라고 보면 된다. 매일 아침 8시 30분에 업데이트되기 때문에 보다 빠른 정보를 얻고 싶다면 시간에 맞춰 종목을 살펴보자. 만약 달러 주가를 알고 싶다면 우측에 보이는 '$' 버튼을 눌러서 단위를 변환하면 된다. 달러 주가의 경우 한화 주가보다 하루 전일 미국 거래소 마감 주가로 집계되며, 매일 아침 7시 30분에 업데이트된다.

그 바로 아래에선 주가 추이를 보여주는 그래프를 살필 수 있다. 현재 미니스탁에서는 1개월, 3개월, 6개월, 1년, 3년 주기의 주가 추이 그래프를 제공하고 있다. 이를 활용해 같은 3개월 기준 그래프 흐름이라도 장기 그래프에서 이어지는 우상향 곡선인지, 장기 하락세를 타다 잠시 반등을 보이는 우상향 곡선인지 판단하는 것이 필요하다. 우하향 곡선도 마찬가지다. 단기 그래프에서 같은 방향성을 가지고 있더라도 장기 그래프 흐름에 따라 떨어지는 칼날인지, 추가 상승 동력이 있는 종목인지 진단할 수 있다.

현재 주가가 높은 편인기 낮은 편인지 확인하기 위해서는 그래프 아래에 있는 일직선 도표를 확인하면 된다. 이는 최근 1년 내 최저가와

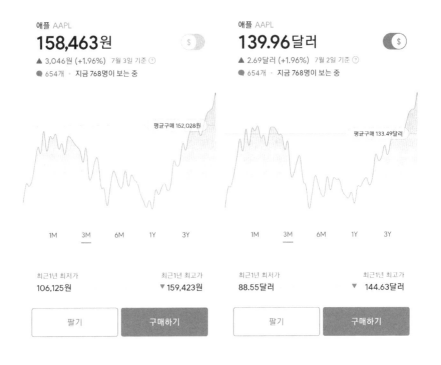

애플 AAPL
158,463원
▲ 3,046원 (+1.96%) 7월 3일 기준 ⓘ
● 654개 · 지금 768명이 보는 중

평균구매 152,028원

1M   3M   6M   1Y   3Y

최근1년 최저가
106,125원

최근1년 최고가
▼ 159,423원

팔기   구매하기

애플 AAPL
139.96달러
▲ 2.69달러 (+1.96%) 7월 2일 기준 ⓘ
● 654개 · 지금 768명이 보는 중

평균구매 133.49달러

1M   3M   6M   1Y   3Y

최근1년 최저가
88.55달러

최근1년 최고가
▼ 144.63달러

팔기   구매하기

최고가를 양 끝에 두고, 현 주가가 어느 지점에 가까운지 보여주기 때문에 더 오를 여지가 많을지, 하락할 가능성이 높은지 판단하는 데 도움을 줄 수 있다.

그 아래에는 시가총액과 배당수익률, 주가수익비율PER, 자기자본수익률ROE을 한눈에 살필 수 있다. 시가총액은 말 그대로 증시에 상장된 해당 기업의 총 주식을 시가로 평가한 금액을 뜻한다. 특정 종목이 기록한 당일 종가에 상장 주식 수를 모두 곱한 후 더해서 산출한다. 기업이 가지고 있는 가지에 내해 두자자가 평가하고 있는 값의 총애을 매

<   애플   ⭐ 🛍

최근1년 최저가   최근1년 최고가
106,125원   ▼ 159,423원

시가총액   **2,644조원**   배당수익률 ⑦   0.60%

PER ⑦   **31.35배**   ROE ⑦   103.40%

일 보여준다고 이해하면 쉽다. 당연히 높을수록 투자할 가치가 크다는 얘기다.

그 우측에 보이는 배당수익률은 현재 주가로 주식에 투자할 경우 배당금으로 연 몇 %의 수익을 창출할 수 있을지 나타내는 지표다. 주식 가격 대비 배당금의 비율로, 주당배당금을 주가로 나눈 값이라고 보면 된다. 배당수익률은 주가가 하락해 시세 차익을 기대할 수 없는 상황에도 이익을 얻을 수 있는 요소이기 때문에, 안정적인 수익을 정기적으로 창출하고 싶은 투자자라면 주의 깊게 살피는 것을 권한다.

그다음 줄에서는 해당 종목의 PER, ROE를 살필 수 있다. PER은 주가를 주당순이익으로 나눈 수치로, 현재 주가가 지난 1년간의 순이익 대비 몇 배에 거래되고 있는지를 보여주는 지표다. 따라서 PER이 높다는 것은 주당순이익과 비교했을 때 현 주가가 높다는 뜻이고, PER이 낮다는 것은 주당순이익에 비해 주가가 낮은 편에 속한다는 의미다. 즉 PER이 낮은 주식일수록 앞으로 주가가 오를 여지가 더 크다고 판단히면 된다.

대체로 동종업계의 경우 주가 추세가 비슷한 흐름으로 움직이는 경우가 잦기 때문에, PER이 고평가된 것인지 저평가된 것인지 살피기 위해선 경쟁사와 PER을 비교해보는 것이 도움이 될 수 있다.

ROE란 기업의 수익성을 보여주는 지표로, 주주의 투자금을 통해 지난 1년간 몇 %의 이익을 창출했는지 보여주는 수치다. 당기순이익을 자본총계로 나눈 값을 나타낸다. 쉽게 풀어서 얘기하자면, ROE가 10%였다는 것은 주주들이 5만 원을 투자한 기업이 1년간 5,000원을 벌었다는 것을 지표화한 것이다. 기본적으로는 투자자 입장에서 높을수록 좋다. 단, 자기자본보다 부채가 많을 경우 레버리지 효과로 ROE가 높게 집계될 수 있다. 때문에 부채비율이 높은 기업이라면 ROE가 높더라도 긍정적으로 평가해선 안 된다.

그 아래 '뉴스' 창에서는 주가 등락에 영향을 미칠만한 최신 뉴스를 확인할 수 있다. 사업 관련 이슈는 물론 해외 리서치의 투자 의견을 담은 기사도 확인할 수 있으니 투자 여부를 고민하고 있다면 해당 자료를 살피는 게 도움이 될 수 있다.

사실 종목에 대한 정보를 살피려면 그 아래에 보이는 '리서치' 창을 유심히 살피는 것을 권한다. 이 화면에서는 한국투자증권의 애널리스트와 AI^{인공지능}가 작성한 투자 리포트를 자유롭게 읽을 수 있다. 애널리스트 자료의 경우 신뢰도가 높으나, 실적 리뷰의 비중이 크고 제공되는 정보가 한정돼있다. 심층 리포트의 경우 유료로 이용할 수 있으나, 종목 관련 이슈를 짚어주고 매매 의견을 담은 리포트는 인터넷에서 기사

화된 자료로도 살필 수 있는 만큼 이를 활용하는 것이 현명한 방안이
될 수 있다.

미니스탁 창에서 보다 많은 정보를 담은 리포트를 살피고 싶다면, 리
서치센터에서 수집한 자료를 바탕으로 작성된 AI 리서치 리포트를 활
용하는 것이 도움이 될 수 있다. 애널리스트의 자료보다 내용이 직관적

6월 9일 주요 종목에 대한 IB 투자의견

2021.06.09. 연합미국

▲ Zoom Video(ZM): Wolfe Research는
이미 Zoom Video 이용이 상당히
보급되었지만, 이를 설치기반으로 삼아
추가적인 매출원을 구축하는 전략이
유효하다고 평가했다. 투자의견
outperform과 목표주가 430달러를
유지했다.

▲ Apple(AAPL): Bank of America는
SensorTower 앱 자료를 분석한 결과,
기고효과로 인하여 앱스토어 매출 성장세가
둔화되고 있는 점이 확인되고 있다고
언급했다. 투자의견 중립과 목표주가
160달러를 유지했다.

으로 표기돼 있기에 초보 투자자라도 내용을 쉽게 이해할 수 있다.

먼저 'AIR'이라고 뜨는 자료 하나를 클릭해보자. 그럼 창 상단에서 최근 이슈가 된 키워드가 해시태그로 나타나게 된다. 이 같은 내용이 최근 기사 등을 통해 보도된 내용이라고 간단히 살피면 된다. 아래에 관련 기사가 나올 것이니만큼 상단에선 대략적인 내용만 기억하자.

그 아래를 살펴보면 해당 종목 주가의 동향과 전망, 최신 뉴스가 주가에 영향을 미칠 방향, 업계 평균 대비 기업 성장성·수익성·밸류에이션과

배당 수준이 아이콘으로 보인다. 한눈에 종목 관련 이슈와 기업에 대한 평가를 직관적으로 인식할 수 있는 셈이다.

창을 조금만 더 아래로 내리면 종목 주가에 대한 기본적인 정보를 확인할 수 있다. 'Key Data' 옆에 뜨는 날짜를 기준으로 하는 주가와 전일 대비 상승률이 가장 상단에 뜨게 된다. 그 아래로 시가총액, 6개월간 일평균 거래대금은 물론 수익률전월 대비, 연초 대비과 52주 최고·저가도 파악할 수 있다. 이를

기반으로 현시점에 투자하는 것이 장기적 관점에서 봤을 때 이득일지 손실일지 판단할 수 있다.

그 아래에선 근 1년간의 주가 차트를 한눈에 볼 수 있다. 단, 시점별 주가가 표기되진 않기 때문에 우상향 흐름을 보이는지 우하향 흐름을 타고 있는지, 하락 국면이라면 이전 반등 흐름과 비슷한 흐름을 보이는지 등을 살피면 된다.

AI News

한국투자증권 애널리스트의 노하우를 학습한 인공지능 뉴스 엔진이 투자 판단에 필요한 뉴스를 선정하고 주가에 미치는 영향을 분석합니다. 인공지능 모델을 활용한 분석이기 때문에 실제 결과와 차이가 있을 수 있으며 당사의 공식적인 의견과 다를 수 있습니다. 영문 뉴스를 기계번역 했기 때문에 실제 내용과 차이가 있을 수 있습니다.

😊 긍정뉴스   Today   2021.6.8

사용자 개인정보 보호 강화해 아이폰에 신분증 저장 기능 제공할 것

Apple adds privacy protections for users, enables storage of IDs on iPhones

[Channel News Asia] 애플은 월요일 아이폰에 신분증을 디지털로 저장할 수 있는 기능을 제공할 것이며 기기에서 실행되는 소프트웨어에 대한 여러 업데이트 중 아이클라우드 서비스와 이메일 앱에 사용지 시 생활 보호를 추가할 것이라고 말했다. 또한 FaceTime 비디오 채팅 앱에 대한 업데이트를 보여주었으며, 여러 참석자의 통화 일정을 지정할 수 있고 소프트웨어가 Android 및 Windows 장치와 호환되도록 하는 기능도 추가했다. 대유행 기간 동안 유명해진 줌 비디오 커뮤니케이션 주식회사와 같은 회사들과 더욱 직접적인 경쟁을 하게 하는 이 조치는 애플의 소프트웨어 개발자들을 위한 연례 회의에서 나올 화 번째 주요 발표였다.

확인

기업 개요의 경우, 자신이 잘 알지 못하는 기업이라면 한번쯤 읽어볼 만하다. 어떠한 사업을 하고 있고 일반 소비자 입장에서 이 같은 사업을 이용하거나 구매할 가능성이 있는지를 살피는 데 판단 기준이 될 수 있다.

그 아래 창에서는 화면 상단 해시태그를 잡은 뉴스의 전체 내용을 살필 수 있다. 한국투자증권이 운영 중인 AI 뉴스 엔진이 투자 판단에 필요한 뉴스를 선정하고 주가에 긍정적 영향을 미칠지 부정적 영향을 미칠지 판단해 자료를 마련하며, 해외 언론사에서 출고된 기사를 번역한 내용이 표기된다. 따라서 종목 관련 모든 뉴스 정보를 파악하기 힘들고 각 정보가 주가에 어떠한 영향을 줄 것이라 판단하기 어려울 때 특히 유용하다.

단, AI 뉴스의 경우 당일 나온 기사가 아닌 최근 출고된 기사 중 주가 변동에 의미 있는 영향을 미칠 것이라 판단된 자료를 선정하기에 실시간 정보를 반영한다고 보긴 힘들다. 또 영문 뉴스를 기기로 번역한 것이기에 의미가 100% 전달되지 않을 수 있다는 유의점도 있다. 만약 관련 리스크가 우려된다면 원본을 직접 확인하는 것도 방법이 될 수 있다. 미니스탁은 뉴스 창을 클릭하면 외신 홈페이지로 바로 접속되는 서비스를 제공 중이다.

그다음 창에서는 기업 펀더멘탈 지표를 자세히 확인할 수 있다. 기업의 기초 체력을 한눈에 나타내는 만큼 장기간 주식을 보유할 생각이라면 이 지표들을 유심히 살피는 것이 필요하다.

먼저 성장성 창에서는 매출액, 영업이익, 순이익의 증가 또는 하락 추세를 확인할 수 있다. 기준은 가운데 솟아있는 2020년 회계연도다. 2018년부터 2020년까지 지표는 물론 올해와 내년 전망치까지 제공되기에 현시점에서 투자하는 것이 이득일지 손해일지 판단하는 데 도움을 받을 수 있다. 상세한 액수를 살피고 싶다면 각각의 지표를 눌러 비교하면 된다.

수익성은 ROE와 영업이익률 기준 두 가지 지표로 구성된다. 수익성

창 상단에는 ROE가 S&P500 구성 종목 중 상위 몇 %에 속하는지, 동일 업종 내 상위 몇 % 수준인지 산출된다. 영업이익률도 동일한 형식으로 서술된다. 때문에 해당 종목의 수익성을 보다 객관적으로 파악하고 싶다면 해당 자료를 유심히 살피는 것을 권한다. 그 아래 그래프를 통해서는 최근 4분기 기준으로 산출된 ROE와 영업이익률이 기록된다. S&P500 또는 업종 평균과의 차이를 더 명확히 살피고 싶다면 여기에 나타난 각각의 수치를 확인하면 된다.

기업의 가치를 나타내는 밸류에이션은 PER과 PBR^{주가순자산비율} 지표를 기준으로 나타낸다. PER은 종목 화면에서 한번 살폈으나, PBR은 초면이니만큼 유심히 살펴보자. PBR은 주가를 주당순자산^{총자산에서 부채를} ^{뺀 값}으로 나눈 비율을 뜻한다. 순자산은 회사가 망한 뒤 주주가 받을 수 있는 자산을 의미하기 때문에, 이 수치가 클수록 재무구조가 안정적이라고 이해하면 된다.

반대로 이 수치가 1배보다 낮으면 주가가 기업 청산 가치를 밑돈다는 얘기다. PBR은 PER과 함께 기업의 가치를 판단하는 주식 투자 판단 요소에서 중요한 영역을 차지하는 지표다. 두 수치 간 차이는 PER이 기업의 수익성과 주가를 평가하는 지표인 데 비해 PBR은 기업의 재무상태 면에서 주가를 판단하는 요소로 작용한다는 데 있다.

밸류에이션 파트도 수익성과 마찬가지로 S&P500 구성 종목 중 상위 몇 %에 속하는지, 동일 업종 내 상위 몇 % 수준인지를 나타내고 있

기 때문에 현시점에서의 해당 종목의 상태를 보다 객관적으로 파악하는 데 유용하다.

가장 아래에 뜨는 분석 창은 동종업계 두 기업의 주요 지표를 함께 비교하고 분석한 자료를 보여주기에, 기업 성장성을 더 명확히 판단하는 데 영향을 미칠 수 있다. 구체적으로는 1년간의 주가 차트는 물론 최근 종가 기준 시가총액, 최근 4개 분기 기준 PER·PBR·영업이익률·ROE, 회계연도 기준 전년 대비 EPS 증가율이 3개 순위로 나타난다. 때문에 내가 투자하려는 종목이 어떤 점에서 우위를 점하고 있고 어떤 부분에서 상대적으로 미흡한 지점에 있는지를 살필 수 있다.

참고로 EPS란 주당순이익을 뜻하는 것으로, 해당 사업 연도에 발생한 당기순이익을 총 주식 수로 나눈 값이다. 쉽게는 회사의 1년간 수익에 대한 주주의 몫을 나타낸다고 보면 된다. 따라서 EPS는 당기순이익이 늘어날수록 높아지고, 전환사채의 주식전환 등으로 주식 수가 증가하면 낮아지게 된다. 즉 이 수치가 높다는 것은 경영 실적이 양호하고, 배당 여력도 크다는 것을 의미한다. 주가 상승에 영향을 미칠 수 있는 요소라는 뜻이다.

배당 정보

이번에는 주식의 쏠쏠한 재미 중 하나인 배당 관련 정보를 살펴보자. 기본적인 배당 관련 정보는 미니스탁 홈 화면에서부터 살필 수 있다. 화면에서 스크롤을 조금만 내려보면 '지금 사면 배당받는 주식'이라는 창에서 당일 기준 배당락일이 근접한 종목들을 차례로 확인할 수 있다.

배당락일이란 배당금을 받을 권리가 사라지는 날로, 이 날짜 이전에 주식을 구매해 보유하면 무조건 배당금을 받게 된다. 단, 유의할 점은

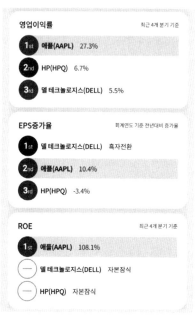

창에 뜨는 날짜가 미국 현지 일자이기 때문에 이를 감안한 매수 시점을
정확히 계산해야 한다.

　원칙은 미국 영업일 기준 배당락일 2일 전까지 주식을 구매해야 배
당금을 받을 수 있다. 토요일과 공휴일을 제외한 일수를 기준으로 계산
해야 한다는 점도 간과해선 안 된다. 쉽게 말해 배당락이 7월 9일 금요
일이라면 이틀 전인 7일 수요일까지 구매하면 되지만, 배당락이 2월 6
일 화요일일 경우엔 주말을 뺀 2일 전 영업일인 2일까지 구매를 해야
한다는 얘기다. 이 창에서는 배당락일이 가까운 10개 종목의 정보만 제
공하기 때문에 정확한 배당수익률, 금액 등을 비교하기 위해서는 그 아

래 창을 살펴야 한다.

앞에서 봤던 종목 순위 창에서 '배당' 창을 열어보자. 이 창에서는 배당수익률이 높은 순으로 10개 종목이 뜨는 것을 확인할 수 있다. 수익성이 높은 순으로 종목이 정렬되기 때문에 지금 당장 배당을 받는 것이 아닌 분기 또는 연내 일정한 이익을 거두고 싶다는 투자자에겐 가장 필요한 정보로 작용할 수 있다. 1년 단위로 계산되는 배당수익률뿐만 아니라 1년간 보유 시 얻을 수 있는 배당금도 표기되기 때문에 상위 종목 내에서도 가장 큰 이익을 얻을 수 있는 투자 종목을 선택하는 데 활용할 수 있다.

지금 당장 배당을 받는 것이 나에게 중요한 일이라면 좌측 상단에 있는 정렬 순서 기준을 '배당락일순'으로 변경하면 된다. 이 경우 배당락일이 가장 늦은 순으로 종목이 집계된다. 여기서 우측상단 '배당락일 임박한 주식만'이라는 버튼을 누르면 배당락일이 가장 근접한 시기부터 순차적으로 볼 수 있다. 이 창에서 자신이 현재 매수 주문을 넣을 경우 배당락일에 걸리는 시점이 언제인지 다시 한번 계산한 뒤 투자 종목을 결정하면 된다.

시기별 포트폴리오 구성만 신경 쓴다면 매달 배당금을 얻는 것도 어려운 일은 아니다. 미국의 경우 매 분기 배당금을 제공하는 것이 보편화되어있기 때문에, 배당 주기가 다른 3개의 주식을 가지고 1년 내내 배당금을 받는 것이 가능하다. 높은 배당금을 매월 취하는 포트폴리오

를 마련하고 싶다면, 우선 배당수익률이 높은 순을 나열한 창으로 들어가 각 종목의 배당 주기를 비교해보면 된다.

7월 초 기준 배당수익률 1위를 기록하고 있는 알트리아를 예시로 들어보자. 홈 화면 '배당' 창에서 종목 아이콘을 누르면, 기업정보 아래에서 종목의 배당 내역이 기재돼 있는 것을 확인할 수 있다. 이 창에선 배당락일과 지급^{예정}일, 1주당 배당금 등 종목의 배당 관련 내용을 모두 살필 수 있다. 이 중 효율적인 포트폴리오 구성을 위해 우리가 집중해야 할 항목은 지급^{예정}일 간이다. 이를 확인하면 종목 고유의 배당 주기를 파악할 수 있다.

위 사례로 나온 알트리아의 배당 내역을 살펴보면 주기가 1-4-7-10월로 설정돼 있는 것을 확인할 수 있다. 이제 배당 수익률이 높은 순에서 알트리아와 배당 지급일이 겹치지 않는 2개 기업을 찾아보면 된다. 당시 이에 해당하는 종목은 2-5-8-11월 배당 주기를 가지고 있는 배당수익률 2위 종목 AT&T와 3-6-9-12월 배당 주기를 지닌 수익률 5위 종목 엑슨 모빌이었다. 이러한 방식으로 3개의 종목을 매수하면 매달 적정 배당금을 받는 구조이기에 나름의 안정적 수익 창출을 기대할 수

알트리아		미국일자 기준
배당락일	지급(예정)일	1주당 배당금
21.06.14.	21.07.09. 예정	0.8600달러
21.03.24.	21.04.30.	0.8600달러
20.12.24.	21.01.11.	0.8600달러
20.09.14.	20.10.09.	0.8600달러
20.06.12.	20.07.10.	0.8400달러
20.03.24.	20.04.30.	0.8400달러
19.12.24.	20.01.10.	0.8400달러
19.09.13.	19.10.10.	0.8400달러
19.06.13.	19.07.10.	0.8000달러

AT&T		미국일자 기준
배당락일	지급(예정)일	1주당 배당금
21.07.08.	21.08.02. 예정	0.5200달러
21.04.08.	21.05.03.	0.5200달러
21.01.08.	21.02.01.	0.5200달러
20.10.08.	20.11.02.	0.5200달러
20.07.09.	20.08.03.	0.5200달러
20.04.08.	20.05.01.	0.5200달러
20.01.09.	20.02.03.	0.5200달러
19.10.09.	19.11.01.	0.5100달러
19.07.09.	19.08.01.	0.5100달러

있다.

우리가 보유한 주식은 1주 미만이지만 미니스탁은 물론 신한금투에서도 보유한 주식 비율에 맞는 배당금이 지급된다. 단, 배당 내역 중 지급 예정이라고 뜨는 항목의 1주당 배당금은 말 그대로 예상 금액이기에, 내가 직접 받게 될 배당금과 다소 차이가 있을 수 있다. 또 종목 창에 적혀 있는 모든 배당금 기준은 배당소득세 차감 이전에 금액이기에 투자자가 직접 손에 쥐게 될 배당금과 다를 수 있다는 점을 간과해선 안 된다. 배당 지급일과 실제 내 계좌로 입금되는 일자 사이에 간극이 있을 수 있다는 점도 염두에 두자.

이보다 더 상세한 배당 관련 정보를 살피고 싶다면, 앞서 확인했던 '리서치' 자료를 확인하면 된다.

자료 하단을 보면 '배당' 창을 찾을 수 있다. 최근 배당수익률이 전체 시장 평균보다 높은 수준인지 낮은 수준인지, 올해와 내년 배당금의 증가 추세가 이어질 것인지에 대한 간단한 전망이 있으니 참고하면 좋다.

그 아래로는 배당수익률, DPS^{주당배당금}, 배당성향 지표가 표시된다. 배당수익률은 앞서 확인했으니 DPS부터 자세히 살펴보자. DPS은 주주에게 지급할 배당금을 총 주식 수로 나눈 값이다. 쉽게 1주당 지급되는 배당금이라고 이해하면 된다.

배당성향은 당기순이익 중 현금으로 지급된 배당금 총액의 비율이나. 기입이 벌어들인 수익 중 어느 성노의 이익을 수수에게 돌리는지

배당수익률 7.2%

2018 2019 2020 2021F 2022F

DPS 2.08달러

2018 2019 2020 2021F 2022F

배당성향 -277.3%

2018 2019 2020 2021F 2022F

분기, 중간, 기말 배당을 모두 합산한 연간 현금배당액 기준

알아보는 대표적인 지표다. 배당 성향이 높을 경우 투자자 입장에서 투자 가치가 크다고 볼 수 있으나, 기업 입장에서는 재무구조가 악화하는 요인으로 작용하기도 한다. 반대로 배당성향이 낮다면 사내유보율이 높은 만큼 추가 무상 증자의 여지가 있다는 의미로 읽히기도 한다.

모든 지표는 연간 현금배당액을 기준으로 하며, 각 지표의 시기를 눌러 세부 비율 또는 금액을 확인할 수 있다. 2020년 회계연도를 기준으로 과거 2년, 미래 2년까지의 지표를 나타내기에 배당에 대한 전체적인 추이를 살피는 데 도움이 될 수 있다.

모든 정보 확인을 마치고, 배당 관련 주식을 구매하게 되면 미니스탁 첫 화면 '보유주식' 창에서 '0개의 주식에서 배당이 나올 예정이다'라는 메시지를 볼 수 있다. 이를 누르면 배당 예정인 주식과 배당 예상 금액, 배낭을 받기 위해 보유하고 있어야 될 시기까지 상세히 전달받을 수 있나.

매수 주문

투자를 원하는 종목을 정했다면 이제 매수 주문을 넣어보자. 홈 화면 순위 차트에 원하는 주식이 있다면 아이콘으로 표시된 종목을 바로 누르면 된다. 순위 차트에 없다면 화면 하단에 있는 돋보기 모양의 검색

창에 원하는 주식명이나 주식코드, ETF를 적고 아래에 관련 종목이 뜨면 클릭하면 된다.

화면에 들어서면 바로 아래에 '구매하기' 버튼이 떠 있는 것을 확인할 수 있다. 선택한 종목에 대한 기업정보, 배당 내역, 뉴스, 리서치, 환율 등의 내용을 모두 확인했다면 바로 '구매하기' 버튼을 눌러 매수 주문에 돌입하면 된다.

앞서 언급했듯 미니스탁에서의 주문 단위는 원화 1,000원이다. 최소 주문 단위도 주식 수 제한 없이 1,000원에 맞춰져 있기에, 애플이건 테슬라건 1,000원에 맞는 주식 수량을 살 수 있다. 기본적으로 실시간 매매가 이뤄지지 않기 때문에 주문 시점과 원하는 가격을 지정하는 형식이 아닌, 구매 총액만 선택하는 시스템이다.

기본 거래 수수료는 주문금액의 0.25%다. 다만 미니스탁에선 올해까지 1만 원 이하 주문 시 월 10건까지 거래 수수료를 면제하고 있다. 소수점 투자의 경우 기본 수수료가 결코 적은 편이 아니기에 이 제도를 활용하는 것을 권한다.

자 거래 시 알아야 할 기본 정보를 모두 습득했다면 구매 금액 입력란에 원하는 금액을 적어보자. 금액을 적는 즉시 바로 아래 내가 받게 될 예상 주식 수와 수수료가 뜨는 것을 볼 수 있다. 이는 주문 접수 시점 기준으로 산출된 값이기에 실제 체결 주식 수와 결산 금액, 수수료는 달라질 수 있다는 점을 기억하자. 정확한 수치는 주문체결 또는 출금 완료 상태가 되면 확인할 수 있다.

내용을 확인한 뒤 '구매하기' 버튼을 누르면 바로 주문 접수가 완료된다. 이제 주문 처리만 기다리면 된다. 미니스탁은 24시간 주문을 받는 시스템이기에 투자자가 주문 넣을 시간을 정해놓을 필요가 없다.

다만 모든 매매 주문이 미국 거래소가 열리는 날 한국 시각 기준 오후 10시에 접수되기 때문에, 이 시간 이후에 거래를 넣게 되면 다음 날 오후 10시까지 주문이 들어가지 않는다는 점은 유의해야 한다. 당일 오후 10시에 전날 오후 10시 이후부터 들어온 주문을 한꺼번에 처리하는 형식이라고 이해하면 된다. 때문에 당일 오후 10시 전까지는 주문 취소 및 수정이 가능하지만 이 시점 이후엔 주문 변경이 불가하다. 방법은 간단하다. '지갑-주식주문 내역' 창을 누르고 자신이 넣어둔 매매 주문 우측에 '주문 취소' 버튼을 누르면 된다. 주문이 처리 단계로 넘어가면 철회가 불가능하단 점 다시 한번 기억하자.

정상적으로 주문을 접수할 경우 주문 처리는 당일 오후 10시부터 다음날 오전 7시 30분까지 진행된다고 생각하면 된다. 이후 미국 거래소가 종료된 뒤 오전 9시 30분까지는 체결된 주식 분배가 이뤄진다.

이에 따라 오전 7시 30분이 지나면 체결된 주식 구매 내역과 평가금액이 1차로 업데이트되며, 오전 9시 30분부터 그날 고시된 최초고시환율을 반영한 당일 최종 평가금액과 수익률이 반영된다. 즉, 주문 상태는 오전 7시 30분부터 체결 상태로 변환되며, 9시 30분 이후부터는 확

1만원
10,000원

주문가능 금액	180,013원
예상 수수료	무료
예상 주식수	0.065665주

+1천원	+1만원	+5만원	+10만원	전액

전체삭제	0	⊗

쇼핑백 담기	구매하기

주문이 접수되었어요.
오늘 밤 10시 주문처리 예정입니다.

주문접수	주문처리 29일(화) 22시	주문체결	입금완료

- 미니스탁은 실시간 주식투자 서비스가 아니며, 체결가격을 지정할 수 없습니다.
- 예상 주식수는 최근일 종가를 바탕으로 계산된 예상 수량이므로, **주문체결 후 배분되는 수량은 달라질 수 있습니다.** (자세한 사항은 자주 묻는 질문 참조)

1개 주식 구매	주문취소
애플 AAPL	10,000원 주문금액

예상 주식수	0.065665주
수수료	무료

주식주문내역	확인

정된 구매 주식 수량과 체결금액, 수수료 등을 확인할 수 있다고 이해하면 된다. 주문 체결 상태로 변한 일자가 최종 주문 일자로 찍히기 때문에 배당금 일자를 계산할 때 활용하면 된다.

출금은 주문이 처리된 당일로부터 3거래일 뒤에 자동으로 진행된다. 위 사례를 살펴보면 필자가 6월 29일 화요일 오후 10시 이전에 주문을 넣고 나름날인 20일 수요일 오전에 주문 체결 상태로 변했기에, 이로부터 이틀 뒤인 7월 2일 금요일에 출금이 완료된 것을 확인할 수 있다. 출

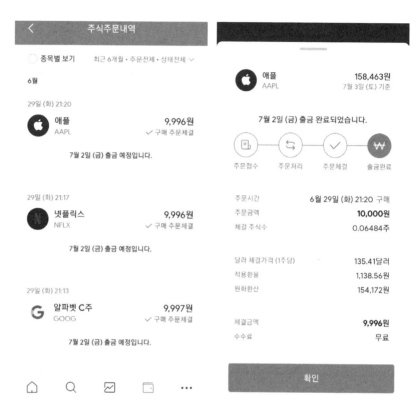

금까지 진행된 보유 주식 창에서는 체결 금액과 주식 수는 물론 1주당 체결 가격과 적용 환율, 원화 환산까지 확인할 수 있기에 내가 산 금액이 적절한지 다시 한번 살필 수 있다.

개별 종목 매수 외에도 테마주를 묶어서 주문을 넣거나, 자신이 원하는 주식을 장바구니에 넣고 한번에 주문을 넣는 것도 가능하다. 화면 하단 가운데에 있는 그래프 모양의 창을 열면 블록체인, 소셜미디이, 인공지능 등 판린 테마주가 묶여 있는 장을 확인할 수 있다. 수익률

이 가장 높은 테마주부터 낮은 순으로 걸리는 형태다. 평균 수익률은 각 창 오른쪽에 표기되는데, 이는 최근 3개월 수익률을 기준으로 하기에 바뀔 여지가 있다. 이곳에 원하는 테마주가 없다면 창 상단에 '테마 선택' 버튼을 눌러 자신이 원하는 테마주를 찾을 수도 있다.

원하는 테마주를 클릭하면 개별 종목과 함께 각각의 주가 추이가 화면 메인 테마로 뜨게 된다. 테마로 묶여 있는 주식 중 매수를 원치 않는 종목이 있다면 종목 우측에 있는 체크를 눌러 주문에서 제외할 수 있다. 이후 '0개 주식 한번에 구매하기' 버튼을 누르면 개별 종목 창과 같은 형식의 주문 창이 뜨게 된다. 1개당 최소 주문 단위가 1,000원이라는 점은 같다. 적어도 3개 종목을 매수하려면 3,000원의 자금은 필요하단 얘기다.

자신이 원하는 총액을 적고 다음 버튼을 누르면, 각 종목의 매수금을 조절할 수 있는 판이 나오게 된다. 이 창에서 자신이 더 구매하고 덜 구매하고자 하는 종목이 있다면 처리한 뒤 '한번에 구매하기' 버튼을 누르면 된다. 그다음 절차는 개별 종목 매수 주문과 동일하다.

장바구니 매수 주문은 개별 종목 화면의 매수 주문 창 좌측에 보이는 '쇼핑백 담기' 기능을 이용하면 된다. 이후 메인 화면 우측 상단에 보이는 쇼핑백 모양의 장바구니 창을 누르면, 내가 넣은 종목과 예비 주문 내역이 그대로 담겨 있는 것을 확인할 수 있다. 테마주와 동일하게 이 창에선 특정 항목을 제외하거나 삭제할 수 있고, 개별 종목의 금액을 조정할 수 있다. 주문 예상 금액과 예상 수수료를 모두 확인했다면 '주식 한번에 구매하기' 버튼을 눌러 주문을 접수하면 된다.

미니스탁의 경우 해외주식 주문, 체결, 정산까지 모든 처리가 원화로 이루어진다. 환전 수수료는 체결 시 적용되는 환율에 반영된다. 매수 시에는 한국투자증권 오후 10시 기준 환율 대비 60% 우대 환율이 적용된다.

외화가 있다고 해도 이를 통한 거래는 불가능하다. 배당금만 외화로 입금되는 구조나. 매매 수분에서 환전 절차가 없어 편리성은 크나 환율

이 좋은 시점에 미리 달러를 보유해 두고, 환율이 높아졌을 때 한꺼번에 한화로 환전해 입금하는 환차익을 보기는 어려운 구조다. 소수점 투자의 경우 투자금 자체가 크지 않기에 환차익·손에 예민하지 않을 수 있으나, 이를 고려하는 투자자에겐 단점으로 여겨질 수 있는 요소다.

매도 주문

매도 주문은 매수 주문보다도 간단하다. 메인 화면에 가장 먼저 뜨는 '보유 주식' 창에서 매도를 원하는 종목을 선택한 뒤 '팔기' 버튼을 누르면 팔고자 하는 금액을 적을 수 있다. 매수 주문과 마찬가지로 1,000원 단위로 금액을 넣을 수 있으며, 1만 원까지 수수료가 면제된다. 상단에 뜨는 주문가능금액은 평가금액에서 접수된 매도 주문금액을 뺀 것으로, 매도 주문을 걸어놓지 않았다면 평가금액 자체로 나타난다.

매도의 경우 평가 금액의 80%까지는 1,000원 단위로 주문이 가능하나, 이를 초과할 경우 '전부팔기'를 이용한 매수 주문만 허용된다. 주가가 급락할 경우 주문에 해당하는 금액에 맞춘 매도 체결에 어려움이 생기는 점을 감안한 조치다. 넣은 금액에 따라 산출되는 예상 주식 수를 확인하고 '팔기' 버튼을 누르면 바로 매도 주문이 체결된다.

매도 주문 처리 과정은 매수 주문과 유사하다. 당일 오후 10시가 되면 전날 오후 10시부터 당일 오후 10시까지 들어온 매도 주문을 처리한다. 저녁 10시 이전에 주문을 넣었다면 당일 10시에 주문이 처리된 뒤 다음날 오전에 주문이 체결되고, 당일 저녁 10시 이후에 주문을 넣으면 다음 날 저녁 10시에 주문이 처리되고 그다음 날 오전에야 주문이 체결되는 식이다. 매수와 동일하게 24시간 언제나 주문을 넣을 수 있다.

주식 매도가 처리되면 주문 체결 후 3거래일 뒤에 원화로 입금된다. 월요일에 주문이 체결됐다면 목요일에, 목요일에 체결됐다면 화요일에 입금되는 식이다. 입금 내역은 앱 화면 하단 지갑 모양 창에서 '주문가능 금액-거래내역' 창에서 확인할 수 있다.

다만 매도 주문의 경우 자동 취소가 될 수 있다는 점은 염두에 둬야 한다. 주문 체결이 미뤄지는 오후 10시 이전에 매도 주문을 넣은 뒤, 그날 밤 10시 이후 추가로 매도 주문을 넣었는데 시장 상황이 급변하는 경우에 한해서다. 쉽게 예를 통해 이해해보자.

켈로그 주식 10만 원을 보유하고 있을 때 주문 가능 금액은 10만 원 전체다. 그러나 저녁 8시에 이에 절반인 5만 원 매도 주문을 넣으면, 당일 주문이 접수되고 주문가능금액은 5만 원으로 줄어든다. 여기서 당일 10시 30분에 주문가능금액의 80% 미만인 3만 5,000원 추가 매도 주문을 넣었다고 가정해보자.

이는 다음날 오후 10시에 들어가는 주문인 셈인데, 당일 밤 미국 증시 하락으로 종가와 보유 주식 수, 환율 등에 변화가 생길 수 있다. 주문을 넣는 당시와 상황이 달라질 수 있단 얘기다. 평가금액이 4만 원으로 하락할 땐 주문을 넣은 3만 5,000원이 기준 금액의 80%를 웃도는 일이 발생하기에 주문은 자동 취소된다. 이 경우 알림톡으로 주문이 취소됐다는 내용이 발송되며, 내용 확인 후 평가금액을 재확인한 뒤 주문을 다시 넣어야 주문이 처리된다.

매도 시에도 환전 수수료는 체결 시 적용되는 환율에 반영된다. 매도 시 한국투자증권 오후 10시 기준 환율 대비 80% 우대 환율이 적용된다. 단, 전부팔기 매도 주문을 넣은 경우엔 미국 거래소가 마감한 뒤, 이에 해당하는 금액이 확정된 오전 7시 30분 기준 환율에서 환율 우대가 적용된다.

배당

배당금은 전부 투자대상 국가의 통화인 달러로 입금된다. 미니스탁을 통해 투자하고 있는 주식에 대한 배당금은 미니스탁 앱 하단에 뜨는 지갑 화면에서 '주식' 판에 뜨는 '배당 내역'에서 확인할 수 있다. 배당금은 세금을 제외한 뒤 환전가능 달러로 채워지며, 배당주식은 보유주식으로 합산된다.

배당금은 달러로 지급되나, 미니스탁의 경우 외화 주문이 불가하므로 자체적으로 환전을 해 재투자하거나 다른 금융사로 이체해서 사용해야 한다. 환전 가능 달러 판에 다시 돌아가 보면 최초 고시환율 기준 원화 예상 금액을 확인할 수 있다. 이를 살핀 뒤 '원화로 환전하기' 버튼을 누르고 전환하고자 하는 금액을 적은 뒤 '다음' 버튼을 누르면 환전 신청이 완료된다. 적용 환율은 매도 시와 같은 80% 우대인 점 기억하자.

출금

이달 또는 올해 벌어들인 수익이 만족스러웠다면 이제 직접 시중에서 사용할 수 있는 현금으로 전환해보자.

화면 하단에 보이는 시집 아이콘을 누른 뒤, 칭 기강 이래에 뜨는 '주문 가능금액' 판에서 '이체' 버튼을 누르면 된다. 이체하기 창에선 바로

프로그레시브 PGR	109,875원 7월 29일 (목) 기준
날짜	배당금 (세전)
21.07.16.	0.02달러
배당금 합계	0.02달러

입금을 원하는 은행 또는 증권사를 선택할 수 있는 화면이 뜨게 된다. 이 화면에서 하나의 금융사를 선택한 뒤 계좌번호를 적고 '다음' 버튼을 누르면 이체 가능 금액과 수수료를 확인할 수 있다. 미니스탁의 경우 타 금융사로 이체 시 500원의 수수료가 붙게 된다. 수수료가 적지 않은 만큼 매도 시기마다 이체를 하는 것보다는 자신이 창출하고자 했던 석정 수익에 도달했을 때 한번에 이체하는 것을 권한다.

이체 가능 금액에서 자신이 이체하고 싶은 금액을 적고 '다음' 버튼을 누르면 이체 내역을 다시 한번 확인하는 창이 뜨게 된다. 이체는 취소가 불가하기에 보낼 금액은 물론 받는 계좌를 정확히 살피는 단계가 필요하다. 또 매매 대금 결제 완료 이전에 전액 이체를 사용하게 되면 결제 대금 부족 현상이 나타날 수 있다는 점을 감안해 이체금액을 정해야 한다. 이 경우 연체 이자가 발생할 수 있다는 점도 유의해야 한다.

모든 단계를 거쳤다면 '이체하기' 버튼을 누른 뒤 비밀번호를 누르면 바로 이체가 완료된다. 거래금액에 수수료가 더해진 정산 금액이 총 자산에서 빠진다고 이해하면 된다. 모바일 회원가입 시 발급받았던 모바일 OTP의 경우 1회 이체 한도가 5,000만 원, 1일 이체 한도가 2억 5,000만 원이란 점을 감안해 출금 절차를 진행하면 된다.

회원가입 및 계좌 입금

앞서 미니스탁 챕터에서 소수점 투자에 대한 개념과 재무지표에 대한 설명 등이 자세히 서술된 만큼, 이번 신한금투 챕터에서는 미니스탁과 형식적 차이를 두고 있는 투자 절차에 방점을 두고 설명을 이어가고자 한다. 회원가입, 매매 주문 및 거래, 이익 실현 등 실질적인 투자 단계를 익히는 데 목적을 두고 내용을 파악해보자.

앞서 언급했듯 신한금융투자 소수점 거래 서비스의 경우 자사 MTS인 '신한알파' 앱에서 부가적인 서비스 형식으로 제공되고 있다. 때문에 신한금투에서 소수자 투자에 나서고 싶다면 앱스토어^{애플}, 구글플레이스토어^{안드로이드}에서 '신한알파'을 먼저 검색한 후 설치하는 단계가 선행돼야 한다.

이후 앱 첫 접근 권한에 대해 동의한 뒤 창에 들어서면, '계좌 개설하기'와 '로그인하기' 버튼이 뜨게 된다. 계좌 개설의 경우 미니스탁과 유사한 비대면 방식으로 진행되기에 큰 절차적 어려움은 없다. 통신사 및 신분증 본인인증을 통해 계좌 개설 단계를 완료했다면 '신한알파'에서 본인의 계좌를 여는 단계로 넘어가면 된다.

홈 화면에서 '로그인' 버튼을 누르면 비밀번호, 지문 등을 이용한 '간편인증'과 '공동인증서', 아이디로 접속하는 '기타 로그인 방법' 중 하나의 방식을 사용해 본인 계좌를 연결할 수 있다. 로그인 유형에 따라 제공되는 서비스가 크게 다르지 않기에 자신에게 편리한 방식을 통해 접속하면 된다.

이후 자신의 계정으로 화면에 들어서게 되면 'MY알파'라는 기본 창이 뜨게 된다. 소수점 투자에 나서기 위해서는 이 창 아래 그림으로 표시된 버튼 중 왼쪽에서 두 번째 자리에 적혀 있는 '해외소수점' 아이콘을 누르면 된다.

해외주식 소수점 투자 창에 들어서면 '보유하신 자산이 없다'는 문구를 확인할 수 있다. 맞다. 돈을 넣으라는 얘기다. 입금을 위해서는 먼저 계좌를 확인하는 단계가 필요하다. 'MY알파' 화면으로 돌아가 가장 하단에 뜨는 메뉴 창을 살펴보면, '주식 잔고' 버튼을 확인할 수 있다. 이 창에 계좌 비밀번호를 누르고 들어가면, 상단에 자신의 계좌 정보가 뜨는 것을 볼 수 있다. 이 계좌로 투자금을 송금하고, 다시 주식 잔고 창으로 돌아간 뒤 우측 상단에 떠 있는 '예수금' 버튼을 누르면 입금액이 채워져 있는 것을 확인할 수 있다.

정보 파악

신한금투의 해외주식 소수점 투자 페이지는 앱에서 제공하는 서비스 중 하나의 영역만을 담당하고 있기에, 종목 정보를 충분히 제공하는 편이라 보긴 어렵다. 기업에 대한 추가적인 정보 습득을 원한다면 같은 앱에서 운영 중인 해외주식 창을 활용해볼 수는 있다.

다만 일반 해외주식 거래 창의 경우 소수점 투자가 불가한 종목과의 비교 분석 자료들도 겹쳐 있기에 투자 결정에 도움이 될 만한 정보만을 선별하기에 불편함이 있을 수 있다. 따라서 한정적인 정보라 하더라도 소수점 투자 창에서 종목 정보를 모두 파악하고, 투자하고 싶은 종목의 수익성 및 성장성을 더 면밀히 확인하는 차원에서 해외주식 창을 이용하는 것을 권한다.

종목 정보

먼저 해외주식 소수점 투자 화면을 보면 가장 아래에서 해외주식 상승률 높은 순과 낮은 순, 해외주식 거래량 높은 순과 시가총액 높은 순 10개 종목이 나열된 창을 확인할 수 있다.

단, 기준 시점은 전월 대비 거래량 또는 주가 상승률로 맞춰져 있다. 미니스탁과 같이 기준 시점을 변경할 수 없단 얘기다. 밑에 보이는 '전체 종목 보기' 버튼을 누르면 원하는 기준에서 전체 종목이 나열된 순위를 볼 수 있다. 이 창에서 편리한 것은 화면 우측 상단에 있는 번개 모양의 버튼을 클릭하면 한달 상승률이 작은 그래프로 표시된다는 점이다. 이를 활용하면 굳이 개별 종목을 일일이 누르지 않아도 다양한 종목의 주가 추세를 한눈에 비교힐 수 있다.

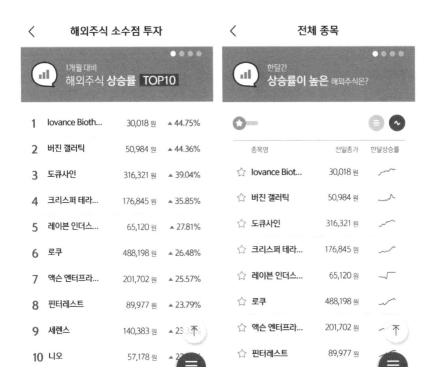

특정 종목을 누르면 가장 위에 주가 추이 그래프와 전일 대비 상승 또는 하락률이 나타나며, 우측에 달러 표시도 함께 표시된다. 주가 추이 그래프는 '1개월', '3개월', '6개월', '1년', '3년', '5년'으로 조절되기 때문에 단기, 중장기 흐름을 모두 파악할 수 있다. 각 지점에 손을 갖다 대면 시점과 종가가 표기되기에 최저점과 최고점 대비 현 주가가 높은 편인지 낮은 편인지 판단하는 데 활용할 수 있다.

그 아래로는 최근 5분기 기업실적이 EPS로 제시된다. 분기별 EPS를

보고 싶다면 원하는 시점을 눌러 확인할 수 있다. 또 예상 추이와 실제 추이가 함께 나타나기 때문에 시장 전망치와 실제 기업이 결과로 낸 성과 간 차이를 비교해보는 것도 추후 기업 동향을 예측하는 데 도움이 될 수 있다.

그 아래에는 주식 관련 뉴스가 뜨게 된다. 미니스탁과 달리 '더보기' 버튼이 없기 때문에 최신 5개 뉴스만 확인할 수 있으며, 국내 연합인포맥스 뉴스만 제공되기에 정보가 한정적일 수 있다는 점 기억하자. 눈을 조금 더 아래로 내리면 종목 관련 기본 정보를 살필 수 있다. 전 영업일 기준 주가 최저가와 최고가, 1년 기준 최저가와 최고가는 물론 시가총액과 발행주, 총 거래량, EPS, PER, 배당률을 한눈에 살필 수 있다.

해외주식 소수점 투자 창에서 확인할 수 있는 정보는 위의 내용이 전부다. 제공되는 정보 자체가 한정적인 만큼 동종업계 종목 비교, 기업 분석 등의 내용을 찾고 싶다면 '해외주식' 판으로 넘어가야 한다.

앱 첫 화면으로 돌아가 좌측 아래에 있는 메뉴 판을 누르면 왼쪽에서 '해외주식' 판을 볼 수 있다. 이를 클릭하고 가장 위에 있는 '해외종

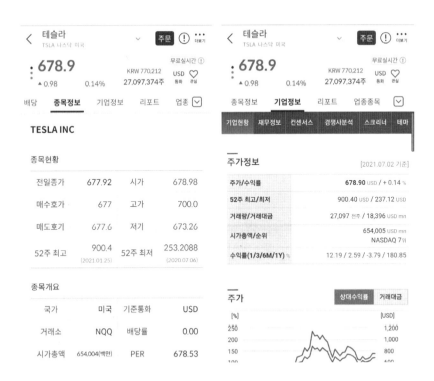

목검색' 창을 들어가 보자. 검색란에 원하는 종목명, 초성, 코드 중 하나를 입력하고 종목을 클릭하면 된다.

먼저 '종목정보'와 '기업정보' 창에서는 52주 최고치·최저치와 시점, 배당률과 PER, EPS, 수익률, 거래대금, 거래량 등 주가 관련 기본 정보를 보다 상세하게 확인할 수 있다. 해외주식 소수점 투자 창에서 본 내용을 과거 수치 등과 보다 면밀히 비교하며 되새길 수 있다.

종목 관련 수치보다 투자 가치에 대해 보다 쉽고 직관적으로 이해하고 싶다면 이들 창 왼쪽에 위치한 '종목진단'을 활용하는 것을 권한다. 이 창은 빅데이터 전문 테크핀 기업 '데이터히어로'가 제공하는 종목 분석 내용을 담고 있다. 창에 접속하면 종목 투자 매력을 수치화한 점수를 확인할 수 있다. 이는 10년 이상의 기업 재무 데이터와 통계적 분석 방법을 적용한 알고리즘에 따라 산출된 수치이기에 보다 객관적으로 투자 판단에 도움을 줄 수 있다.

이와 함께 보면 좋은 창이 '기업정보-컨센서스'다. 이 창은 FnGuide에서 제공하는 글로벌 서비스 REFINITIV의 데이터를 바탕으로 구성된 컨센서스를 제공하고 있다. 상단에서는 강력매수, 매수, 중립 등 투자의견이 충전기 표로 나타난다. 투자 여부에 직접적인 도움을 받고 싶다면, 좌측의 투자의견과 목표주가를 중심으로 매매 여부를 판단하면 된다.

나만 거래에 나서는 사금에 비해 성보가 방대하기에, 상기석 관섬에

서 성장 가능성이 높은 종목을 찾는 데 방점을 둬야 한다. 또 소수점투
자가 가능한 종목 외 종목과 경쟁사 분석 등을 내놓는 경우도 잦기 때
문에 위에 나온 정보 위주로 자신의 투자 결정에 도움이 될 만한 정보
를 선별해 활용하는 것을 권한다.

배당

신한금투는 미니스탁과 다르게 접속 첫 화면에서 확인할 수 있는 배당 정보가 없다. 이를 확인하기 위해선 다시 해외종목 검색 창에 들어가 정보를 확인해야 한다. 원하는 종목을 클릭하고 '배당' 창에 들어서면 배당주로서의 투자 매력도를 살필 수 있다. 앞서 미니스탁에서 살펴봤던 배당수익률과 주당배당금, 배당성향이 5개년으로 나타나기에 이를 참고해 배당주를 선택하는 데 도움을 받을 수 있다.

매수 주문

이제 신한 알파를 통한 매수 주문 방법을 알아보자. 해외주식 소수점 투자 페이지 하단에 보이는 순위에서 원하는 종목을 선택하거나, 자신의 투자현황 바로 아래에 위치한 검색창에 원하는 종목을 적으면 매수 창으로 이동할 수 있다.

이후 창 아래에 뜨는 '매수하기' 버튼을 누르면 투자계좌를 선택하는 창이 뜨게 된다. 여기서 자신의 계좌를 선택하고 '투자계좌 선택 완료' 버튼을 누르면 된다. 이 절차는 매수 주문을 처음 넣을 때 거치는 단계로, 두 번째 매수 주문부터는 나타나지 않는다.

주문 창에 들어섰다면, 매수하고자 하는 총 금액을 결정해 적어내면 된다. 직접 액수를 적을 수도 있고 1만 원, 3만 원, 10만 원씩 금액을 추가할 수도 있다. 단, 미니스탁에선 1,000원 단위로 매수 주문을 넣을 수 있었지만, 신한알파의 경우 0.01주 단위로 주문을 받기 때문에 매수 금액이 그대로 반영되지 않는다는 점은 유의해야 한다. 내가 테슬라 주식 3만 원을 사겠다고 적어도 주문금액에는 0.03주에 해당하는 2만 5,498 원으로 기재된 주문서로 자동 변경된다는 말이다. 때문에 이 같은 절차가 불편하다면 차라리 자신이 매수하고자 하는 주식 수량을 직접 적고

이에 해당하는 금액을 확인하는 것이 편할 수 있다.

최소주문단위가 0.01주이기 때문에 매수 시 미니스탁보다 더 큰 자본이 필요하단 점은 염두에 둬야 한다. 테슬라의 현재 주가가 80만 원일 때 미니스탁에선 1,000원만 있어도 살 수 있지만 신한금투에선 8,000원 이상으로만 매수할 수 있다. 8,000원 미만의 금액을 적는 경우엔 '0.01주 미만은 주문이 불가합니다'라는 메시지가 뜨며, 매수 주문 자체가 이뤄지지 않는다. 여기에 주문 최소 금액이 4달러로 정해져 있다는 점도 주의할 점이다. 0.01주가 4달러 미만이더라도 4달러 이상 금액으로만 주문을 넣을 수 있다는 의미다.

이런 점을 고려해 투자금 또는 주식의 수량을 적으면 예상 주문금액과 예상 수수료를 확인할 수 있다. 수수료는 미니스탁과 동일하게 거래금액의 0.25%가 책정된다. 적은 금액을 주문하게 될수록 수수료가 줄어드는 방식이나, 신한금융투자의 경우 최소수수료가 0.01달러로 책정돼 있기에 이를 밑도는 수수료가 반영되진 않는다.

가장 아래에 뜨는 주문 필요금액은 예상 주문금액과 예상 수수료를 합한 값이라 보면 된다. 이는 실거래 시 매수가 체결되는 금액과 약간의 차이가 있을 수 있다. 소수점 거래 특성상 해외거래소 개장 시점에 한 번에 주문되고, 거래일 평균 가격으로 체결되기 때문에 주문 체결 당일 주가가 급등한다면 주문 필요 금액보다 높은 가격으로 매수될 수 있다.

매수 주문현황

① ── ② ── ③
매수신청   해외체결   달러출금

미체결

종목명	테슬라
주문 수량	0.02 주
예상 매수금액	17,014 원

매수 주문현황

✓ ── ✓ ── ✓
매수신청   해외체결   달러출금

매수완료

정상적으로 매수완료 되었습니다.

종목명	테슬라
주문 수량	0.02 주
예상 매수금액	17,015 원
1주당 달러 체결가격	685.29 달러
달러 출금일	2021.07.05

모든 확인 절차가 끝났다면 '매수하기' 버튼을 누르고, 계좌 비밀번호 4자리를 적은 뒤 '확인' 버튼을 눌러 매수 신청을 완료하면 된다. 매수 주문 내역은 소수점 투자 기본 창에 뜨는 '나의 투자현황-나의 거래 내역'에서 확인할 수 있다.

앞서 미니스탁 챕터에서도 설명했듯이, 당일 주문 마감 시간 이전까지 들어온 주문 내역은 당일 오후 10시부터 해외주식 주문으로 체결되기 때문에 다음날 오전이 돼서야 '해외 체결' 단계로 넘어간 것을 확인할 수 있다. 매수 주문을 넣었다면 다음 날 '해외 체결' 단계로 넘어갔는지에 대해서 꼭 체크해 둬야 한다. 해외 거래소 선물 시점에 계좌에 잔액이 없다면 주문은 자동 취소될 수 있다. 매수 절차가 완료되는 시점은 미니스탁과 동일하게 주문 체결된 지 3영업일 뒤다.

　단계를 살펴보면 체결 뒤에 환전이 진행된다는 점을 파악할 수 있다. 주문 체결이 완료된 부분 만큼 자동으로 원화 매수 서비스가 이뤄진다는 얘기다. 단, 신한금투의 경우 달러로도 소수점 투자 서비스를 이용할 수 있다.

　소수점 투자 화면에서 상단에 있는 '투자가이드 & FAQ'에 들어가 중단에 뜨는 '외화입금계좌 확인하기'를 눌러보자. 이 창에서 신한은행 외화 입금 가상계좌를 받은 뒤, 이 계좌에 일정 금액을 송금하면 신한금투 계좌로 달러가 자동 입금된다. 잔고에 달러가 있다면 이에 해당하는 금액이 먼저 차감된 뒤에 원화가 사용되기 때문에 달러 사용에는 큰 어려움이 없다. 10만 원 매수 주문을 넣는데, 5만 원의 달러가 있다면 이게 먼저 차감되고 나머지 5만 원은 달러로 자동 환전돼 주문이 들어가게 된다는 말이다.

　신한금투에서는 매도 시 주식과 배당금 또한 달러로 입금된다. 때문에 환율이 좋은 시점에 미리 달러를 보유해 두고, 환율이 높아졌을 때 한꺼번에 한화로 환전한 뒤 입금해 환차익을 노리는 방식도 고려할 수 있다.

　단, 신한금투 소수점 투자 서비스 이용 시 주문 가능 시간이 정해져 있다는 점은 유의해야 할 요소다. 신한금투는 영업일 오전 9시부터 오후 10시까지만 매매 주문을 받고 있나. 매매 주문 취소 또한 해당 시간

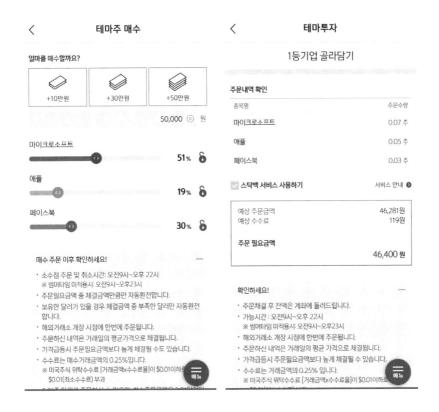

에 한해서만 가능하며, 부분 취소는 불가하다.

미니스탁과 마찬가지로 개별 종목 매수가 아닌 테마주를 묶어서 한 써번에 주문을 넣는 방식도 가능하다. 소수점투자 첫 화면을 보면 '인 기 테마'라는 테마주 창을 확인할 수 있다. 이 창에서 '전체 테마 보기' 버튼을 누르면 주제별로 묶인 다양한 테마주들을 살필 수 있다.

관심 있는 테마주를 선택하면 우측에 종목별 한 달간 주기 싱승률이 기재된 창이 뜨게 된다. 이를 살핀 뒤 투자할 가치가 있다고 판단했디면 창 아래 '한번에 매수하기' 버튼을 누르면 된다. 매수하기 싫은 종목이 있다 해도 걱정할 필요는 없다. 다음 창에서 제외할 수 있어서다.

넘어간 창에서 총 매수 금액을 설정하면, 종목별 비율을 결정할 수 있는 도식이 나타난다. 이를 통해 자신이 많이 매수하고자 하는 종목과 적게 매수하고자 하는 종목에 차이를 둘 수 있다. 만약 매수를 원치 않는 종목이 있다면 이 표에서 0%로 설정하면 된다. 이 경우 주문 신청 단계에서 배제된다.

종목별 매수 비율까지 결정했다면 '다음' 버튼을 누르고, 주문 내역을 확인하면 된다. 비율에 맞는 종목별 주식 수량이 산출되기 때문에 이에 대해 상세히 살피는 과정이 필요하다. 비율이 높더라도 기본 주가가 높은 경우에는 주식 수가 타 종목에 비해 적게 나올 수 있다. 이후 절차는 개별 종목 매수 시와 동일하다. 예상 주문금액과 예상 수수료, 주문 필요금액을 살핀 뒤 '매수하기' 버튼과 비밀번호까지 적으면 매수 신청이 완료된다. 해당 주문의 경우에도 부분 취소는 불가능하다는 점을 잘 알아두자.

매도 주문

이번에는 매도 주문을 넣어보자. 매도 주문의 경우 메인 화면에 있는

'나의 투자현황'에 들어간 뒤 '보유 종목' 중 매도하고자 하는 종목을 누르면 된다. 이 창에서는 내가 보유하고 있는 주식 수량과 평가금액, 전일 대비 상승률을 확인할 수 있다. 이를 확인한 뒤 하단에 보이는 '매도하기' 버튼을 누르면 전체 보유량 중 매도를 원하는 비율 또는 매도를 원하는 주식 수량을 적는 칸이 나온다. 두 요소 중 하나만 정하면 나머지 요소는 이에 맞춰 자동 산출된다.

아래에 예상 주문금액과 수수료까지 확인한 뒤 '매도하기' 버튼을 누르고 비밀번호까지 입력하면 매도 주문 신청이 완료된다. 아직 매도가 체결된 게 아닌 만큼 다음 날 아침 매도 체결 여부를 살피면 된다.

매도 주문 및 취소 가능 시간은 매수 시와 동일하게 오전 9시부터 오후 10시까지로 제한된다. 매도 주문은 해외거래소 개상 시점에 한번에 이뤄지며, 거래일 평균 가격으로 체결되기 때문에 주문 체결 당일 주가가 급락한다면 예상 금액보다 낮은 가격으로 매도될 수 있다는 점 유의하자. 수수료는 매도 거래 금액의 0.25%이나, 미국 주시 이타 최소 수수료가 0.01달러이기 때문에 이보다 수수료가 적을 경우 무조건 0.01달러로 수수료가 책정된다.

기본적으로 매도 금액은 달러로 입금된다. 매수 주문과 동일하게 주문 당일 해외거래소에서 체결되면 3영업일 뒤에 입출금이 발생한다. 단 배당 지급일과 마찬가지로 실제 내 계좌로 입금되는 일자 사이에 간극이 있을 수 있단 점은 염두에 두자.

배당

신한금투에서 발생한 배당금은 해외주식 소수점 투자 페이지 내 '나의 투자현황' 판에서 확인할 수 있다. 투자 현황 창에 들어가 판을 오른쪽으로 돌리면 '나의 배당내역'에서 올해 배당받은 누적 금액을 볼 수 있다. 그 아래로 분기별 배당내역과 종목별 배당내역이 함께 자리하기 때문에 보다 상세하게 배당금 정보를 살필 수 있다.

신한금투의 경우 달러를 통한 매수 주문이 가능하기 때문에, 배당금을 통한 재투자가 가능하다. 현금 출금을 하기 위해선 환전 절차를 거쳐야 하나, 매수 주문에 활용한다면 환전 절차가 필요 없다는 얘기다. 매수 주문 시스템에서 보유 달러를 먼저 사용하고 원화를 차감하는 절차가 자동 설정돼 있기에 배당금을 확인했다면 어렵지 않게 재투자를 진행할 수 있다.

출금

신한금투도 출금 절차가 매우 간편한 편이다. 신한알파 첫 화면에 들어서면 자신의 이름과 종합계좌 정보가 뜬 창 하단에서 '이체' 버튼을 찾을 수 있다. 이 버튼을 누르면 총 자산에서 보유 주식과 매수 주문을 넣은 금액을 뺀 이체 가능 금액을 확인할 수 있다. 이에 해당하는 금액을 적고 '다음' 버튼을 누른 뒤, 돈을 보낼 은행과 계좌번호를 적으면

바로 이체받을 계좌 주인의 이름이 뜨게 된다.

이후 이체 정보를 다시 한번 확인하는 창이 뜨는데, 이를 상세히 확인하고 '확인' 버튼을 누르면 다음 창으로 이동하게 된다. 여기서 계좌 비밀번호를 누르고 모바일 OTP에서 성생된 숫자까지 입력하고 나면 모든 이체 절차가 완료된다.

신한 알파에서 신한은행으로의 온라인 이체 시 수수료가 면제되나, 타기관으로 이체 시 한 건당 500원의 수수료가 발생한다. 신한플러스 멤버십 가입 시 이제 수수료 무료 혜택이 있으니 이를 잘 확인해보길 바란다. 또 비대면 계좌 개설 시 마련한 모바일 OTP의 경우 이체 한도가 1회 1억 원, 1일 5억 원으로 정해져 있다는 점도 염두에 두고 이체 절차를 밟으면 된다.

세금

소액을 통한 소수점투자라도 해외주식 영역에 속한다면, 관련 세금을 내야 한다. 현행법상 해외주식 투자자에게 부과되는 세금에는 '양도소득세'와 '배당소득세' 두 가지가 있다.

먼저 양도소득세는 지난해 1월 1일부터 12년 31일까지 1년 동안 벌어 들인 해외주식 매매차익 중 수수료를 뺀 나머지 금액이 250만 원을 초과할 때 발생하는 세금이다. 이 경우 총 매매차익 중 공제금액인 250만 원을 뺀 수익에 소득세 20%, 지방소득세 2%를 더한 총 22%의 양도세율이 적용된다. 세율이 센 편이지만 분류 과세로 규정되기에, 종합소득 과세 의무를 지지 않는다는 나름의 장점도 있다.

예를 들어 애플 주식을 통해 1,000만 원의 수익을 낸 투자자가 페이스북을 통해 500만 원의 손실을 봤다고 가정해보자. 이 경우 총 매매차익 500만 원 중 250만 원을 공제한 나머지 250만 원에 대해서만 양도소득세 22%가 붙게 되는 것이다. 단, 종목을 보유한 단계에서는 과세

대상에 포함되지 않는다. 매도 단계를 거쳐 실제 이익을 얻은 종목에 한해서만 세금이 계산된다는 말이다.

직전 연도 양도 차익에 대한 양도소득세는 당해 5월 주소지 관할 세무서에 신고한 뒤 납부하면 된다. 홈택스를 통한 전자 신고도 가능하다. 만약 250만 원 이상의 해외주식 매매차익이 발생했음에도 신고를 적게 하거나 하지 않을 경우 각각 10%, 20% 비율로 세액이 늘어난다. 신고불성실가산세가 적용되면서다. 미신고에 대한 우려가 큰 투자자의 경우 한국투자증권, 신한금융투자 등 국내 증권사가 제공 중인 신고대행 서비스를 활용해볼 것을 권한다.

배당소득세는 말 그대로 주식을 보유함으로써 얻는 배당금에 적용되는 세금이다. 양도소득세처럼 투자자가 직접 신고하는 방식이 아니라 국내 증권사가 현지에서 배당소득세를 뗀 배당금을 국내 투자자에게 지급하는 형태다.

배당세율은 기업 소재 국가의 세율과 우리나라의 세율 차이에 의해 책정된다. 기본 국내 배당소득세율이 14%^{지방소득세 포함 15.4%}인데, 현지 배당소득세율이 이보다 낮을 경우 국내에서 배당소득세가 추가 징수된다고 보면 된다. 현지 배당소득세율이 국내 수준보다 높다면 추가 원화 징수는 없다.

예를 들어 기업의 배당세율을 15%로 두는 미국의 소재지를 둔 기업의 경우 현시에서 원천징수를 한 뒤에 국내에서 적용되는 세금이 따로 없다. 그러나 배당세율을 10%로 두는 중국 기업의 경우 원화로 추가 세금이 매겨진다. 구체적으로는 배당세율 차이인 4%에 지방소득세^{배당} ^{세율 차이의 10%}인 0.4%를 더한 4.4%의 세금이 한번 더 부과된다.

해외주식에서 발생하는 배당소득이 다른 이자 소득과 합산해 2,000만 원을 넘을 경우 금융소득종합과세 대상이 된다는 점도 염두에 두자.

해외에 투자할 때는 환율이 기본

환율 변동에 따른 리스크

해외주식은 기본적으로 외화로 거래가 진행되기 때문에 각 나라 환율 등락에 따라 투자금 손실을 볼 수 있다. 주식 가격이 올라도 통화 가치가 하락할 경우 손실을 볼 수 있고, 같은 환경에서 주식 가격이 떨어질 경우 매매 손실에 통화 가치 하락에 따른 손실까지 짊어질 수 있다. 따라서 해외주식 투자에 나섰다면 주가뿐만 아니라 환율 변동성을 살피면서 매매 주문을 넣는 자세가 큰 도움이 될 수 있다.

높은 수수료 & 종목 제한

현행 소수점 거래 플랫폼의 경우 매매 시 0.25%의 거래 수수료가 부과된다. 일반 해외주식 거래 수수료가 0.1% 안팎이라는 점을 감안하면 2배 이상 높은 수수료율이다. 그런데 선택권은 더 좁다. 현재 한국투자증권과 신한금융투자증권 모두 우량주 중심으로 소수점투자 종목을 제한하고 있다.

두 증권사 모두 매매 가능 종목을 확대하겠다고 밝힌 상황이나 일반 해외주식 규모를 실현하기에는 실질적 어려움이 존재한다. 실시간 거래를 막는 요소이자 소수점 투자의 근간을 이루고 있는 '주문을 한데 모아서 한꺼번에 처리한다'는 원칙 때문이다. 이는 현행법상 주식 예탁 단위가 1주로 규정된 것에 따른 것이기에, 쉽게 개선할 수 없는 부분이기도 하다.

1. 4차 산업혁명을 이끄는 기업에 주목하라

해외주식에 처음 발을 들이는 투자자라면 페이스북, 아마존, 애플, 마이크로소프트, 구글을 뜻하는 'FAAMG' 주식을 우선 사들이는 것을 권한다. 이미 우리의 일상에 막대한 영향을 끼치고 있는 이들 5개 기업은 4차 산업혁명을 대표하는 기술주다. 업계를 선도할 뿐만 아니라 성장세가 워낙 가팔라 후발주자들이 이들 자리를 빼앗는 것은 사실상 불가능한 일에 가깝다. 이에 투자업계에서는 경기 변동과 관계없이 장기간 지속 가능한 성장을 해나갈 종목으로 항상 'FAAMG' 주식을 선정하고 있다.

국내 투자자가 대거 보유하고 있는 이들 5개 주식의 합산 시가총액은 2021년 5월 8조달러를 돌파하면서 무서운 속도로 영향력을 확대하고 있다. 이는 5년 전 시가총액의 2배 수준으로, S&P500 전체 시총의 4분의 1에 육박하는 수치다. 신종 코로나바이러스 감염증코로나19 사태 여파로 산업 전 영역에서 디지털화가 이뤄진 영향이다. 전망 역시 좋다. 이미 전 세계 산업에 디지털화가 정착된 만큼 전염병 종식 이후 거시경제 회복 국면에서도 이들 기업이 계속해서 수혜를 볼 것이란 게 업계 관측이다. 블룸버그는 "많은 인터넷 기업들이 코로나19로 수혜를 봤지만, 결국 가장 큰 기술 기업만이 장기적인 소비자 습관 변화의 혜택을 누릴 것"이라고 진단했다. 절대 망하지 않을 안정성을 갖추면서도 보다 높은 수익을 거머쥘 투자처를 찾는다면 이보다 더 좋은 선택지는 없다.

2. 일정한 소득이 보장되는 배당주를 살펴보자

불안정한 경기 속 3개월에 한 번씩 정기적으로 지급되는 수익을 보고 싶다면 배당주 투자에 나서는 것을 권한다. 미국 배당주의 경우 국내보다 배당수익률이 높은 편이다. 또 미국에서는 기업의 배당 문화가 보다 이른 시기에 정착된 만큼 월이나 분기 기준으로 배당하는 기업들이 많다. 반기 또는 연말 배당에야 배당을 받을 수 있는 국내 주식과 달리 최소 일 년에 4번, 3개월 주기로 배당금을 받을 수 있단 뜻이다. 미국의 경우 배당금으로 퇴직 소득을 받는 경우가 잦아 기업이 배당금을 줄이기 쉽지 않은 환경이라는 점도 투자자에겐 좋다. 시간이 지날수록 배당금이 오르는 것을 기대할 여지가 있어서다.

시장에서는 투자할 가치가 있는 대표적인 미 배당주로 '엑슨모빌',

'AT&T', '존슨앤존슨', 'P&G', '코카콜라' 등을 꼽는다. 모두 배당수익률이 높고 배당금을 주기적으로 늘려 왔던 기업이다. 안정적인 수익을 담보해주는 배당주로 유명하다. 추후 달러 강세가 이어질 것으로 전망되는 만큼 미국 배당주를 사들여 안정적인 달러에 투자하는 효과를 낼 수 있다는 점도 장점이다. 미국 배당주 투자로 지급되는 배당금의 경우, 국내 투자자 계좌에 달러로 입금되므로^{미니스탁 제외} 자동으로 투자 가치가 높은 달러를 사들이는 효과를 볼 수 있단 얘기다.

3. 밀레니얼 세대의 투자 종목에 주목하자

장기적인 투자로 수익을 창출하고 싶다면, 금융투자시장의 핵심 세력으로 올라서고 있는 MZ세대^{밀레니얼+Z세대}의 동향에 집중할 필요가 있다. 이들은 디지털 사회를 이끄는 주 세력이자 모든 상품의 주 소비층, 즉 트렌드세터다. 이들은 이미 'FAAMG' 주식을 섭렵하고 테슬라, 넷플릭스, 스타벅스, 디즈니 등 우리의 생활에 밀접한 기업을 빠르게 매수하고 있다. 이들의 특징은 자신이 직접 상품을 이용해본 경험을 토대로 기업의 성장 가능성을 판단하고 투자 기업을 선정하는 것이다. 리스크가 있을지언정 시대 흐름에 뒤처지진 않는다. 유행을 선도할 유망 종목에 투자하고 싶다면 이들의 동향 파악은 필수 단계다.

구체적으로는 미국에 상장돼있는 밀레니얼 세대 관련 상장지수펀드^{ETF}를 살펴보는 것이 도움이 된다. 글로벌X 밀레니얼 컨슈머 ETF^{티커 MILN}가 대표적이다. 이 ETF는 밀레니얼의 소비력이 확대될수록 해당 종목 실적이 좋아질 것이란 전망을 토대로 종목을 편입한다. 올해 8월 기준 구성 종목으로는 '인튜이트', '나이키', '구글', '코스트코', '씨그룹' 등이 담겼다. 해당 펀드의 경우 미국 상장 종목에만 투자한다는 특징을 갖는다.

글로벌 기업을 기준으로 살피고 싶다면, 프린시펄 밀레니얼 인덱스 ETF^{GENY}를 눈여겨보는 것이 좋다. 아프리카TV를 비롯해 프랑스 미디어 그룹 비방디, 일본 소니, 미국 금융 서비스 회사 디스커버 파이낸셜 서비스, 유럽 아디엔, 구글 등의 기업이 묶여있다. 올해 8월 기준 이들 2개 ETF의 주가는 연초 대비 10~19%대의 상승률을 기록한 바 있다. 현재 이들 기업 중 일부만 소수점 투자 종목으로 허용되어 있으나, 국내에서 해외주식 소수점 투자 종목을 지속 확대하는 추세인 만큼 투자 종목 선택 시 선제적으로 고려해두는 것을 권한다.

간편하고 쉬운 투자
빗썸

소수점 투자

초판 1쇄 발행 · 2021년 10월 30일

지은이 · 노정동 · 이미경 · 김수현
펴낸이 · 김동하
펴낸곳 · 책들의정원

출판신고 · 2015년 1월 14일 제2016-000120호
주소 · (03955) 서울시 마포구 방울내로7길 8 반석빌딩 5층
문의 · (070) 7853-8600
팩스 · (02) 6020-8601
이메일 · books-garden1@naver.com
포스트 · post.naver.com/books-garden1

ISBN · 979-11-6416-096-9 (03320)